SPRINGER COMPASS

Herausgegeben von
G. R. Kofer P. Schnupp H. Strunz

T. Baggenstos R. Marty B. Mergler P. Schnorf

UNIX als Basis für Softwareentwicklung

Mit 124 Abbildungen

Springer-Verlag
Berlin Heidelberg New York Tokyo

Thomas Baggenstos
Prof. Dr. Rudolf Marty
Barbara Mergler
Peter Schnorf

Institut für Informatik, Universität Zürich
Winterthurerstraße 190, CH-8057 Zürich

UNIX ist ein Warenzeichen der AT & T Bell Laboratorien

ISBN-13:978-3-642-70265-5 e-ISBN-13:978-3-642-70264-8
DOI: 10.1007/978-3-642-70264-8

CIP-Kurztitelaufnahme der Deutschen Bibliothek
UNIX als Basis für Softwareentwicklung / T. Baggenstos ...
- Berlin ; Heidelberg ; New York ; Tokyo : Springer, 1986. -
(Springer Compass)
ISBN-13:978-3-642-70265-5

NE: Baggenstos, Thomas [Mitverf.]

Softcover reprint of the hardcover 1st edition 1986

2145/3140-543210

Vorwort des Herausgebers

In der deutschsprachigen UNIX-Literatur fehlte es bisher an Material für erfahrene Softwareentwickler und DV-Fachleute, die nicht ein Lehrbuch, sondern eine Arbeitshilfe suchen.

Wer bereits weiß, wie man programmiert und wie ein Betriebssystem funktioniert, braucht dafür keine Einführung mehr. Aber er braucht gleichsam eine Brücke zwischen seinen bisherigen, an anderen Systemen erworbenen Erfahrungen und den gedrängten, knappen Spezialinformationen, die er in den UNIX-Manualen nachschlagen kann. Er braucht Beispiele für nicht-triviale, praxisnahe Programme, die er als Muster für die ersten eigenen Anwendungen verwenden kann. Sie sollen ihm ein Gefühl dafür verschaffen, was in dem neuen System anders ist als gewohnt und wo er sein altes Wissen nur in eine „neue Syntax“ umformulieren muß.

Dieses Buch macht jetzt eine solche Arbeitsunterlage allgemein verfügbar. Sie stammt aus einem der Informatikinstitute mit der längsten UNIX-Erfahrung in Europa.

Sie ist bewußt kompakt gehalten. Einen Leser, der sie als erste Einführung in UNIX liest, soll sie nicht lange von der praktischen Arbeit mit seinem System abhalten. Und wer sie an seinem Arbeitsplatz liegen hat, soll in ihr schnell die Beispiele finden, die er braucht, um ein konkretes Problem zu verstehen und zu lösen.

Beide Lesergruppen werden hier vieles finden, was manches umfangreiche Lehrbuch nicht mehr abdecken kann - aber was man wissen muß, wenn man UNIX als Experte und nicht nur als gelegentlicher Anwender nutzen will. Zum Beispiel, wofür Programmierwerkzeuge wie *make, lex* und *yacc* gut sind und wie man mit ihnen umgeht; oder wie man als *Superuser* das System pflegt und ausbaut; oder wie man systemnahe Software für UNIX schreibt.

Kurz - dies ist ein Buch für den Praktiker. Es ist eine kompakte Einführung in UNIX für den Software-Professional. Für denjenigen, der in UNIX seinem ersten „erwachsenen“ Betriebssystem gegenübersteht, ist es die optimale, weiterführende Ergänzung des Lehrbuchs.

Wir freuen uns, Ihnen mit diesem Material den Umgang mit Ihrem UNIX-System erleichtern zu können, und Ihnen zu helfen, aus dem System auch wirklich das herauszuholen, was seine Entwickler an Ideen und Werkzeugen hineinsteckten.

München, im August 1985 Peter Schnupp

Vorwort

UNIX ist ein dialogorientiertes Mehrbenutzer-Betriebssystem. Es wurde in den frühen 70er Jahren an den *Bell Laboratories* für Systeme der Serie *DEC PDP-11* entwickelt. Die Mitte 70er Jahre fertiggestellte Version von UNIX konzentrierte seine zielsystemspezifischen Teile auf einen relativ kleinen Kern. Damit öffnete sich UNIX der Weg für einen Einsatz auf breiter Front, wie er nur für ein herstellerunabhängiges Betriebssystem denkbar ist. Die enorme Verbreitung begann sich vorerst an Universitäten sowie an Forschungs- und Entwicklungslabors bemerkbar zu machen, wobei UNIX bis in die späteren 70er Jahren noch meist auf Systemen *DEC PDP-11* eingesetzt wurde. Seit den frühen 80er Jahren erfreut sich UNIX zunehmender Beliebtheit auf Mikros, Minis und Großrechnern verschiedenster Hersteller. Heute kann eindeutig ein Einsatzschwerpunkt auf Mehrplatzsystemen der unteren und mittleren Leistungsklasse festgestellt werden.

Es fällt recht schwer, alle Gründe zu nennen, die zu der respektablen Verbreitung von UNIX geführt haben. Die am meisten genannten Faktoren können aber in vier Punkte zusammengefaßt werden:

- UNIX stammt nicht von einer Computerfirma und ist nicht an einen bestimmten Rechner gebunden. Dieser Umstand zusammen mit der im Vergleich zu anderen Betriebssystemen relativ hohen Portabilität bewegte viele Hardwarehersteller, UNIX auf ihre Systeme zu adaptieren, statt ein eigenes Betriebssystem zu entwerfen und zu realisieren. Dadurch entstand eine über viele Computerfamilien hinweg einheitliche Systemoberfläche. UNIX wird somit für den Softwareentwickler zu einer sehr attraktiven Entwicklungsgrundlage, sind doch seine Produkte damit nicht mehr nur auf wenigen Systemtypen verfügbar, sondern auf einer herstellerunabhängigen Betriebssystemoberfläche. Der wachsende Markt an UNIX Software ist seinerseits wiederum Ansporn an Computerfirmen, UNIX auf ihren Hardwareprodukten anzubieten; der Kreis ist geschlossen.

- UNIX ist eine sehr angenehme Arbeitsumgebung für Softwareentwicklungen. Eine große Anzahl von Entwicklungswerkzeugen steht in Form von flexiblen Dienstprogrammen zur Verfügung. Bestehende Dienstprogramme können auf verblüffend einfache Art und Weise zu neuen, komplexeren Werkzeugen kombiniert werden. Die Grundkonzepte von UNIX unterstützen die Arbeit des Softwareingenieurs durch einfache aber zweckmäßige Strukturen, die für viele neuere Produkte im Bereich der Softwareentwicklungs-Instrumentarien richtungsweisend waren.

- Der Softwareentwickler ist im allgemeinen positiv überrascht vom einfachen Aufbau von UNIX, wie er sich auf der Ebene der Systemaufrufe zeigt. Insbesondere besticht das klare und konsistente Gefüge der Datei- und Prozeßmechanismen. Trotz der vermeintlichen Primitivstruktur dieser Mechanismen sind die damit gegebenen Systemfunktionen äußerst flexibel in der Anwendung und engen den Softwareentwickler kaum in seiner Kreativität ein.
- UNIX enthält einen sehr komfortablen Befehlsinterpreter, genannt *shell*. Die klug gewählte Syntax der *shell* Anweisungen, gepaart mit den einfachen, flexiblen UNIX Grundkonzepten, resultiert in einem Befehlsinterpreter, der sich wohltuend von denen manch anderer Betriebssysteme unterscheidet, die dem Softwareentwickler mehr zur Last fallen denn ihm zum Nutzen gereichen.

Die große Verbreitung von UNIX zog ein entsprechendes Angebot an UNIX Sekundärliteratur nach sich, welches die mit UNIX gelieferten Systemhandbücher ergänzt. Das vorliegende Buch versucht, eine Lücke in diesem Angebot zu schließen. Es entstand aus Unterlagen zu mehreren UNIX Fortbildungsseminarien des *Instituts für Informatik der Universität Zürich*. Die Autoren wollen professionellen Softwareentwicklern einen vertieften UNIX Überblick geben, der nicht auf der Benutzeroberfläche stehen bleibt. Damit soll dieser Leserkreis einerseits befähigt werden, den Stellenwert von UNIX als Basis für Softwareentwicklungen beurteilen zu können. Andererseits bietet das Buch dem UNIX-Programmierer und -Administrator eine Vielzahl von Hintergrundinformationen, die ihm seine tägliche Arbeit erleichtern. Diese Kenntnisse fußen auf den jahrelangen Erfahrungen, die wir am *Institut für Informatik der Universität Zürich* mit dem Betrieb von verschiedenen UNIX-Versionen auf mehreren Computersystemen sammeln konnten.

Das Buch ist nicht im Stil eines detaillierten, kommentierten Handbuches gehalten, das alle möglichen Optionen und Einsatzvarianten jedes UNIX-Befehls erklärt. Vielmehr ist es nach Anwendungsgebieten strukturiert, wobei jeweils die Möglichkeiten und Grenzen der für diesen Bereich zur Verfügung stehenden UNIX-Werkzeuge anhand von praxisnahen Beispielen abgesteckt und zugehörige Hintergrundinformationen gegeben werden. Damit ist das Buch gut geeignet als Leitfaden zur Anwendung von UNIX in der Softwareentwicklung.

Durch seine Mitarbeit an der Erstkonzeption der UNIX-Fortbildungsseminarien sowie durch die vielen Seminarunterlagen und Systemprogramme, die er uns bei seiner Abreise ins Ausland hinterließ, hat Herr Dr. Peter Pircher indirekt einiges zum Inhalt dieses Buches beigetragen. Wir sind ihm sehr dankbar dafür. Auch danken wir dem Springer-Verlag für die angenehme Zusammenarbeit.

Zürich, im August 1985

Thomas Baggenstos
Rudolf Marty
Barbara Mergler
Peter Schnorf

Inhaltsverzeichnis

1 UNIX - Eine technische Übersicht . . . 1

1.1 Charakterisierung von UNIX . . . 1
1.2 Klassen von Dateien . . . 3
1.3 Nichtresidente Dateisysteme . . . 7
1.4 Schutzmechanismen auf Dateien . . . 8
1.5 Dateiverarbeitung auf Primitivebene . . . 9
1.6 Implementation der Dateimechanismen . . . 13
1.7 Terminal-E/A . . . 17
1.8 Die UNIX-Prozeßstruktur . . . 18
1.9 Interprozeßkommunikation . . . 21
1.10 Signale . . . 23
1.11 UNIX-Systemsoftware . . . 24

2 Der Kommandointerpreter *shell* . . . 27

2.1 Einfache Befehle . . . 27
2.2 Umleitung der Ein/Ausgabe . . . 30
2.3 Pipes . . . 32
2.4 Metazeichen in Dateinamen . . . 32
2.5 Befehlsausführung im Hintergrund . . . 34
2.6 *shell* als Programmiersprache . . . 34
2.7 Abfangen und Behandeln von Signalen . . . 45
2.8 Austesten von *shell*-Prozeduren . . . 46

3 Die Programmiersprache C . . . 47

3.1 Allgemeine C-Konzepte . . . 47
3.2 Datenobjekte . . . 49
3.3 Operatoren . . . 53
3.4 Anweisungen . . . 58
3.5 Funktionen und Modularisierungsmittel . . . 62
3.6 Ein größeres Beispiel . . . 64

4 Hilfsmittel zur Softwareentwicklung . . . 72

4.1 Programm- und Dokumentationsverwaltung . . . 72
4.2 Übersetzen und Testen . . . 81
4.3 Werkzeuge zur Analyse formaler Sprachen . . . 87

5 Textverarbeitung unter UNIX 95
5.1 Die Textverarbeitung mit troff 95
5.2 troff-Formatierbefehle 97
5.3 Makro-Bibliotheken 99
5.4 Preprozessoren 100
5.5 Zur Komplexität von troff 103

6 Datensicherung und -wiederherstellung 104
6.1 Dateisystemkopien 105
6.2 Dateisicherungen 106
6.3 Individuelle Dateisicherungen 112
6.4 Wichtige Hinweise zur Datensicherung 114
6.5 Integrität des Dateisystems 115

7 Benutzeradministration 123
7.1 Die Paßwortdatei 123
7.2 Die Gruppendatei 125
7.3 Neuaufnahme eines Benutzers 125
7.4 Ändern des Paßwortes für einen Benutzer 126
7.5 Löschen eines Benutzers 126
7.6 Vorübergehendes Ausschließen eines Benutzers 127
7.7 Kommunikation mit den Benutzern 128

8 Systemnahe Programmierung unter UNIX 131
8.1 Parameter des Hauptprogramms 132
8.2 Primitive Ein- und Ausgabe 137
8.3 Prozeßerzeugung und -verwaltung 147
8.4 Behandlung von Signalen 155
8.5 Pipes und Umlenkung der Standarddateien 163

9 Überwachung der Systemkomponenten 168
9.1 Überwachung der Sitzungen 168
9.2 Überwachung der Dateisysteme 171
9.3 Überwachung der Prozesse 174
9.4 Überwachung des Systemverhaltens 175

10 Intersystemkommunikation 180
10.1 Die Verbindung über serielle Schnittstellen 180
10.2 Das Kommunikationskonzept von 4.2BSD UNIX 185

11 Literatur 190

12 Sachverzeichnis 195

1 UNIX - Eine technische Übersicht

Dieses einleitende Kapitel legt ein Fundament an UNIX-Fachwissen, auf dem die weiteren Kapitel stoffvertiefend aufbauen. Entsprechend der Ausrichtung des Buches auf professionelle Softwareingenieure wird die Einführung auf einer technischen Ebene gehalten. Alternativ könnte man UNIX auch aus der Warte der Benutzerschnittstelle übersichtsartig beschreiben. Dem Software-Profi vermittelte jedoch eine rein funktionale Darstellung der Benutzeroberfläche zu wenig Grundwissen zur Beurteilung der Konzepte eines so komplexen Instrumentes wie eines Betriebssystems.

Die Situation ist etwa vergleichbar mit der Beurteilung eines Automobils. Auf der einen Seite steht der Konstrukteur, der ein Grundfahrzeug für den Bau eines komplexen Gerätes sucht (beispielsweise für ein geländegängiges Überwachungsfahrzeug). Hier wird der Konstrukteur an technischen Details interessiert sein, weniger an der „Benutzeroberfläche". Anders der Familienvater, der einen Personenwagen für die Sonntagsausflüge sucht. Natürlich mögen auch ihn technische Fragen interessieren, jedoch kaum auf der technischen Ebene des erwähnten Konstrukteurs.

Neben einem Verständnis für die Grundstrukturen von UNIX vermittelt dieses Kapitel eine Übersicht der wichtigsten Systemsoftware-Komponenten wie Kommandointerpreter, Programmierinstrumente, Textsoftware, Dienstprogramme usw. Dabei ist eine gewisse stoffliche Überlappung mit den nachfolgenden Kapiteln gewollt, um einen möglichst fliessenden Übergang zu gewährleisten.

1.1 Charakterisierung von UNIX

UNIX ist ein dialogorientiertes Mehrbenutzer-Betriebssystem. Seine wichtigsten Merkmale sind:

1. Das baumstrukturierte (hierarchische) Dateisystem auf residenten und nichtresidenten Peripheriespeichern.
2. Die Möglichkeit des Aufbaus von mehreren asynchronen (parallel ablaufenden) Prozessen pro Benutzer.
3. Die einheitlichen Operationen für Datei-E/A, für Peripheriegeräte-E/A und für Interprozeßkommunikation.

4. Die relativ einfache, durch Bibliotheksfunktionen abgekapselte Schnittstelle zwischen Anwenderprogramm und Systemkern.

5. Der komfortable und flexible Befehlsinterpreter *shell*.

6. Die umfangreiche Palette an Dienstprogrammen für die Softwareentwicklung.

7. Der hohe Portabilitätsgrad des Betriebssystemkerns und der Systemsoftware.

UNIX wurde zu Beginn der 70er-Jahre an den *Bell Laboratories* in den USA für Computersysteme der Familie *Digital Equipment Corporation (DEC) PDP-7* entwikkelt. Spätere Versionen sind dann unter Verwendung der portablen Programmiersprache C so geschrieben worden, daß vom ganzen UNIX-System nur noch der innerste Kern maschinenabhängig blieb. Die Übertragung von UNIX auf die *PDP-11* bestätigte dieses Konzept, das in der Folge weiter in Richtung einer hohen Portabilität verfeinert wurde. Zur Übertragung von UNIX auf ein neues Computersystem sind heute nur noch verhältnismäßig wenige Schritte erforderlich: Als erstes gilt es, sich einen C-Compiler für das neue Computersystem zu beschaffen oder die Codegenerierungsphase des portablen C-Compilers anzupassen. Danach muß der innerste UNIX-Kern von vielleicht 1000 Assembler-Anweisungen neu geschrieben werden. Vervollständigt wird die Übertragung durch die Anpassung der Gerätetreiber und der hardwareabhängigen Dienstprogramme (z.B. Debugger) sowie durch weitere kleinere Adaptionen.

Je nach Verfügbarkeit eines C-Compilers und eventuell zu implementierenden Sonderwünschen liegt der gesamte Übertragungsaufwand zwischen etwa 0.5 und 3 Personenjahren. Dieser Wert steht in keinem Verhältnis zum Aufwand für die Eigenentwicklung eines Betriebssystems ähnlichen Umfangs. Neben der gefälligen Struktur von UNIX ist diese leichte Übertragbarkeit sicher ein Grund, warum immer mehr Hardwarehersteller UNIX als Betriebssystem übernehmen. Heute ist UNIX im ganzen Spektrum von Computersystemen zu finden, vom kleinen Personalcomputer bis hinauf zu den größten Zentralrechnern.

Man kann heute davon ausgehen, daß sich UNIX in den nächsten Jahren außerordentlich stark verbreiten und de facto zu einem Standard-Betriebssystem für Timesharing-Systeme und leistungsfähige Einplatzcomputer werden wird.

Für den Hersteller von Anwendungs- und Basissoftware kombiniert UNIX zwei attraktive Eigenschaften: Erstens ist es an sich schon ein komfortables Instrument zur Entwicklung und Implementierung von Software. Und zweitens erreicht man durch die Implementation von Software auf einem UNIX-System eine große Freiheit bezüglich der Hardware. Sorgfältig entworfene, in einer portablen Programmiersprache wie C geschriebene und trickfreie Software wird in den meisten Fällen mit minimalen Anpassungen auf andere UNIX-Computersysteme übertragbar sein.

1.2 Klassen von Dateien

Von der logischen Struktur eines Betriebssystems her wäre es angebracht, die Darstellung von UNIX nicht mit den Datei-, sondern mit den Prozeßmechanismen zu beginnen. Die weitere Behandlung des Stoffes wird jedoch zeigen, daß die vorgängige Einführung der Dateimechanismen unseren Zwecken besser gerecht wird.

Aus der Sicht der Anwenderprogramme und des Benutzers kennt UNIX drei Typen von Dateien: *gewöhnliche Dateien* (*ordinary files*), *Verzeichnisse* (*directories*) und *Spezialdateien* (*special files*).

1.2.1 Gewöhnliche Dateien

Eine gewöhnliche UNIX-Datei entspricht konventionellen, von anderen Betriebssystemen her bekannten Dateien. Gewöhnliche Dateien können beliebige Daten aufnehmen, beispielsweise Programme, Texte oder Datensätze einer Stammdatei. Sie sind auf einem Direktzugriffs-Speichermedium abgelegt, vorwiegend auf Plattenspeicher. Auf der Schnittstelle zwischen Programm und UNIX-Systemkern haben solche Dateien keinerlei spezielle Strukturierung in Sätze, Blöcke, Sektoren, Spuren oder ähnliches. UNIX präsentiert sie als ein eindimensionales Feld von Bytes (Abb. 1.1).

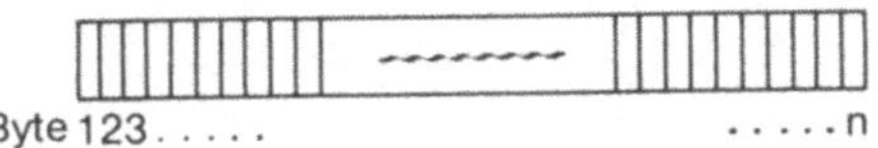

Abb. 1.1 Datei als Sequenz von Bytes

Von der Anwendung her gesehen haben die Dateien natürlich auch in UNIX eine gewisse interne Struktur. Eine *Textdatei* besteht beispielsweise aus einer Sequenz von Zeichen mit einer übergeordneten Zeilenstruktur, wobei die Zeilenenden durch besondere Zeilenende-Zeichen vermerkt sein können. *Objektprogrammdateien* sind Sequenzen von Maschinenworten, wie sie zur Ausführungszeit im Speicher erscheinen. Ein weiteres Beispiel für eine Dateistrukturierung findet sich bei der *Transaktionsdatei* mit variabel langen Datensätzen, wobei der Datensatzcode in Byte 1 jedes Datensatzes implizit die Datensatzlänge spezifiziert. Es sind jedoch einzig und allein die Anwendungsprogramme, die eine Dateistruktur vorgeben, niemals UNIX. Begriffe wie *Record, Block, Sektor, Spur, variabel lange Datensätze, Blockierungsfaktor* und ähnliches sind in UNIX unbekannt. Jede physische Strukturierung einer Datei in Sektoren, Blöcke oder Spuren ist dem Anwenderprogramm verborgen.

1.2.2 Verzeichnisse

Dateien werden in UNIX wie in den weitaus meisten Betriebssystemen durch Dateinamen angesprochen. Das Auffinden der eigentlichen Datei ausgehend von einem Dateinamen geschieht, über Verzeichnisse (*directories*).

Jeder UNIX-Benutzer besitzt ein Verzeichnis seiner eigenen Dateien. Dieses Verzeichnis ist als sein *Heimverzeichnis* (*home directory*) bekannt. In seinem Heimverzeichnis kann der Benutzer beliebige weitere, untergeordnete Verzeichnisse bilden. Ein Verzeichnis ist im Prinzip nichts anderes als eine gewöhnliche Datei, in der Verzeichniseinträge abgespeichert sind. Verzeichnisse können nur vom UNIX-Kern verändert werden; die nötigen Zugriffsprivilegien vorausgesetzt, sind Verzeichnisse aber genau wie gewöhnliche Dateien lesbar.

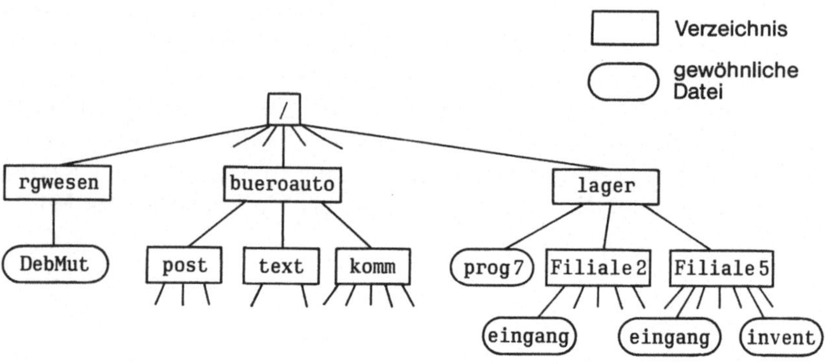

Abb. 1.2 Hierarchie eines Dateisystems

Die Struktur eines UNIX-Dateisystems ist auf die Form eines Baumes beschränkt (Abb. 1.2), wobei die Knoten des Baumes Verzeichnisse, die Blätter gewöhnliche Dateien oder Spezialdateien sind. Mit Ausnahme des *Wurzelverzeichnisses* (*root directory*) erscheint jedes Verzeichnis in genau einem anderen Verzeichnis, das als der *Vater* der untergeordneten Verzeichnisse bezeichnet wird. Das Wurzelverzeichnis trägt immer den symbolischen Namen `/`. Das Konzept der reinen Baumstruktur von UNIX-Dateisystemen wird durchbrochen durch die sogenannten *links*, auf die in späteren Kapiteln näher eingegangen wird.

Ein Attribut eines jeden UNIX-Prozesses ist sein *aktuelles Verzeichnis* (*working directory*). Nach Aufnahme der Verbindung mit UNIX wird automatisch das Heimverzeichnis des Benutzers zum aktuellen Verzeichnis. Unter Wahrung seiner Privilegien kann ein Benutzer sein aktuelles Verzeichnis an eine beliebige Stelle in der Dateihierarchie versetzen.

Eine Datei wird, wie erwähnt, durch einen Dateinamen bezeichnet. Im einfachsten Fall ist ein Dateiname der Name einer im aktuellen Verzeichnis zu suchenden Datei, zum Beispiel `prog7` oder `DebMut`. Der Dateiname kann jedoch auch ein *Pfad-*

name (*pathname*) sein. Ein Pfadname gibt den Weg vom aktuellen Verzeichnis bis zur gesuchten Datei durch Nennung aller dazwischenliegenden Verzeichnisse an. Nehmen wir an, das Verzeichnis `lager` in Abb. 1.2 sei das aktuelle Verzeichnis. Der Pfadname `Filiale.5/eingang` bezeichnet dann die Datei mit dem Namen `eingang` im Verzeichnis `Filiale.5` und `Filiale.2/eingang` diejenige im Verzeichnis `Filiale.2`.

Soll die Suche nicht im aktuellen Verzeichnis sondern im Wurzelverzeichnis / begonnen werden, so leitet man den Pfadnamen mit dem Zeichen / ein. Der Name `/lager/Filiale.5/invent` weist UNIX an, im Wurzelverzeichnis das Verzeichnis `lager` zu suchen, dann innerhalb `lager` das Verzeichnis `Filiale.5`, dann innerhalb von `Filiale.5` die Datei `invent`.

Der Verweis von einem Verzeichniseintrag zu der eigentlichen Datei wird *Verbindung* (*link*) genannt.

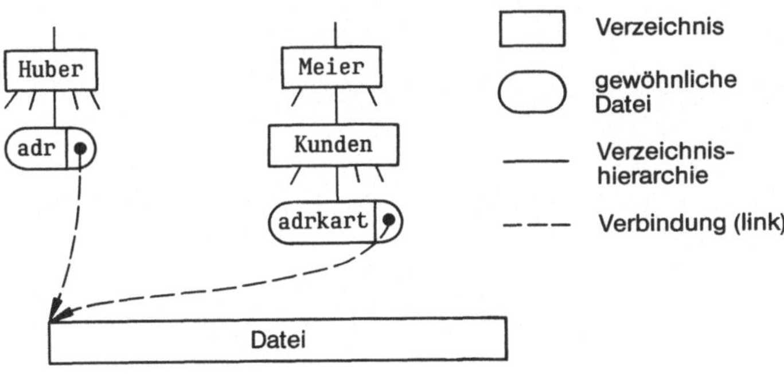

Abb. 1.3 Verbindungen (*links*)

Jede Datei wird von mindestens einem Verzeichnis durch eine Verbindung angesprochen. UNIX bietet die Möglichkeit, aus mehreren Verzeichnissen Verbindungen zu ein und derselben Datei zu erstellen. Ähnliche Zuordnungen von mehreren Namen zu einer einzigen Datei sind in vielen Betriebssystemen unterstützt. UNIX unterscheidet sich von anderen Betriebssystemen jedoch dadurch, daß alle Verbindungen zu einer Datei denselben Status haben. Das heißt, eine Datei existiert nicht in einem speziellen Verzeichnis; der Verzeichniseintrag für ein Datei besteht lediglich aus dem Dateinamen und einer Verbindung zur eigentlichen Datei (siehe dazu Abb. 1.3). Eine Datei existiert also unabhängig von jedem Verzeichniseintrag, wobei UNIX eine Datei automatisch freigibt, sobald die letzte Verbindung auf die Datei verschwindet.

1.2.3 Spezialdateien

Neben der Daten-E/A auf Dateien eines Dateisystems (üblicherweise auf Platte gehalten) obliegt einem Betriebssystem natürlich auch die Abwicklung des Datenverkehrs zwischen Programm und Peripheriegeräten wie Magnetband, Terminal, Drucker usw. Die Erbauer von UNIX waren bestrebt, E/A auf Peripheriegeräte so weit wie möglich mit E/A gewöhnlicher Dateien identisch zu halten. Sie fanden eine elegante Art, dieses Ziel zu erreichen: den Anschluß von Peripheriegeräten über *Spezialdateien.*

Jedem Peripheriegerät ist in UNIX mindestens eine Spezialdatei zugeordnet. Spezialdateien werden wie gewöhnliche Dateien gelesen und geschrieben. Ungleich gewöhnlichen Dateien und Verzeichnissen sind sie jedoch nicht Bestandteil eines Dateisystems, sondern gewissermaßen direkt auf das Peripheriegerät „durchgeschaltet".

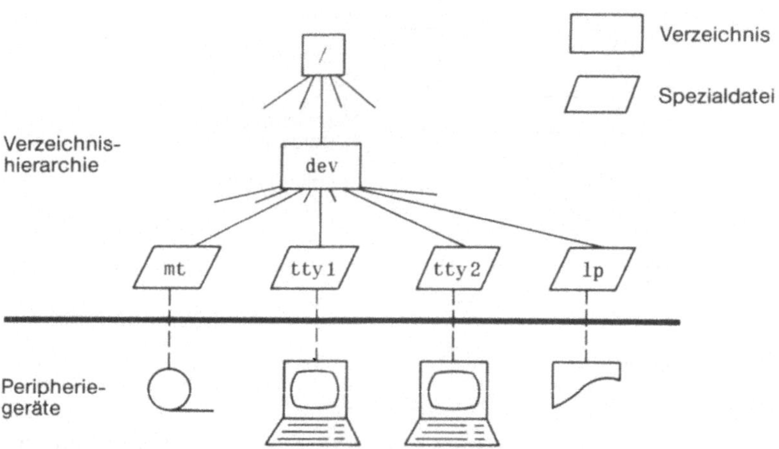

Abb. 1.4 Spezialdateien

Für jede Spezialdatei existiert ein Eintrag im Verzeichnis `/dev` (Abb. 1.4), über den die Datei (bzw. das Peripheriegerät) wie üblich angesprochen wird. Soll beispielsweise auf die Magnetbandstation Nummer 1, die unter dem Namen `mt1` bekannt ist, geschrieben werden, so wird eine Schreiboperation auf die Datei mit dem Namen `/dev/mt1` ausgeführt. Spezialdateien existieren für Terminalanschlüsse, für Plattenspeichergeräte, für Magnetbandstationen, für die anderen an das System angeschlossenen Geräte sowie für den Hauptspeicher(!). Natürlich sind die Plattenspeicher und die benutzerfremden Teile des Hauptspeichers vor nicht berechtigten Zugriffen über eine Spezialdatei geschützt.

Die Anwendung der üblichen Dateimechanismen auf die Behandlung der Peripheriegeräte bringt drei wesentliche Vorteile:

1. Die Mechanismen des Datentransfers zwischen dem Programm und einer gewöhnlichen Datei sind absolut identisch mit den Mechanismen des Datentransfers zwischen dem Programm und einem Peripheriegerät.
2. Namen gewöhnlicher Dateien und Gerätenamen (bzw. Spezialdateien) haben dieselbe Syntax und dieselbe Bedeutung. Erwartet ein Programm einen Dateinamen als Argument, so kann ebensogut ein Gerätename übergeben werden.
3. Die Peripheriegeräte werden denselben Schutzmechanismen unterworfen wie die gewöhnlichen Dateien. So sperrt man beispielsweise die Schreibberechtigung auf einen Terminal mit den gleichen Mitteln, mit denen man die Schreibberechtigung auf gewöhnliche Dateien sperrt.

1.3 Nichtresidente Dateisysteme

Die Wurzel des Dateisystems (d.h. /) ist immer auf der residenten Systemplatte gespeichert. Nichtresidente Dateisysteme können mit der `mount()`-Systemfunktion zugeschaltet werden. Die `mount()`-Funktion verlangt zwei Argumente: den Namen eines existierenden Verzeichnisses und den Namen einer Spezialdatei, deren zugehöriges Speichermedium ein unabhängiges Dateisystem mit einer eigenen Verzeichnishierarchie enthält (Abb. 1.5).

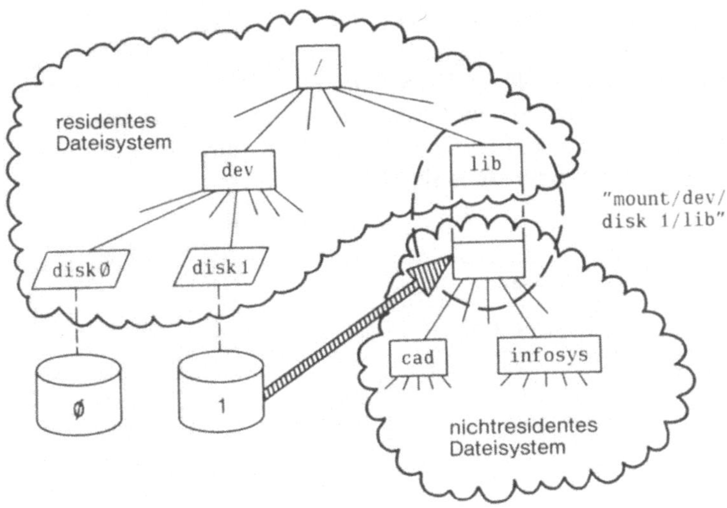

Abb. 1.5 Nichtresidentes Dateisystem

`mount()` überlagert ein bestehendes Verzeichnis durch die ganze Verzeichnishierarchie auf dem nichtresidenten Dateisystem. Spätere Referenzen auf das bestehende (gewöhnlich leere) Verzeichnis verweisen dann direkt auf die Wurzel des zugeschalteten nichtresidenten Dateisystems (z.B. `/lib/infosys` in Abb. 1.5). Nach dem `mount()` werden somit Dateien auf dem nichtresidenten Dateisystem bis auf wenige Ausnahmen ebenso behandelt wie Dateien auf dem residenten Dateisystem.

Der beschriebene Zuschaltmechanismus für nichtresidente Dateisysteme hat gegenüber manchen anderen Betriebssystemen den Vorteil, daß den Programmen (und natürlich auch dem Benutzer) die Verteilung der Dateien auf verschiedene Speichermedien verborgen bleibt. So kann bei Platzknappheit auf einer Platte ein ganzer Teilbaum der Dateihierarchie auf eine weitere, nichtresidente Platte ausgelagert werden, die bei Bedarf durch `mount()` zugeschaltet wird. Es sind keine sogenannten `mount`-*Präfixe* oder Gerätebezeichnungen wie etwa `B:KDSTAMM` für die Datei `KDSTAMM` auf der Platte `B` beizufügen.

1.4 Schutzmechanismen auf Dateien

Jeder UNIX-Benutzer hat eine eindeutige, vom Systemadministrator zugeteilte Benutzeridentifikation (s. Kap. 7). Diese besteht aus einer Benutzernummer und einer Gruppennummer. Zu Beginn einer Sitzung mit UNIX setzt das Anwahlprogramm `login` die Benutzeridentifikation entsprechend dem eingegebenen Namen nach Konsultation der Paßwortdatei.

Erstellt ein Benutzer eine neue Datei, so erhält diese seine Identifikation als Eigentümervermerk. Für jede Datei (für gewöhnliche Dateien, für Verzeichnisse und für Spezialdateien) werden durch UNIX zehn *Schutzbits* geführt. Neun dieser Schutzbits spezifizieren die Lese-, Schreib- und Ausführungsberechtigung jeweils gesondert für den Eigentümer der Datei, für alle Benutzer der Benutzergruppe des Eigentümers sowie für alle anderen Benutzer (Abb. 1.6).

Berechtigung	**für wen?**		
	Eigentümer	Gruppe des Eigentümers	alle anderen
Lesen	*ja/nein*	*ja/nein*	*ja/nein*
Schreiben	*ja/nein*	*ja/nein*	*ja/nein*
Ausführen	*ja/nein*	*ja/nein*	*ja/nein*

Abb. 1.6 Schutzbits für Dateien

Der sogenannte *Superbenutzer* (meist der Systemmanager) ist von sämtlichen Schutzmechanismen ausgenommen. Superbenutzer-Programme können also ganze Dateisysteme ohne irgendwelche Einwirkungen der Schutzmechanismen verarbeiten. Will man seine Daten auch vor dem Superbenutzer geheimhalten, so muß man sie verschlüsseln, wozu ein spezielles Dienstprogramm zur Verfügung steht.

Das in Abb. 1.6 nicht aufgeführte zehnte Schutzbit wird nur für ausführbare Dateien (d.h. für Programme) verwendet und ist unter dem Namen *Set-User-ID-Bit* bekannt. Während ein Programm im Normalfall mit der Benutzeridentifikation seines *Aufrufers* ausgeführt wird, gelangt ein mit dem Set-User-ID-Bit versehenes Programm mit der Benutzeridentifikation seines *Eigentümers* zur Ausführung. Führen wir uns diesen Set-User-ID-Mechanismus (übrigens ein Patent der *Bell Laboratories*) an einem praktischen Beispiel vor Augen:

> *Der Benutzer Z hält eine Datei mit Adreßdaten. Er möchte anderen Benutzern die Möglichkeit geben, diese Adreßdatei zu lesen und Ihnen auch gestatten, der Datei neue Adressen zuzufügen. Dabei will Z aber, daß der Zugriff auf die Adreßdatei ausschließlich mit von ihm geschriebenen Programmen geschieht (beispielsweise aus Sicherheitsgründen).*

Die Lösung dieses Problems ist mit UNIX recht einfach: *Z* erstellt seine Adreßdatei und sperrt Lese- und Schreibberechtigung für alle außer für sich selbst. Dann schreibt *Z* die notwendigen Programme zur Bearbeitung der Adreßdatei, gibt ihnen Ausführungsberechtigung für jedermann (aber keine Lese- und Schreibberechtigung!) und setzt für alle diese Programme das Set-User-ID-Bit. Führt ein Drittbenutzer *Y* ein solches Programm aus, wird folglich für die Dauer der Programmausführung die aktuelle Benutzeridentifikation von *Y* auf *Z* gewechselt, womit das Programm Lese- und Schreibberechtigung auf die Adreßdatei hat (die ja *Z* gehört). Nach Beendigung des mit dem Set-User-ID-Bit versehenen Programmes wird automatisch und zwingend wieder *Y* als aktueller Benutzer zurückgesetzt.

Die effektive Identifikation des Aufrufers steht neben der aktuellen, durch ein Set-User-ID-Programm temporär veränderten Benutzeridentifikation stets über eine Systemfunktion zur Verfügung. Somit kann das mit dem Set-User-ID-Bit versehene Programm die Identität seines Aufrufers bei Bedarf nachprüfen. Der Set-User-ID-Mechanismus wird insbesondere auch dazu verwendet, gewöhnlichen Benutzern Programme zur Verfügung zu stellen, die privilegierte Systemfunktionen enthalten (z.B. das Paßwort-Mutationsprogramm `passwd`).

Neben dem Set-User-ID-Bit steht auch ein Set-Group-ID-Bit zur Verfügung, das einen äquivalenten Mechanismus bezüglich der Gruppenidentifikation bietet.

1.5 Dateiverarbeitung auf Primitivebene

Dem Leitmotiv einer technisch gehaltenen UNIX-Übersicht folgend, beginnen wir die Besprechung der Dateifunktionen auf der untersten Ebene, mit der unmittelbaren Systemschnittstelle. Die meisten Anwendungsprogramme werden nicht auf dieser „Primitivstufe" mit UNIX verkehren, sondern über die in der *Standardbiblio-*

thek vorhandenen E/A-Funktionen. Für Basissoftware und Systemsoftware ist die Primitivstufe jedoch vielfach geeigneter als die Funktionen der Standardbibliothek.

Die Systemfunktionen zur Dateiverarbeitung sind so konzipiert, daß sie Unterschiede zwischen den einzelnen Peripheriegeräten (d.h. Spezialdateien) und verschiedenen Arten von Dateien vollständig eliminieren. Direkte (gestreute) und sequentielle Verarbeitung einer Datei werden durch einen einheitlichen Funktionssatz unterstützt; auch verlangt das System nicht die Einhaltung irgendwelcher Satzgrößen. Die Länge einer gewöhnlichen Datei ist gegeben durch die Anzahl der auf diese Datei geschriebenen Bytes, die Vorgabe einer Dateigröße ist weder notwendig noch möglich.

Die Aufrufe von UNIX-Systemfunktionen und kleinere Musterprogramme sind im folgenden in der Programmiersprache C dargestellt. C ist eine höhere, portable Programmiersprache, die als Implementationssprache von UNIX dient und auch in vielen UNIX-Softwareprojekten verwendet wird. In Kapitel 3 wird näher auf C eingegangen.

1.5.1 Eröffnen, Abschließen, Erstellen und Löschen von Dateien

Um eine bereits existierende Datei zu lesen oder zu verändern, muß sie durch die Funktion

```
DD = open ( Dateiname , Modus );
```

eröffnet werden. *Dateiname* gibt den Namen der zu eröffnenden Datei an, wobei beliebige Pfadnamen verwendet werden können (s. 1.2.2). *Modus* spezifiziert den Bearbeitungsmodus (0: lesen, 1: schreiben, 2: lesen + schreiben). Der zurückgegebene Wert *DD* wird *Dateideskriptor* genannt. Der Dateideskriptor ist eine ganze Zahl, die in nachfolgenden Dateifunktionen zur Bezeichnung der Datei verwendet wird.

Um eine Datei neu anzulegen und gleichzeitig zur Bearbeitung zu eröffnen, verwendet man die Funktion

```
DD = creat ( Dateiname , Schutzbits );
```

`creat()` (= erstellen, erzeugen) erstellt die Verzeichniseinträge für eine neue Datei. Besteht die angegebene Datei bereits, so wird sie auf die Länge 0 gekürzt. Die Schutzbits (s. 1.4) werden üblicherweise als Oktalzahl angegeben, wobei dann pro Berechtigtenklasse (Benutzer, Gruppe, andere) gerade eine Oktalziffer für die jeweils drei Schutzbits (Lesen, Schreiben, Ausführen) verwendet wird.

Das Ende der Bearbeitung einer UNIX-Datei wird durch den Aufruf

```
close ( DD );
```

signalisiert. Eine Datei kann durch die Funktion

```
unlink ( Dateiname );
```

vom Dateisystem entfernt werden. Der Grund für die Verwendung des Wortes *unlink* (= losbinden, abhängen) an Stelle des einleuchtenderen *delete* oder *remove* wird bei der vertieften Behandlung der Dateimechanismen im Abschnitt 1.6 klar.

1.5.2 Sequentielles Lesen und Schreiben

Wird die Dateiverarbeitung nicht explizit an eine bestimmte Stelle in der Datei verlagert, so arbeiten die Lese- und Schreiboperationen strikt sequentiell. Ist das letzte eingelesene oder ausgeschriebene Byte das Byte *k*, so beginnt die nächste Lese- oder Schreiboperation mit dem Byte $k+1$. UNIX unterhält für jede offene Datei eines Prozesses einen Zeiger auf das nächste zu lesende oder zu schreibende Byte. Werden *n* Bytes gelesen oder geschrieben, dann verschiebt sich der Zeiger um *n* Bytes. Das Lesen und Schreiben wird durch folgende Funktionen durchgeführt:

```
n = read ( DD , Puffer , AnzahlBytes );

n = write ( DD , Puffer , AnzahlBytes );
```

Auf der durch *DD* angegebenen Datei werden maximal *AnzahlBytes* zwischen dem Puffer und der Datei übertragen. Der zurückgegebene Wert *n* ist die Anzahl der tatsächlich übertragenen Bytes. Wird geschrieben, ist *n* immer gleich *AnzahlBytes*, es sei denn, eine außergewöhnliche Situation ist eingetreten (z.B. E/A-Fehler oder Ende eines physischen Speichermediums). In einer Leseoperation kann *n* kleiner sein als *AnzahlBytes*: Ist der Zeiger so nahe am Dateiende, daß das Einlesen von *AnzahlBytes* Zeichen das Dateiende überschreitet, so werden nur die verbleibenden Bytes in den Puffer übertragen. Werden auf einen `read()`-Aufruf 0 Bytes übertragen, ist das Ende der Datei erreicht.

Zur Illustration der bisher besprochenen Dateifunktionen betrachten wir ein kleines Programm zur Erzeugung einer Kopie `d1.kopie` der Datei `d1` (Abb. 1.7).

```
main () {
    char   Puffer[100];
    int    DateiAlt,DateiNeu,AnzBytes;

    DateiAlt = open("d1",0);
    DateiNeu = creat("d1.kopie",0600);
    do {
        AnzBytes = read(DateiAlt,Puffer,100);
        write(DateiNeu,Puffer,AnzBytes);
    } while (AnzBytes > 0);
    close(DateiAlt);
    close(DateiNeu);
}
```

Abb. 1.7 Kopierprogramm

1.5.3 Direktes Lesen und Schreiben

Zur direkten (gestreuten) Dateiverarbeitung wird der Lese-/Schreibzeiger vor `read()` oder `write()` auf die entsprechende Stelle in der Datei versetzt:

Ort = `lseek (` *DD* `,` *Offset* `,` *Basis* `) ;`

Der dem Dateideskriptor *DD* zugeordnete Zeiger wird um die mit *Offset* spezifizierte Anzahl Bytes versetzt. *Basis* gibt den Bezugspunkt für den Offset an (`0`:ab Dateianfang, `1`:ab aktueller Position, `2`:ab Dateiende). Für bestimmte Spezialdateien (z.B. Drucker oder Terminals) werden `lseek()`-Aufrufe natürlich ignoriert. Die in *Ort* zurückgegebene Zahl bezeichnet den Ort, wohin der Zeiger tatsächlich verschoben wurde (relativ zum Dateianfang). Durch den Offset von 0 Bytes relativ zur aktuellen Position erhält man somit die aktuelle Position in der Datei.

Wir modifizieren nun das Musterprogramm in Abb. 1.7 so, daß die Datei `d1` hinten an die Datei `d1.kopie` angehängt wird, falls diese bereits existiert (Abb. 1.8).

```
main () {
    char   Puffer[100];
    int    DateiAlt,DateiNeu,AnzBytes;

    DateiAlt = open("d1",0);
    DateiNeu = open("d1.kopie",1);
    if (DateiNeu == -1) DateiNeu = creat("d1.kopie",0600);
    else lseek(DateiNeu,(long)0,2);
    do {
        AnzBytes = read(DateiAlt,Puffer,100);
        write(DateiNeu,Puffer,AnzBytes);
    } while (AnzBytes > 0);
    close(DateiAlt);
    close(DateiNeu);
}
```

Abb. 1.8 Kopierprogramm, Version 2

Zuerst wird in diesem Programm versucht, die Datei `d1.kopie` zu eröffnen. Gelingt dies nicht (`open()` gibt an Stelle eines gültigen Dateideskriptors -1 zurück), so wird eine neue Datei erzeugt. Existiert die Datei jedoch (`else`-Fall), so wird an das Dateiende positioniert.

1.5.4 Fehlerbehandlung

In vielen Betriebssystemen bewirken Fehler in Systemfunktionen die Auslösung einer asynchronen Fehlerbedingung (*error condition, abnormal end of program* etc.). Diese Fehlerbedingung kann dann im Programm durch eine spezielle Konstruktion abgefangen werden (*ON-unit, error section, trap routine* o.ä.). In UNIX werden solche Fehlersituationen synchron behandelt, indem dem aufrufenden Programm von der Systemfunktion ein besonderer Rückgabewert übermittelt wird (z.B. -1 von der `open()`-Funktion; s. Abb. 1.8). Der spezifische Fehlergrund ist in der externen Variablen `errno` vermerkt (s. UNIX-Handbuch).

1.6 Implementation der Dateimechanismen

Die meisten der in diesem Abschnitt besprochenen Dateimechanismen sind an der Oberfläche von UNIX unsichtbar. Wir wollen trotzdem bereits in diesem einführenden Kapitel darauf eingehen, um Ihnen ein Basiswissen vom inneren Aufbau von UNIX zu vermitteln. Dieses Wissen wird dann vor allem bei der Besprechung der Datensicherung und -wiederherstellung (Kapitel 6) und der systemnahen Programmierung (Kapitel 8) benötigt.

Da in diesem Abschnitt unser Augenmerk auf interne Mechanismen gerichtet ist, sind die Ausführungen zwangsläufig bis zu einem gewissen Grad versionenspezifisch. Um dennoch zu hinreichend gültigen Aussagen zu gelangen, geht die nachfolgende Diskussion von der UNIX Version 7 aus. Diese UNIX-Version ist zwar nicht mehr ganz aktuell, hat aber in ihrer Grundstruktur vielen neueren Versionen Pate gestanden, so beispielsweise dem UNIX *System III* und dem *System V*. In der Berkeley UNIX-Version *4.2BSD* sind die Dateisystem-Mechanismen allerdings verschieden implementiert.

1.6.1 Aufbau eines Dateisystems

Jedes Dateisystem unterteilt den zur Verfügung stehenden Plattenspeicherplatz in vier Abschnitte (Abb. 1.9).

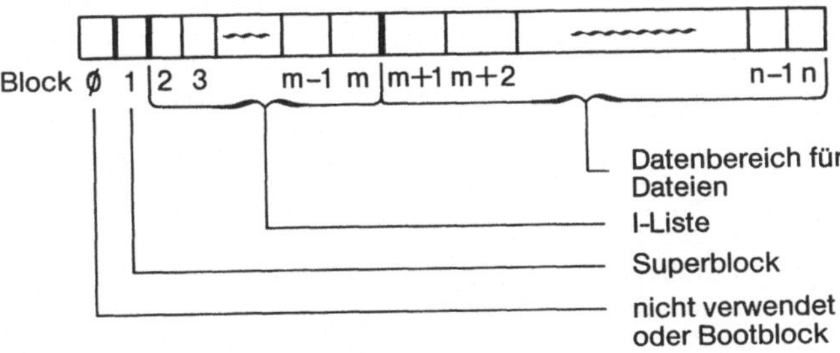

Abb. 1.9 Aufbau eines Dateisystems

Alle vier Abschnitte haben eine feste Länge, die beim Anlegen des Dateisystems festgelegt wird. Die maximale Anzahl Dateien auf einem Dateisystem bestimmt sich durch die Anzahl *I-Knoten* in der *I-Liste* (das *I* steht für *Index*).

Ein Verzeichniseintrag besteht lediglich aus einem Dateinamen und einem Verweis auf die entsprechende Datei. Diese Verbindung ist die *I-Nummer* der Datei. Wird auf eine Datei zugegriffen, so dient ihre I-Nummer als Index in die I-Liste. Jeder in der I-Liste enthaltene I-Knoten enthält eine Beschreibung der Datei, das heißt:

- die Identifikation des Datei-Eigentümers (s. 1.4),
- die Schutzbits der Datei (s. 1.4),
- die Adressen von 13 physischen Blöcken der Datei (s. 1.6.2),
- die Größe der Datei in Bytes,
- die auf die Sekunde genaue Weltzeit (GMT) der Erstellung der Datei, ihres letzten Gebrauchs sowie ihrer letzten Modifikation,
- die Anzahl der Verbindungen auf die Datei (d.h. die Anzahl ihres Vorkommens in einem Verzeichnis) und
- die Dateiart (gewöhnliche Datei, Verzeichnis oder Spezialdatei).

Die Aufgabe der Systemfunktionen `open()` und `creat()` ist die Überführung des angegebenen Dateinamens in eine I-Nummer. Ist eine Datei einmal eröffnet, so ist ihre I-Nummer, das zugeordnete Peripheriegerät sowie der Lese-/Schreibzeiger in systeminternen Tabellen abgespeichert, die indirekt über den durch `open()` oder `creat()` zurückgegebenen Dateideskriptor indiziert werden.

1.6.2 Zugriff auf Datenblöcke einer Datei

Der Datenbereich für Dateien (inkl. freie Blöcke) wird UNIX-intern in eine Anzahl Blöcke von fester Länge aufgeteilt (üblicherweise 512 oder 1024 Bytes). Jeder I-Knoten enthält Platz zur Adressierung von bis zu 13 solchen Blöcken. Die ersten 10 Adressen zeigen auf die ersten 10 Datenblöcke der Datei. Wächst die Datei auf über 10 Blöcke, so zeigt der 11. Eintrag auf einen sogenannten *indirekten Block*, der seinerseits bis zu 128 Adressen von weiteren Datenblöcken enthält. Noch größere Dateien benutzen den 12. Eintrag, um auf einen sogenannten *doppelt indirekten Block* zu zeigen, der 128 indirekte Blöcke adressiert, von denen ein jeder auf 128 Datenblöcke zeigt. Falls erforderlich, zeigt der 13. Eintrag auf einen *dreifach indirekten Block* (Abb. 1.10).

Für den Direktzugriff auf ein beliebiges Byte einer Datei werden also benötigt:

Byte Nr.			Anzahl physische Zugriffe
1	-	5120	1
5121	-	70'656	2
70'657	-	8'459'264	3
8'459'265	-	1'082'201'088	4

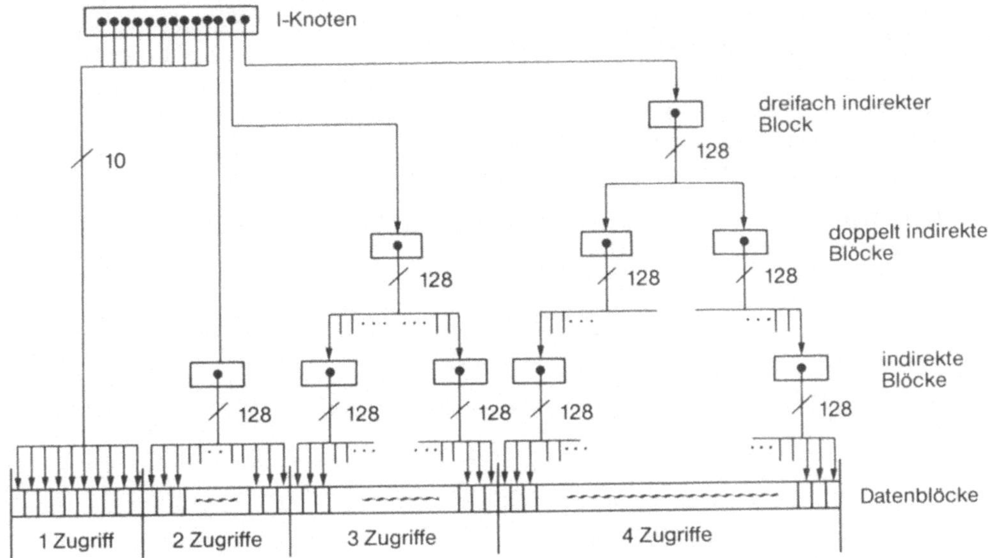

Abb. 1.10 Dateizugriff

Im praktischen Gebrauch eliminiert ein automatischer Pufferungsmechanismus die meisten indirekten Zugriffe.

Auf dem Dateisystem werden nur diejenigen Blöcke tatsächlich belegt, in die etwas geschrieben wurde. Für die anderen ist an Stelle einer Blockadresse in der Zugriffsstruktur eine Null vermerkt. Wird versucht, aus einem nicht beschriebenen Teil einer Datei zu lesen, so werden lauter Null-Bytes zurückgegeben. UNIX unterstützt damit den Aufbau von dünn besetzten Direktzugriffsdateien.

Das in UNIX verwendete Schema der Dateispeicherung ist recht platzeffizient. Thompson berichtet in *UNIX Implementation* (Teil der UNIX Originaldokumentation) von einem Dateisystem, das 25000 Dateien mit insgesamt 130 MBytes Daten enthielt. Die Verwaltungskosten (I-Knoten, indirekte Blöcke und Teilverlust des letzten Datenblockes in der Datei) betrugen etwa 11.5 MBytes. Die Verzeichnisstruktur dieses Dateisystems bestand aus rund 1500 Verzeichnisses mit 0.6 MBytes Inhalt und etwa 0.5 MBytes Unkosten im Verzeichniszugriff. Insgesamt führt dies zu weniger als 10% Verwaltungskosten für die effektiv gespeicherten Daten, eine Größenordnung, die bei manchen Betriebssystemen allein durch die Vorallokation von Dateien erheblich überschritten wird.

1.6.3 Erstellen und Löschen von Dateien

Beim Erstellen einer neuen Datei wird ein freier I-Knoten zugeteilt und ein Verzeichniseintrag erstellt, der den Dateinamen sowie die Nummer dieses I-Knotens enthält. Eine Verbindung zu einer bereits bestehenden Datei wird hergestellt, indem ein Verzeichniseintrag mit dem neuen Namen angelegt, die I-Nummer vom bestehenden Eintrag kopiert und der Verbindungszähler im I-Knoten um 1 erhöht wird. Das Löschen einer Datei bewirkt die Herabsetzung des Verbindungszählers im I-Knoten um 1 und das Löschen des Verzeichniseintrages. Ist der Verbindungszähler auf 0 zurückgefallen, so wird der durch die Datei belegte Speicherplatz in den Freibereich übertragen und der I-Knoten wieder verfügbar gemacht.

Der Freiplatz auf einem Dateisystem wird durch eine verkettete Liste der verfügbaren Datenblöcke verwaltet (Abb. 1.11).

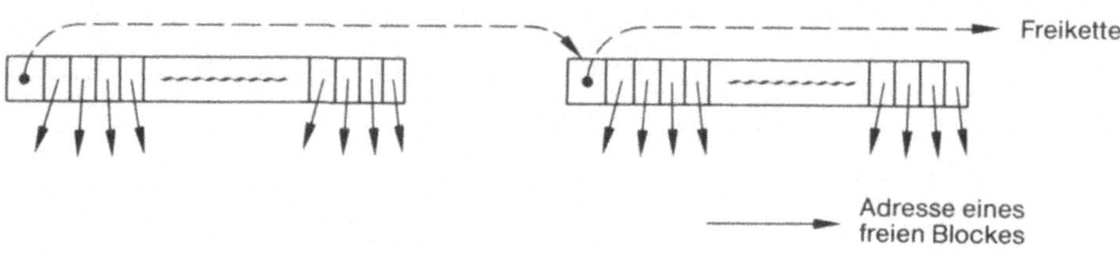

Abb. 1.11 Verwaltung des Freiplatzes

Jeder Block in der Freikette enthält einen Zeiger auf den nächsten Block in der Kette. Der verbleibende Platz enthält die Adressen von bis zu 50 freien Datenblöcken. Mit einer einzigen E/A-Operation erhält das System die Adressen von 50 freien Blöcken und einen Zeiger, wo weitere zu finden sind.

1.6.4 Spezialdateien

Die besprochene Adressierung der in einer Datei gespeicherten Daten bezieht sich auf gewöhnliche Dateien und auf Verzeichnisse. Im I-Knoten einer Spezialdatei ist lediglich der erste Adreßeintrag von Bedeutung (Abb. 1.12).

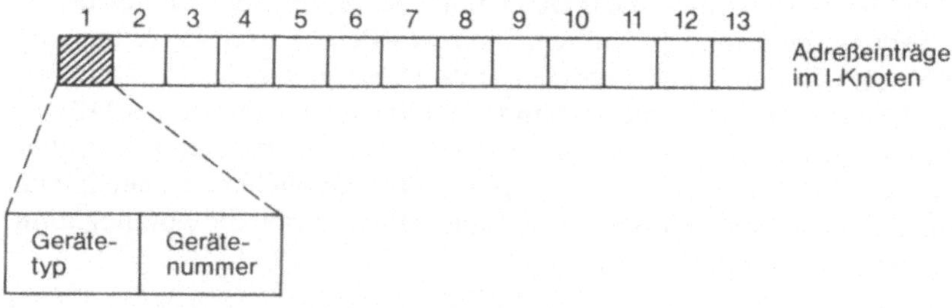

Abb. 1.12 Adreßinformationen für Spezialdateien

Der erste Eintrag enthält den internen Namen eines Peripheriegerätes. Dieser interne Name wird als Zahlenpaar interpretiert: Die erste Zahl gibt den Gerätetyp und die zweite die Gerätenummer an. Der Gerätetyp bezeichnet den Gerätetreiber, der für E/A-Operationen auf diesem Gerät zu verwenden ist; die Gerätenummer wählt dann beispielsweise ein bestimmtes Plattenlaufwerk oder einen bestimmten Terminalanschluß aus.

1.6.5 E/A-Pufferung

Der Benutzer von UNIX hat den Eindruck, daß sowohl das Lesen wie das Schreiben von Dateien synchron und ungepuffert ablaufen. Tatsächlich enthält UNIX einen recht komplexen Pufferungsmechanismus, der die Anzahl zur Bearbeitung einer Datei benötigten E/A-Operationen stark reduziert. So wird als Resultat einer Lese- oder Schreiboperation nur dann tatsächlich ein Datenblock zwischen Hauptspeicher und Sekundärspeicher übertragen, wenn der entsprechende Datenblock nicht bereits in einem systeminternen Puffer vorhanden ist. Das System erkennt auch, wenn ein Programm eine Datei sequentiell verarbeitet und liest in diesem Fall den nächsten Block asynchron vorweg ein (*read ahead*). Dies führt zu einer signifikanten Reduktion der Laufzeit der meisten Programme, ohne große Unkosten zu verursachen.

1.7 Terminal-E/A

Der Datenverkehr zwischen Programm und Terminal läuft in UNIX über die normalen Dateimechanismen ab. Jeder Terminalanschluß ist als eine Spezialdatei (s. 1.2.3) im Verzeichnis `/dev` enthalten, meist als `/dev/tty1`, `/dev/tty2` etc. bezeichnet. Der Gerätetreiber und das Hardwareinterface für die Terminallinien können durch spezielle Systemfunktionen dynamisch umkonfiguriert werden. Unter anderem sind folgende Parameter durch das Benutzerprogramm oder durch Aufruf des entsprechenden Dienstprogrammes beeinflußbar:

- Byteparität und Übertragungsrate
- Wartezeit nach besonderen Operationen (*CR, LF, FF, TAB etc.*)
- Zeichenspiegelung (*echoing*) ein/aus
- Behandlung von Tabulationen
- Steuerzeichen für Programmabbruch (z.B. *CTRL/C*), für Zeichenlöschung (z.B. *BACKSPACE*) usw.

Im normalen Operationsmodus übernimmt UNIX die Aufbereitung der Terminaleingaben. Dazu wird mit der Übergabe der getippten Zeichen an das Programm so lange gewartet, bis die *CR*- oder *LF*-Taste gedrückt wird. Während der Eingabe kümmert sich UNIX um die Zeichenspiegelung, um Zeichenlöschungen und erkennt Datenfluß-Kontrollzeichen (*XON/XOFF*), Programmabbruchzeichen sowie andere Zeichen mit besonderer Bedeutung. Schließlich wird die fertig aufbereitete „Nettoeingabe“ an das Programm übergeben. Dieser Operationsmodus wird in UNIX *cooked mode* genannt. Die Eingabe ist „gekocht“, weil sie zubereitet wurde, bevor das Programm sie erhält. Auf der Ausgabeseite übernimmt UNIX im *cooked mode* unter anderem die korrekte Emulation von Tabulationen, kümmert sich um Wartezeiten nach besonderen Operationen und beachtet Datenfluß-Kontrollinformationen.

Es gibt jedoch Sonderanwendungen, in denen man zur feineren Kontrolle über die Terminaleingaben jedes Zeichen sofort nach seiner Eingabe in das Programm übernehmen möchte. Beispiele für solche Anwendungen sind Bildschirmeditoren, Maskenfeldbearbeitungen und der Anschluß von Spezialgeräten über zeichenserielle Schnittstellen (z.B. *RS-232*). UNIX kann angewiesen werden, jedes Zeichen unbesehen und unbearbeitet sofort nach Erhalt dem Programm zu übergeben. Diesen Modus nennt man *raw mode*, weil das Benutzerprogramm selbst für die Bearbeitung des rohen Zeichens verantwortlich ist. Das Programm muß also Programmabbruch-Zeichen, Datenfluß-Kontrollzeichen und alle anderen Zeichen mit besonderer Bedeutung eigenständig behandeln. Im Rohmodus obliegt es auch dem Benutzerprogramm, Wartezeiten nach Sonderoperationen gemäß den Terminalspezifikationen einzuhalten.

Eine Mittelstellung zwischen dem *cooked mode* und dem *raw mode* nimmt der *cbreak mode* ein. Hier erhält das Benutzerprogramm die Eingabe ebenfalls zeichenweise und sofort nach Tastendruck; UNIX kümmert sich jedoch unter anderem um die Flußkontrolle und die Erkennung des Programmabbruchzeichens.

1.8 Die UNIX-Prozeßstruktur

Ein UNIX-Prozeß ist die zeitliche Abfolge einer Reihe von Aktionen, erzeugt durch Ausführung einer Folge von Instruktionen. Dabei können unter UNIX innerhalb eines einzigen Prozesses nacheinander mehrere Programme ablaufen. Umgekehrt kann ein einziges Programm aber auch mehrere gleichzeitig ablaufende Prozesse ins Leben rufen und steuern.

Ein laufendes UNIX-System besteht aus einer baumartigen Struktur von Prozessen (Abb. 1.13).

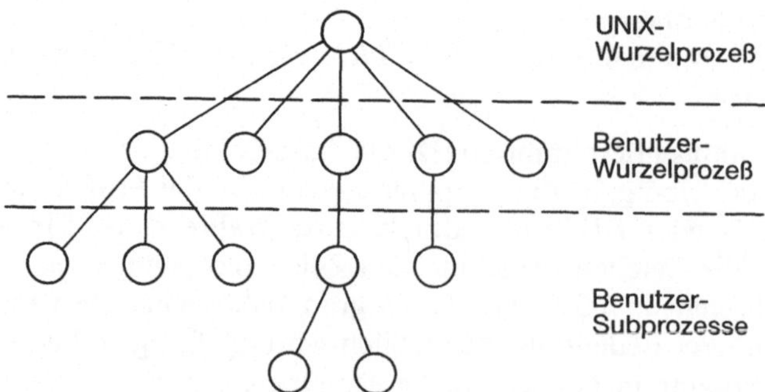

Abb. 1.13 UNIX-Prozeßstruktur

Die Wurzel der Prozeßstruktur wird beim Start des Systems geschaffen. Auf der zweiten Stufe erzeugt UNIX für jeden Benutzer nach erfolgreicher Anmeldung (`login`) einen eigenen *Benutzer-Wurzelprozeß*, in dem das sogenannte Initialprogramm automatisch aufgestartet wird. Das Initialprogramm ist für jeden Benutzer in seinem Paßwortdatei-Eintrag enthalten. Vielfach ist der UNIX-Befehlsinterpreter *shell* das Initialprogramm, es kann jedoch ein beliebiges Programm spezifiziert werden.

Wie noch zu beschreiben sein wird, steht es jedem UNIX-Programm frei, sich durch ein anderes Programm zu überlagern und weitere, parallel ablaufende Programme in dynamisch erzeugten Subprozessen ablaufen zu lassen. Die Möglichkeit des Aufbaus und der Kontrolle einer ganzen Prozeßhierarchie ist damit gegeben. Diese Möglichkeiten stehen über den Befehlsinterpreter *shell* auch direkt zur Verfügung.

1.8.1 Prozeßverkettung

Durch den Aufruf der `execl()`-Funktion kann sich ein in einem Prozeß ablaufendes Programm durch ein anderes Programm überlagern:

`execl (` *Datei* `,` Arg_0 `,` Arg_1 `, ... ,` Arg_n `, 0 );`

`execl()` weist UNIX an, das durch *Datei* bezeichnete Programm in den Hauptspeicherbereich des aktuellen Prozesses zu laden und auszuführen, wobei dem Programm die Argumente Arg_0 bis Arg_n übergeben werden (0 schließt die variabel lange Argumentsliste ab). Der gesamte Code- und Datenbereich des `execl()` aufrufenden Programmes wird durch das neue Programm überlagert, die Prozeßumgebung bleibt jedoch bestehen. Die Prozeßumgebung enthält unter anderem die Dateideskriptoren der offenen Dateien, die Benutzeridentifikation, das aktuelle Verzeichnis sowie die Interprozeßbindungen. Alle diese Informationen bleiben also dem aufgerufenen Programm erhalten. Wurde im alten Programm beispielsweise eine Datei eröffnet und über den Dateideskriptor 4 angesprochen, so kann das neue, durch `execl()` geladene Programm dieselbe Datei immer noch unter dem Dateideskriptor 4 ansprechen, und zwar **ohne** die Datei erneut zu eröffnen. Dieses Verfahren mag auf den ersten Blick unverständlich erscheinen. Wie wir noch sehen werden, ist es für die Anwendung weiterer UNIX-Mechanismen aber von elementarer Wichtigkeit!

Mit `execl()` wird also kein neuer Prozeß erzeugt. Innerhalb eines fortbestehenden Prozesses findet lediglich die Überlagerung eines Programmes durch ein anderes statt.

1.8.2 Prozeßerzeugung, -abbruch und -synchronisation

UNIX kennt nur eine einzige Art, einen neuen Benutzerprozeß ins Leben zu rufen, die Systemfunktion `fork()`:

ProzessNr = `fork();`

`fork()` weist UNIX an, vom aktuellen Prozeß (dem *Vaterprozeß*) eine exakte Kopie als neuen Prozeß zu erstellen (den *Kindprozeß*). Der Kindprozeß erbt den Datenbereich, den Codebereich und die Prozeßumgebung des Vaterprozesses. Nach der Prozeßerzeugung laufen beide Prozesse ab dem aktuellen Status, das heißt unmittelbar nach dem Aufruf der `fork()`-Funktion parallel und asynchron weiter.

Die beiden unabhängig voneinander ablaufenden Prozesse unterscheiden sich lediglich durch die Unterstellung des Kindprozesses unter den Vaterprozeß. Im Vaterprozeß gibt `fork()` die Prozeßnummer des Kindprozesses zurück, während im Kindprozeß als Resultatwert von `fork()` immer 0 erscheint. Diese unterschiedlichen Rückgabewerte von `fork()` ermöglichen es dem nun zweifach parallel ablaufenden Programm zu prüfen, ob es sich im Vater- oder im Kindprozeß befindet:

```
ProzessNr = fork();
if (ProzessNr == 0) {
    printf("Ich bin der Kindprozess\n");
    ...
}
else {
    printf("Ich bin der Vaterprozess\n");
    ...
}
```

Ruft ein Prozeß die Systemfunktion `wait()` auf, so wird die Ausführung dieses Prozesses so lange angehalten, bis einer seiner Kindprozesse terminiert.

ProzessNr = `wait (` *Status* `);`

`wait()` gibt die Prozeßnummer des terminierten Kindprozesses zurück. Über das Argument *Status* kann der Terminierungsgrund in Erfahrung gebracht werden.

Ein Prozeß terminiert sich durch den Aufruf von `exit()`:

`exit (` *Status* `);`

Die Prozeßterminierung löscht die durch den Prozeß belegten Hauptspeicherbereiche (Code- und Datenbereiche), schließt seine offenen Dateien und meldet den Prozeß bei der systeminternen Prozeßverwaltung ab. Der Terminierungsgrund kann über den Parameter *Status* an die `wait()`-Funktion übergeben werden.

Diese wenigen Prozeßverwaltungsfunktionen gestatten es bereits, aus einem Programm ein anderes Programm in einem Kindprozeß ablaufen zu lassen und auf dessen Beendigung zu warten. Das folgende Beispiel zeigt einen Ausschnitt eines C-Programmes, in dem mitten aus diesem Programm das UNIX-Dienstprogramm `sort` aufgerufen wird, um die Datei Text in die Datei `Text.Sortiert` zu sortieren (Abb. 1.14).

```
int status;
printf("Start Sortieren\n");
ProzessNr = fork();
if (ProzessNr == 0)
  execl("/bin/sort","sort","-o","Text.Sortiert","Text", (char *)0);
wait(&status);
printf("Ende Sortieren\n");
```

Abb. 1.14 Sortieren in einem Kindprozeß

Im Kindprozeß wird sofort das Dienstprogramm `sort` gestartet, während der Vaterprozeß mit der `wait()`-Funktion auf die Beendigung der Sortierung wartet. Das Sortierprogramm wird durch den Pfadnamen `/bin/sort` aufgerufen. Es ist eine UNIX-Konvention, daß einem durch `execl()` aufgerufenen Programm im Argument 0 der Programmname selbst übergeben wird, daher das doppelte Vorkommen von `sort` im Aufruf.

In der Praxis fällt der gezeigte Programmcode etwas umfangreicher aus. Der Vaterprozeß hat sich einerseits davon zu überzeugen, daß der Kindprozeß tatsächlich ins Leben gerufen wurde, andererseits sollte er auch abnormale Terminierungen des Kindprozesses behandeln. Besitzt ein Vaterprozeß mehrere Kindprozesse, so kompliziert sich der Code ebenfalls leicht. Die besprochenen Systemfunktionen bilden jedoch den Kern der UNIX-Prozeßmechanismen. Diese sind so einfach in ihren Konzepten, daß selbst ein Programmieranfänger ohne Schwierigkeiten mit parallelen Prozessen umgehen kann.

1.9 Interprozeßkommunikation

Die Datenübergabe von einem Prozeß in einen anderen geschieht in UNIX über eine sogenannte *Pipe* (Röhre). Eine Pipe ist ein Einweg-Kommunikationskanal. Auf der Schreibseite werden mit `write()` Daten in diesen Kanal hineingeschrieben, auf der Leseseite werden die Daten mit `read()` herausgelesen (Abb. 1.15).

UNIX unterhält für jede Pipe einen internen Pufferbereich. Der schreibende Prozeß fügt diesem Puffer sequentiell Daten zu, der lesende Prozeß holt die Daten sequentiell ab (FIFO-Prinzip, *first-in-first-out*). Wird die Pipe voll, so suspendiert UNIX den schreibenden Prozeß. Ebenso wird der lesende Prozeß angehalten,

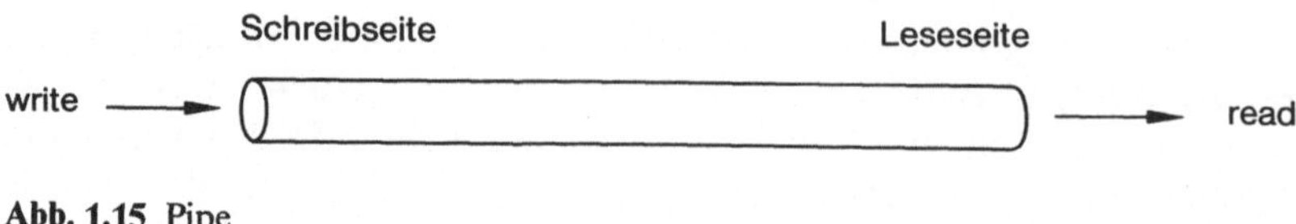

Abb. 1.15 Pipe

wenn er versucht, aus einer leeren Pipe Daten abzuholen. Diese Pufferungs- und Synchronisationsmechanismen sind dabei beiden Prozessen verborgen. Die Prozesse benutzen `read()` und `write()` wie bei der Behandlung einer gewöhnlichen Datei. Schließt der schreibende Prozeß die Pipe ab (durch `close()`), so wird dem lesenden Prozeß das Dateiende mitgeteilt.

Eine Pipe wird erzeugt durch

Status = `pipe (` *PipeDD* `);`

Ähnlich den `open()`- und `creat()`-Funktionen gibt auch `pipe()` einen Dateideskriptor zurück, allerdings ein Dateideskriptorenpaar: je einen Dateideskriptor für die Schreibseite der Pipe (*PipeDD*`[1]`) und einen für die Leseseite der Pipe (*PipeDD*`[0]`).

Die offenen Pipes eines Prozesses sind Bestandteil seiner Umgebung und werden deshalb wie gewöhnliche Dateien vom Vaterprozeß an jeden durch `fork()` erzeugten Kindprozeß vererbt. Und genau wie ein vererbter Dateideskriptor einer gewöhnlichen Datei im Vater- und im Kindprozeß dieselbe physische Datei anspricht, sprechen auch vererbte Dateideskriptoren für Pipes dieselbe physische Pipe an. Der Aufbau einer Einweg-Interprozeßverbindung vom Kindprozeß zum Vaterprozeß läuft demzufolge in folgenden Schritten ab:

1. Der Vaterprozeß erzeugt eine Pipe.
2. Der Vaterprozeß ruft `fork()` auf und erzeugt damit einen Kindprozeß.
3. Der Vaterprozeß schließt die Schreibseite der Pipe ab (`close()` auf den Dateideskriptor für die Schreibseite der Pipe).
4. Der Kindprozeß schließt die Leseseite der Pipe ab (`close()` auf den Dateideskriptor für die Leseseite der Pipe).

Nach diesen Schritten verbleibt auf der Seite des Vaters die Leseseite der Pipe, auf der Seite des Kindes die Schreibseite. Das folgende C-Programm illustriert die Interprozeßkommunikation: Der erzeugte Kindprozeß schreibt zwei Grußmeldungen in die Pipe; der Vaterprozeß liest aus der Pipe in Einheiten von maximal zehn Zeichen und protokolliert das Gelesene auf den Bildschirm (der Bildschirm wird über den Dateideskriptor 1 angesprochen, deshalb `write(1,Puffer,AnzBytes)`).

```
main () {
    int     ProzessNr,AnzBytes,KommKanal[2];
    char    Puffer[10];
```

```
    pipe(KommKanal);
    ProzessNr = fork();
    if (ProzessNr == 0) {
        /* im Kindprozess */
        close(KommKanal[0]);
        write (KommKanal[1],"Gruss vom Kind\n",15) ;
        write (KommKanal[1],"Auf Wiedersehen\n",16) ;
        close(KommKanal[1]);
        exit();
    }
    /* im Vaterprozess */
    close(KommKanal[1]);
    printf("Vom Kindprozess erhalten:\n");
    do {
        AnzBytes = read(KommKanal[0],Puffer,10);
        write(1,Puffer,AnzBytes);
    } while (AnzBytes > 0);
    printf("Ende\n");
    close(KommKanal[0]);
}
```

Zur Erstellung einer Zweiwegverbindung werden durch den Vaterprozeß zwei Pipes eröffnet, von denen der Vater- und der Kindprozeß dann wechselseitig das Lese- bzw. das Schreibende abschließen.

Die Einfachheit der Prozeßkommunikations-Mechanismen in UNIX und die Tatsache, daß für den Datenaustausch zwischen zwei Prozessen dieselben Systemfunktionen verwendet werden wie für den Datenaustausch zwischen einem Programm und einer Datei, tragen viel zur Leichtigkeit bei, mit der in UNIX Prozesse verwendet werden. Dennoch muß klar gesagt werden, daß die Pipe nur ein relativ primitiver Prozeßkommunikations-Mechanismus ist, da sie nur ein einziges Schreib- und ein einziges Leseende besitzt und von einem gemeinsamen Vaterprozeß erstellt werden muß. In neueren UNIX-Versionen, insbesondere im *Berkeley 4.2BSD UNIX*, sind die Prozeßkommunikations-Mechanismen erheblich erweitert worden. Die Pipes bleiben jedoch für viele Anwendungen, gerade in der Softwareentwicklung, das zentrale Instrument für die Interprozeßkommunikation.

1.10 Signale

In 1.5.4 wurde dargelegt, daß fehlerhafte Ausführungen von UNIX-Systemfunktionen durch Rückgabe eines Fehlercodes an das aufrufende Benutzerprogramm gemeldet werden. Dies steht, wie in 1.5.4 bemerkt, im Gegensatz zu manchen anderen Betriebssystemen, wo solche Fehler eine asynchrone Fehlerbedingung erzeugen. Natürlich entstehen auch in der UNIX-Umgebung Situationen, die nicht synchron im Programmablauf abgefangen werden können. Solche asynchron eintretende Ereignisse führen zu einem sogenannten *Signal* an die betroffenen Prozesse.

Signale werden unter anderem ausgelöst

- durch einen Benutzer am Terminal (Programmabbruchtaste, Abschalten des Terminals, Verlassen eines Bildschirmfensters in einer Mehrfensterumgebung, Zerstörung eines Bildschirmfensters durch Verschieben anderer Fenster etc.),
- durch ein Programm (Overflow, ungültige Instruktion, ungültige Speicheradresse etc.) oder
- durch den Aufruf der `kill()`-Systemfunktion, mit der Benutzerprozesse explizit abgetötet werden können:

  `kill (` *ProzessNr* `,` *SignalNr* `);`

Empfängt ein Prozeß ein Signal, so wird er üblicherweise abgebrochen. Es besteht jedoch die Möglichkeit, die Signale zu ignorieren oder selbst zu behandeln. Die Funktion zur Veränderung der nach Empfang eines Signals zu treffenden Aktionen heißt `signal()`:

`signal (` *Signalnummer* `, SIG_IGN );`

`signal (` *Signalnummer* `, SIG_DFL );`

`signal (` *Signalnummer* `,` *Funktion* `);`

Die Funktion `signal()` hat zwei Argumente: Das erste ist die Signalnummer, das zweite gibt an, wie das Signal zu behandeln ist. UNIX kann dabei angewiesen werden, das Signal zu ignorieren (`SIG_IGN`*: ignore*), bei Empfang des Signals die vorgesehene Standardaktion auszulösen (`SIG_DFL`*: default*) oder bei Empfang des Signals die aufgeführte Funktion im Benutzerprogramm zu aktivieren.

Selbstverständlich muß es ein Signal geben, das ein Prozeß nicht abfangen oder ignorieren kann. Ohne dies wäre ein von übergeordneter Stelle erzwungener Prozeßabbruch ja unmöglich. Das Signal mit der Nummer 9 (das sogenannte `kill`-Signal) übernimmt in UNIX die Rolle des „allgewaltigen Prozeßmörders".

1.11 UNIX-Systemsoftware

Aus theoretischer Sicht besteht ein Betriebssystem aus den Softwarekomponenten, die den eigentlichen, in privilegiertem Status ablaufenden Systemkern bilden. Dieser Systemkern wird vielfach auch als *Nukleus* oder *Monitor* bezeichnet. Die Anwendbarkeit eines Betriebssystems wird jedoch nicht nur von der Funktionalität und Leistungsfähigkeit des Systemkerns, sondern ebenso entscheidend von der Palette an Systemsoftware mitgeprägt, die man zusammen mit der Kernsoftware erhält. Meist wird deshalb unter dem Begriff *Betriebssystem* auch die Dienstprogramm-Software subsummiert, wozu wir bei UNIX auch die Instrumente zur Programmentwicklung zählen.

UNIX enthält neben dem Betriebssystemkern und dem Befehlsinterpreter *shell*, der im nächsten Kapitel behandelt wird, eine stattliche Anzahl von Dienstprogrammen. Die konkrete Auswahl an Dienstprogrammen variiert je nach Lieferant des UNIX-Systems. Die folgende Übersicht umfaßt die wichtigsten, mit den meisten UNIX-Versionen gelieferten Dienstprogramme:

Benutzerkontrolle:	das `login`-Programm sowie Programme zur Änderung des Paßwortes und der Gruppenidentifikation
Terminalsteuerung:	Adaption des Gerätetreibers an die Charakteristiken des angeschlossenen Terminals (s. 1.7)
Dateimanipulation:	Zusammenhängen, Kopieren, Vergleichen, Aufspalten und Ausdrucken von Dateien, Verwaltung von Archivdateien usw.
Verzeichnismanipulation:	Erzeugen und Löschen von Verzeichnissen, Löschen, Umbenennen und Auffinden von Dateien, Manipulation der Dateihierarchie, Änderung der Eigentümer- und Privilegierungsattribute einer Datei
Programmausführung:	Programmausführung in besonderen Modi, Verwaltung der Prozeßhierarchie, Suspendierung der Befehlsausführung etc.
Statusanfragen:	Abfrage der laufenden Prozesse, der Dateien in einem Verzeichnis, der angeschlossenen Benutzer, des aktuellen Datums, der Terminalcharakteristiken usw.
Systemunterhalt:	Zuschalten und Abhängen nichtresidenter Dateisysteme, hierarchische Datensicherungen und -wiederherstellungen, Konsistenzprüfungen von Dateisystemen, Erstellen neuer Dateisysteme etc.
Leistungserfassung:	Aufbereitung der durch UNIX zur Verfügung gestellten Accounting-Informationen
Kommunikation:	Versenden von elektronischer Post an einzelne oder alle Benutzer, Übertragung von Dateien zwischen verschiedenen UNIX-Computern
Programmentwicklung:	Laufzeitbibliotheken, interaktiver Debugger, Lader, automatisierte Erzeugung von Programmen aufgrund deren Modulstruktur und Modifikationsvorgängen, automatische Versionenkontrolle usw.

CAI:	ein Programm zur Ausführung von CAI-Skripten (computergestützter Unterricht) sowie fertige ÇAI-Skripten zur Erlernung der Möglichkeiten des UNIX-Systems, der Programmiersprache C und anderer UNIX-Hilfsmittel
Handbücher:	Selektive Ausgabe von einzelnen Abschnitten der UNIX-Handbücher auf das Terminal
Programmiersprachen:	Assembler, C, Fortran 77, Ratfor und ein programmierbarer „Taschenrechner:“
Compiler-Compiler:	`yacc` (ein LR(1) Compilergenerator-System), `lex` (ein Generator für die lexikalische Analyse)
Textverarbeitung:	Zeileneditor, Textverschlüsselung und -entschlüsselung, Textformatierprogramme für Typenraddrucker und Fotosatz, Satzsoftware für die Erzeugung von mathematischen Formeln, Tabellen und Grafiken usw.
Dateiverarbeitung:	Sortieren, Ermittlung von gleichen und unterschiedlichen Zeilen in zwei Dateien, Absuchen von Dateien nach bestimmten Suchargumenten, Zählen der Zeilen, Worte und Zeichen in einer Datei usw.
Grafik:	Plot-Software zur Unterstützung von Grafik auf Bildschirmen und Plottern
Diverses:	Spiele (Backgammon, Schach, Reversi u.a.), Erzeugen von Kalendern usw.

In der UNIX-Gemeinschaft herrscht ein reger Austausch von Software, insbesondere innerhalb der UNIX-Benutzervereinigungen auf nationaler und internationaler Ebene. Der Softwareaustausch wird begünstigt durch die außerordentlich hohe Programmportabilität zwischen verschiedenen UNIX-Implementationen.

2 Der Kommandointerpreter *shell*

Aus systemtechnischer Sicht sind die Systemfunktionen die eigentliche Schnittstelle zwischen Anwender (bzw. Benutzer) und UNIX. Ein effizientes Arbeiten mit UNIX wäre für den Benutzer auf dieser Schnittstelle aber kaum möglich. Deshalb enthält UNIX, wie beinahe jedes andere Betriebssystem, einen Kommandointerpreter, der *shell* genannt wird. Die Aufgabe des *shell* ist die Übersetzung von hochstehenden Benutzeranweisungen in die recht primitiven UNIX Systemfunktionen (*system calls*). Er wird damit zu einem außerordentlich wichtigen Instrument im Dialog zwischen Benutzer und System, vor allem in einer Softwareentwicklungs-Umgebung. Die Bedeutung des *shell* wird dadurch unterstrichen, daß man UNIX oft mit dem *shell* identifiziert, weil in den meisten Fällen UNIX nur über den *shell* benutzt wird.

Der *shell* hebt sich in zweierlei Hinsicht von den Kommandointerpretern (auch *Befehlsinterpreter* oder *Job Control Interpreter* genannt) anderer Betriebssysteme ab:

1. Der *shell* ist nicht, wie man eigentlich erwarten könnte, Teil des UNIX-Kerns, sondern in Form eines „normalen" Anwenderprogramms ohne irgendwelche Sonderprivilegien implementiert. Deshalb steht es auch jedem Benutzer frei, falls erwünscht, einen eigenen Kommandointerpreter einzusetzen.

2. Die einfachen und homogenen Datei- und Prozeßmechanismen von UNIX sind die Grundlage der außerordentlichen Flexibilität und konzeptionellen Klarheit der *shell*-Kommandos.

Dieses Buch ist wie gesagt, nicht als umfassende Benutzeranleitung zu UNIX gedacht; vielmehr soll es einen durch technische Hintergrundinformationen und Erfahrungen ergänzten Einblick in die Möglichkeiten von UNIX vermitteln. Deshalb wird in diesem Kapitel der *shell* auch nicht in all seinen Einzelheiten besprochen. Unser Ziel ist es, die Anwendungsgrundzüge und Grundstrukturen des *shell* so darzustellen, daß seine bei aller Einfachheit enorme Einsatzflexibilität deutlich wird.

2.1 Einfache Befehle

Die einfachste Form einer *shell*-Befehlszeile besteht aus einem Befehlsnamen, gefolgt von den an diesen Befehl zu übergebenden Argumenten:

Befehl Arg_1 Arg_2 ... Arg_n

Die Bestandteile einer Befehlszeile werden durch Leerzeichen voneinander getrennt. Der *Befehl* ist der Name eines Programmes (d.h. einer ausführbaren Datei) oder einer direkt im *shell* „eingebauten" Befehlsfunktion. Dateinamen können beliebige Pfadnamen (s. 1.2.2) sein. Wird das Programm gefunden, so wird es in den Hauptspeicher geladen und ausgeführt; direkt eingebaute Befehlsfunktionen brauchen natürlich nicht erst geladen zu werden, da sie Teil des *shell* sind. Zur Ausführung werden dem Programm, bzw. der eingebauten Befehlsfunktion die Argumente übergeben. Ist die Ausführung beendet, so meldet der *shell* seine Bereitschaft zur Annahme weiterer Befehle durch die Ausgabe eines vom Benutzer wählbaren Bereitschaftstextes (*prompt text*, s. 2.6).

Einige einfache *shell*-Befehle ohne Argumente zeigt Abb. 2.1:

`who`	*Liste der angeschlossenen Benutzer*
`ls`	*Kurzliste der Dateien im aktuellen Verzeichnis*
`date`	*Datum und Uhrzeit*
`mail`	*angekommene elektronische Post*

Abb. 2.1 *shell*-Befehle ohne Argument

Abbildung 2.2 zeigt einige Befehle mit Argumenten. Das Minuszeichen vor manchen Argumenten hat nicht etwa die Bedeutung einer Negation. Es ist eine UNIX-Konvention, sogenannte *Flags* (bzw. Optionen) durch ein Minuszeichen einzuleiten, während Dateinamen als Argumente ohne Minuszeichen erscheinen. Allerdings muß gesagt werden, daß diese Konvention leider nicht in sämtlichen UNIX-Dienstprogrammen eingehalten wird.

`wc Kap3`	*Anzahl Zeilen, Worte und Zeichen in* `Kap3`, `wc` = *word count*
`ls -l`	*Informationen über die Dateien im aktuellen Verzeichnis*
`ls -l Kap3`	*Informationen über die Datei* `Kap3`
`rm Kap3`	*Lösche Datei* `Kap3`, `rm` = *remove*

Abb. 2.2 *shell*-Befehle mit Argumenten

Es können auch mehrere Befehle auf einer einzigen Zeile eingegeben werden, wenn sie durch Strichpunkte getrennt werden:

```
date ; ls -l
```

Die Ausführung der einzelnen Befehle geschieht strikt sequentiell, von links nach rechts.

Der *shell* hat keine Kenntnis über Anzahl und Typ der Argumente, die von den Befehlen (bzw. Programmen) verlangt werden. Er nimmt die Argumente lediglich entgegen, expandiert sie gegebenenfalls entsprechend den Metazeichen (s. 2.4) und übergibt sie dann unbesehen dem aufgerufenen Programm. Es ist die Aufgabe jedes Programmes, die Argumente zu prüfen und zu bearbeiten.

Nachfolgend eine Zusammenfassung der am häufigsten verwendeten Dienstprogramme bzw. *shell*-Befehle. Zuerst eine Gruppe von Befehlen zur Behandlung von Verzeichnissen (Abb. 2.3):

`pwd`	(*print working directory*) Melde Name des aktuellen Verzeichnisses.
`cd` *Verzeichnis*	(*change directory*) Wechsle aktuelles Verzeichnis nach *Verzeichnis*.
`mkdir` *Verzeichnis*	(*make directory*) Erzeuge neues Verzeichnis.
`rmdir` *Verzeichnis*	(*remove directory*) Lösche Verzeichnis.

Abb. 2.3 Wichtige Verzeichnisbefehle

Im Zusammenhang mit der Behandlung von gewöhnlichen Dateien und Spezialdateien stehen vor allem die folgenden Befehle im Vordergrund (Abb. 2.4):

`ls [-l]`	(*list file names*) Melde alle Dateinamen im aktuellen Verzeichnis; `-l` = *long* = ausführliche Informationen.
`ls [-l]` *Verzeichnisse*	Melde alle Dateinamen in den angegebenen Verzeichnissen.
`ls [-l]` *Dateien*	Melde alle angegebenen Dateinamen.
`cat` *Dateien*	(*concatenate*) Schreibe alle angegebenen Dateien aneinandergehängt aus (ohne Seitenumbruch; dafür ist `pr` zu verwenden).
`pr` *Dateien*	(*print*) Erzeuge aus den angegebenen Dateien eine Ausgabe in Listenformat mit Seitennummern und Seitentiteln.
`rm` *Dateien*	(*remove*) Lösche alle angegebenen Dateinamen.
`cp` *Dateien Verzeichnis*	(*copy*) Kopiere *Dateien* in das *Verzeichnis*.
`cp` $Datei_{von}$ $Datei_{nach}$	Kopiere $Datei_{von}$ nach $Datei_{nach}$.
`mv` *Dateien Verzeichnis*	(*move*) Übertrage *Dateien* in das *Verzeichnis*.

`mv` *Datei*$_{von}$ *Datei*$_{nach}$	Übertrage *Datei*$_{von}$ nach *Datei*$_{nach}$ (resultiert in einer Umbenennung, falls Quell- und Zieldatei im selben Verzeichnis liegen).
`wc [-l]` *Dateien*	(*word count*) Zähle Buchstaben, Wörter und Zeilen in den *Dateien* (`-l` = *lines* = nur Zeilen).

Abb. 2.4 Wichtige Dateibefehle

Schließlich noch einige der wichtigsten allgemeinen Dienstprogramme (Abb. 2.5):

`who`	Wer arbeitet gegenwärtig am System?
`date`	Datum und Uhrzeit.
`mail` *Benutzer*	Sende Standardeingabe als elektronische Post an alle angegebenen *Benutzer.*
`mail` *Benutzer Datei*	Sende *Datei* als elektronische Post an alle angegebenen *Benutzer.*
`mail`	Melde eingegangene elektronische Post.

Abb. 2.5 Einige allgemeine Befehle

Die meisten der hier aufgeführten Befehle haben weit mehr Optionen und Einsatzbereiche, als in dieser Kurzübersicht dargestellt werden kann. Im Zuge der weiteren Darstellung von UNIX kommen einige davon zur Sprache. Für eine umfassende Erläuterung der Befehle sei auf das UNIX-Handbuch verwiesen.

2.2 Umleitung der Ein/Ausgabe

Wird ein Programm durch den *shell* gestartet, so sind bereits die drei Standarddateien *Standardeingabe, Standardausgabe* und *Standard-Fehlerausgabe* eröffnet und unter den Dateideskriptoren (s. 1.5.1) 0, 1 und 2 verfügbar.

Gibt der Benutzer nicht explizit etwas anderes an, so ist die Standardeingabe mit der Tastatur verbunden, die beiden Ausgabedateien mit dem Bildschirm. Diese vorgegebenen Verbindungen lassen sich auf einfache Weise ändern:

Befehl < *Dateiname* (Umleitung der Standardeingabe)
Befehl > *Dateiname* (Umleitung der Standardausgabe)
Befehl 2> *Dateiname* (Umleitung der Standard-Fehlerausgabe)

Derart umgeleitet, wird die Standardeingabe nun nicht mehr von der Tastatur erwartet, sondern von der nach < genannten Datei gelesen (das <-Zeichen ist als Pfeilsymbol zu verstehen, das von der Datei zum Befehl zeigt, um den Datenfluß anzudeuten). Der angegebene Dateiname wird natürlich nicht mehr als Argument dem aufgerufenen Programm weitergegeben, sondern vom *shell* dazu benutzt, die Standardeingabe umzulenken. Das aufgerufene Programm merkt von dieser Umlenkung nichts; es arbeitet, als ob es von der Tastatur einläse.

Was eben für die Umleitung der Standardeingabe gesagt wurde, gilt symmetrisch auch für die Standardausgaben, die mit dem Zeichen > bzw. 2> umgeleitet werden. Ein praktisches Beispiel für die Umleitung ist der Befehl

```
ls -l > inhalt
```

mit dem Informationen über alle Dateien des aktuellen Verzeichnisses in die Datei `inhalt` abgelegt werden. Besteht diese Datei bereits, so wird sie durch den Befehl überschrieben. Es ist jedoch auch möglich, die Standardausgabe an eine bestehende Datei anzuhängen. Dies geschieht durch den Befehl

```
ls -l >> inhalt
```

Eine interessante Anwendung der Dateiumleitung ist die Umleitung der Standardeingabe für den *shell* selbst:

```
sh < Dateiname
```

Durch diese Anweisung wird ein neuer *shell* (Programm sh) gestartet, der seine Anweisungen nicht von der Tastatur, sondern von der angegebenen Datei bezieht. Die Datei enthält *shell*-Anweisungen, übernimmt also die Rolle einer *shell*-Prozedur. Auf diese Art können komplexere, mehrfach benötigte *shell*-Befehle in Dateien abgelegt und auf einfache Weise wiederverwendet werden.

Als Standardeingabe kann auch Text verwendet werden, der unmittelbar auf den Befehl folgt, also selbst Teil der *shell*-Eingabe ist. Die folgende *shell*-Prozedur enthält alle Befehle zum Versand einer Meldung an die aufgeführten Damen (Abb. 2.6):

```
mail gaby susi heidi << ++
Tag Suesse.
Ruf doch mal an. Tschuess.
William Karl-Heinz.
++
```

Abb. 2.6 Versenden von elektronischer Post

Die Zeichenkombination ++ dient als Begrenzungstext für den als Standardeingabe zu verwendenden Text. Der Begrenzungstext ist frei wählbar. Der abschließende Text muß allein auf einer Zeile erscheinen.

2.3 Pipes

Das in Abschnitt 1.9 eingeführte *Pipe-Konzept* von UNIX wird im *shell* dadurch wirkungsvoll unterstützt, daß die Standardausgabe eines Programmes (bzw. Prozesses) direkt mit der Standardeingabe eines anderen, parallel ablaufenden Programmes verbunden werden kann. Im *shell* wird als Pipe-Operator ein senkrechter Strich | verwendet:

```
who | wc -l
```

In diesem Beispiel werden die zwei Programme who und wc durch eine Pipe miteinander verbunden. Was geschieht? Beide Programme gelangen gleichzeitig zur Ausführung. Das Dienstprogramm who erzeugt, wie bereits früher bemerkt, eine Liste der gegenwärtig am System angeschlossenen Benutzer, eine Zeile pro Benutzer. wc -l meldet die Anzahl Zeilen des über die Standardeingabe eingelesenen Textes. Durch die Verwendung der Pipe wird nun die Ausgabe von who direkt mit der Eingabe von wc verbunden. Als Resultat des ganzen Befehls erscheint die Anzahl der gegenwärtig am System angeschlossenen Benutzer.

Die mit dem *shell*-Pipe-Mechanismus gegebene Möglichkeit der Verknüpfung einzelner Dienstprogramme hatte einen fundamentalen Einfluß auf die Gestaltung des UNIX-Dienstprogrammkonzeptes. Es wurden nicht mächtige Dienstprogramme mit vielen Möglichkeiten konzipiert, sondern ein wohlabgewogenes Baukastensystem von einfachen Werkzeugen geschaffen. Mit dem Pipe-Mechanismus können die einzelnen Werkzeuge leicht zu mächtigeren Instrumenten zusammengekoppelt werden. Wir werden in diesem und nachfolgenden Kapiteln genügend Gelegenheit haben, das Konzept der Konstruktion von mächtigen Befehlen aus einfachen Bausteinen kennenzulernen.

2.4 Metazeichen in Dateinamen

Viele Dienstprogramme übernehmen als Argumente neben Optionen auch Dateinamen. Der Befehl

```
rm Kap1 Kap2 Kap3 Kap4 Kap5 Kap6
```

löscht beispielsweise die sechs angegebenen Dateien aus dem aktuellen Verzeichnis. Anstelle der Angabe der einzelnen Dateinamen kann auch ein *Namensmuster* angegeben werden, in unserem Beispiel

```
rm Kap?
```

Der *shell* ersetzt die Konstruktion `Kap?` automatisch durch alle Dateinamen (Dateinamengenerierung), die auf dieses Muster passen. Dem sogenannten Metazeichen ? kommt dabei die Rolle eines Platzhalters zu. Auf das Metazeichen ? „paßt" ein beliebiges Zeichen. Der Befehl `rm Kap?` löscht also sämtliche Dateien aus dem aktuellen Verzeichnis, deren Name mit `Kap` beginnt und noch ein weiteres, beliebiges Zeichen enthält.

shell kennt drei Metazeichen:

- Der *Stern* * steht für eine beliebige Zeichenkette, eingeschlossen eine der Länge 0 (leere Zeichenkette).
- Das *Fragezeichen* ? steht für genau ein beliebiges Zeichen.
- Die Klammerkonstruktion [...] paßt auf genau eines der eingeschlossenen Zeichen. Zeichenbereiche werden durch einen Bindestrich – spezifiziert.

Beispiele für Dateinamen mit Metazeichen zeigt Abb 2.7:

`*.c`	*alle Dateinamen, die mit* `.c` *enden*
`Test.[AB]`	*Dateien* `Test.A` *und* `Test.B`
`Kap[2-5]`	*Dateien* `Kap2, Kap3, Kap4` *und* `Kap5`
`??`	*alle Dateinamen, die genau zwei Zeichen lang sind*
`*`	*alle Dateien*
`/tmp/*`	*alle Dateien im Verzeichnis* `/tmp`

Abb. 2.7 Metazeichen in Dateinamen

Soll die Bedeutung der Zeichen *, ?,] und [als Metazeichen aufgehoben werden, beispielsweise um eine Datei mit dem Namen `Post?` zu löschen, so wird entweder dem Metazeichen das Umschaltzeichen \ vorangestellt oder der ganze Dateiname in Anführungszeichen ". . . . . ." bzw. Apostrophe '. . . . . .' gesetzt:

```
rm Post\?
rm "Post?"
rm 'Post?'
```

Ist man nicht sicher, welche Dateinamen auf ein bestimmtes Muster passen, so übergibt man das Muster dem `echo`-Befehl. `echo` schreibt alle übergebenen Argumente unverändert über die Standardausgabe aus:

```
echo Kap*
Kap12 Kap15 Kap6 Kap8 Kap9
```

Eine solche Überprüfung von Dateinamen mit Metazeichen ist vor allem vor einem Löschbefehl wie `rm *.c` oder ähnlich ratsam; man ist dann vor unliebsamen Überraschungen geschützt.

2.5 Befehlsausführung im Hintergrund

Wird ein *shell*-Befehl mit dem Zeichen & abgeschlossen, so wird er im „Hintergrund" ausgeführt. Das heißt, der *shell* akzeptiert sofort neue Befehle, ohne auf die Beendigung des im Hintergrund ablaufenden Befehles zu warten:

```
troff Kap4 Kap5 &
```

Die Befehlsausführung im Hintergrund ist insbesondere bei zeitraubenden Anweisungen wie Programmübersetzungen, Formatierungen, Überwachungsaufgaben etc. von Nutzen. Die Standardeingabe wird für Hintergrundbefehle geschlossen; die Standardausgaben erscheinen weiterhin auf dem Bildschirm, können aber wie besprochen umgelenkt werden, falls dies erforderlich ist.

2.6 *shell* als Programmiersprache

Bisher wurde der *shell* nur als Befehlsinterpreter vorgestellt, der eingetippte Kommandos ausführt. Im folgenden kommen nun diejenigen *shell*-Funktionen zur Sprache, die aus dem *shell* eine eigentliche, allerdings relativ einfache Programmiersprache machen. *shell* kennt Variablen und Zuweisungsoperationen, unterstützt selektive und repetitive Ausführung von Befehlen, bietet ein Prozedurkonzept mit Parameterübergabe, ermöglicht die Behandlung von asynchron auftretenden Ereignissen und enthält noch einige weitere Programmierkonstruktionen.

2.6.1 Variablen und Zuweisungsbefehle

Im Gegensatz zu den Variablen, wie sie aus den meisten Programmiersprachen bekannt sind, definiert *shell* nur einen einzigen Variablentyp: Zeichenketten. Variablen brauchen nicht deklariert zu werden. Der Zuweisungsbefehl nimmt die übliche Form an:

variablenname = *Zeichenkette*

Variablennamen bestehen aus Buchstaben, Ziffern und Unterstreichungszeichen, wobei das erste Zeichen ein Buchstabe sein muß. Zeichenketten, die Zeichen mit einer Sonderbedeutung für den *shell* enthalten (Leerstellen, \ u.a.m.), sind in Apostrophe '......' oder Anführungszeichen "......" einzuschließen.

Trifft der *shell* eine der Konstruktionen

> ${*variablenname*}
> $*variablenname*

an, so ersetzt er sie durch den Inhalt der angesprochenen Variablen. Beispiele zeigt Abb. 2.8:

```
verz=/usr/abt5/pps/src
ls -l ${verz}
ls -l $verz
cd ${verz}alt
verz=$verz/dok
ls -l $verz
loesche="rm /usr/tmp/hugo.test* /usr/tmp/hugo.tmp*"
$loesche
```

Abb. 2.8 Variablen und Zuweisungen

Diese Beispiele zeigen, daß die geschweiften Klammern um den Variablennamen wegfallen können, wenn der Variablenname auch ohne diese Zeichen eindeutig begrenzt ist. Die zweite und die dritte Zeile in Abb. 2.8 sind deshalb funktionell identisch. Im vierten Beispiel sind die Klammern obligatorisch, da sonst eine Variable `verzalt` statt `verz` angesprochen würde. Das Vorgehen des *shell* beim Antreffen von Variablenreferenzen innerhalb eines Befehls ist denkbar einfach: Er ersetzt jede Referenz durch den Inhalt der Variablen und führt dann den Befehl wie üblich aus. Die letzten beiden Zeilen in Abb. 2.8 zeigen als Illustration dieses Prinzips eine häufig angewendete Art der Abkürzung von oft benötigten *shell*-Befehlen.

Die folgenden *shell*-Variablen sind stets vordefiniert (Abb. 2.9):

$?	Rückgabewert des zuletzt ausgeführten Programmes (s. 2.6.4).
$$	Prozeßnummer des aktuellen *shell*
$!	Prozeßnummer des zuletzt gestarteten Hintergrundprogrammes (s. 2.5)
$*n*	Das *n*-te Argument (s. 2.6.3)
$*	Alle Argumente (s. 2.6.3)
$#	Anzahl der übergebenen Argumente (s. 2.6.3)
$-	aktive *shell*-Optionen (s. 2.8)

Abb. 2.9: Vordefinierte Variablen

Diesen vordefinierten Variablen kann kein Wert zugewiesen werden. Daneben sind eine Reihe weiterer Variablen vordefiniert, die zur Steuerung gewisser *shell*-Funktionen verwendet werden können (Bereitschaftstext in den Variablen PS1 und PS2, Suchpfad für Programme in PATH usw.). Für Einzelheiten ist die UNIX-Originaldokumentation zu konsultieren.

2.6.2 Befehlssubstitution

Die Konstruktion

` *Befehl* `

wird durch die Standardausgabe des Befehles ersetzt (Achtung: Als Begrenzungszeichen ist der *accent grave* ` zu verwenden und kein Apostroph ' oder Anführungszeichen "). Diese sogenannte *Befehlssubstitution* wird vom fortgeschrittenen *shell*-Anwender hin und wieder benützt, um raffinierte *shell*-Befehle und -Prozeduren zu programmieren. Eine recht simple Verwendung ist u.a. die Zuweisung der Standardausgabe eines Befehls an eine Variable (Abb. 2.10).

```
jetzt=`date`
angeschlossen=`who | sort`
mail `cat mitglieder` < memo
```

Abb. 2.10 Befehlssubstitution

Das letzte Beispiel sendet den Inhalt der Datei `memo` an alle in der Datei `mitglieder` vermerkten Personen. Vorerst wird also der Befehl `cat mitglieder` ausgeführt, der beispielsweise die Liste

```
meier
herz
keller
arndt
```

produziert. Diese Liste nimmt nun den Platz der Konstruktion `` `cat mitglieder` `` ein, womit der `mail`-Befehl ausgeführt werden kann.

2.6.3 *shell*-Prozeduren

Auf die Möglichkeit der Bildung von *shell*-Prozeduren wurde bereits bei der Behandlung der Umleitung von Standarddateien hingewiesen (s. 2.2). Nehmen wir für die folgenden Ausführungen an, wir hätten bereits eine *shell*-Prozedur zur Meldung der Anzahl gegenwärtig aktiven Sitzungen geschrieben und in der Datei anz abgelegt:

```
echo "Anzahl Benutzer am " `date` ":" `who | wc -l`
```

Diese *shell*-Prozedur liefert beispielsweise folgende Ausgabe:

```
Anzahl Benutzer am  Thu Mar 7 12:26:48 MEZ 1985 : 4
```

Sie kann auf verschiedene Arten ausgeführt werden:

`sh < anz` Wie bereits in 2.2 besprochen.

`sh anz` Dem neu gestarteten *shell* wird ein Dateiname als Argument übergeben. In diesem Fall übernimmt er seine Anweisungen aus dieser Datei.

`anz` Mit dem Punkt wird der laufende *shell* angewiesen, die nachfolgende Datei zu lesen und die darin enthaltenen Befehle auszuführen. Bei dieser Art der Ausführung einer *shell*-Prozedur wird kein neuer *shell* erzeugt (*subshell*), wie dies bei den ersten beiden Ausführungsarten der Fall war. Eine Konsequenz davon ist, daß alle aktuellen *shell*-Variablen auch in der ausgeführten Prozedur bekannt sind, was beim Starten eines neuen *shell* (*subshell*) nicht zutrifft.

`anz` Hier wird anz direkt als Befehl verwendet. Dazu muß die Datei anz aber als *ausführbar* gekennzeichnet worden sein (`chmod +x anz`, s. 1.4). Der *shell* erkennt bei der Ausführung einer Datei selbständig, ob die Datei Maschinencode oder *shell*-Befehle enthält. Für den Benutzer ist es somit gleichgültig, ob ein Befehl ein lauffähiges Programm ist oder „nur" eine *shell*-Prozedur.

An *shell*-Prozeduren können auch Argumente übergeben werden. Diese Argumente werden innerhalb der Prozedur über die vordefinierten *shell*-Variablen $*n* angesprochen ($1 für das erste Argument, $2 für das zweite usw.). Die Spezialvariable $0 bezieht sich immer auf das nullte Argument, d.h. den Programmnamen selbst. $* umfaßt alle Argumente.

Zum Experimentieren mit Argumenten verwenden wir die folgende Prozedur, die wir `argtest` nennen (Abb. 2.11).

```
echo "Anz Arg  = " $#
echo "Arg 0    = " $0
echo "Arg 1    = " $1
echo "Arg 2    = " $2
echo "Arg 3    = " $3
echo "alle Arg = " $*
```

Abb. 2.11 Testprozedur für Argumente

Hier einige Aufrufe unserer Testprozedur:

Eingabe	*Ausgabe*

`argtest`	`Anz Arg = 0`
	`Arg 0 = argtest`
	`Arg 1 =`
	`Arg 2 =`
	`Arg 3 =`
	`alle Arg =`

`argtest aaa bbbb`	`Anz Arg = 2`
	`Arg 0 = argtest`
	`Arg 1 = aaa`
	`Arg 2 = bbbb`
	`Arg 3 =`
	`alle Arg = aaa bbbb`

Nach korrekter Verbindungsaufnahme mit dem UNIX – System wird üblicherweise der *shell* als Kommandointerpreter gestartet (s. 7.1). Vor der Ausgabe des ersten Bereitschaftstextes führt der *shell* die in der Datei `.profile` gehaltenen Befehle aus. In diese Datei kann der UNIX-Benutzer die nötigen Befehle ablegen, die ihm zum Aufbau seiner individuellen Benutzerumgebung als notwendig erscheinen, z.B. wie in Abb. 2.12:

`date`	*melde Datum*
`who`	*melde aktive Benutzer*
`PS1=">>"`	*setze Bereitschaftstext auf* >>

Abb. 2.12 Beispiel einer `.profile`-Prozedur

Abschließend sei bemerkt, daß *shell*-Prozeduren auch rekursiv aufgerufen werden können.

2.6.4 Kontrollflußanweisungen

Der *shell* stellt die in höheren Programmiersprachen üblichen Kontrollflußanweisungen zur Verfügung. Dazu gehören die Selektionsanweisungen `if` (mit `then`- und fakultativem `else`-Teil) und `case`, sowie die Schleifen `while`, `until` und `for`.

Alle UNIX-Programme, auch die von Benutzern geschriebenen, sollten an ihren Aufrufer einen Wert (*exit status*) zurückgeben, der Auskunft über ihren Abschlußzustand gibt (s. auch Kap. 8). Dabei bedeutet der Wert 0 konventionsgemäß normales Ende. In der Bedingung der `if`-Anweisung wird ein Kommando ausgeführt und dessen Rückgabewert mit 0 verglichen. Bei Gleichheit wird in den then-Teil verzweigt, sonst in den else-Teil oder, falls dieser fehlt, ans Ende der if-Anweisung (durch das Schlüsselwort fi angegeben). Der Kontrollfluß in einer if-Anweisung ist also abhängig von der erfolgreichen Ausführung eines Programms.

```
if help=`who | grep $1`
then echo -n "$1 ist seit "
     set $help
     echo "$5 Uhr am System"
else echo "$1 ist nicht auffindbar"
fi
```

Abb. 2.13 Suche nach einer bestimmten Person

Das kleine Programm in Abb. 2.13 findet heraus, ob ein bestimmter Benutzer, dessen Name als Argument übergeben wird, gerade am System arbeitet oder nicht. Die Bedingung der if-Anweisung besteht aus der Pipeline who | grep $1, deren Ausgabe als Nebeneffekt gleich noch der Variablen help zugewiesen wird. Als den Ablauf steuernden Wert wird der Rückgabewert des letzten ausgeführten Kommandos genommen, hier also derjenige des grep-Befehls. grep gibt mit dem Wert 0 zu erkennen, daß seine Suche nach dem angegebenen Ausdruck erfolgreich verlaufen ist; andernfalls wäre eine 1 (nicht gefunden) oder eine 2 (Fehler) zurückgegeben worden. Die Anweisung set erlaubt es, die Variablen $*n* neu zu setzen. Die Argumente werden der Reihe nach an $1, $2 etc. zugewiesen, wobei gleichzeitig die Variable $# entsprechend angepaßt wird. Nachdem help diejenige who-Ausgabezeile enthält, die von grep gefunden wurde, weist die Anweisung set $help unter anderem dem fünften Argument den Einschaltzeitpunkt des gesuchten Benutzers zu. Die Option -n verlangt von echo, nach der Ausgabe seines Argumentes nicht auf eine neue Zeile zu springen.

Es gilt hier wie auch in den weiteren Ausführungen zu beachten, daß der *shell* reservierte Wörter (z.B. if, then, else und fi) nur nach einem Zeilenende-Zeichen oder einem Strichpunkt (und allenfalls Leerzeichen) erkennt. Werden obige Zeilen interaktiv eingetippt, meldet sich der *shell* nach der ersten Zeile mit seinem zweiten Bereitschaftstext, der in der Variablen PS2 (*prompt string* 2; üblicherweise: >) definiert ist, wie er das immer tut, wenn ihm noch Eingaben zu einem vollständigen Kommando fehlen.

Die wohl häufigste Verwendung findet die if-Anweisung in Verbindung mit dem test-Kommando. test, in Version 7 ein gewöhnliches Dienstprogramm, in neueren UNIX-Systemen aber direkt im *shell* eingebaut, führt die verschiedensten Tests mit seinen Argumenten aus. Die von System zu System variierenden Möglichkeiten und deren leicht kuriose Syntax schlägt man am besten in einem Handbuch nach. Hier seien sie nur übersichtsartig gestreift:

- Dateitests (lesbar, schreibbar, gewöhnliche Datei, Verzeichnis etc.)
- Zeichenkettentests (leer, nicht-leer)
- Zeichenkettenvergleiche (gleich, ungleich)
- numerische Vergleiche, Zeichenketten als ganze Zahlen interpretiert (gleich, größer, kleiner etc.)

Das folgende Programmfragment könnte den Beginn einer *shell*-Prozedur bilden, die mindestens ein Argument erwartet (Abb. 2.14):

```
if test $# -eq 0
then echo "ohne Argumente geht aber gar nichts!"
     exit 1
fi
...
```

Abb. 2.14 Test der Anzahl Argumente

Die Option `-eq` (für *equal*) läßt das Programm `test` prüfen, ob das vorangehende Argument numerisch gleich dem nachfolgenden ist. Ein positiver Ausgang des Vergleichs hat einen Rückgabewert 0 zur Folge und führt hier in den `then`-Zweig der `if`-Anweisung. Nach Ausgabe der Fehlermeldung wird die Prozedur durch die Anweisung `exit 1` mit einem Rückgabewert 1 abgebrochen.

Über die `case`-Anweisung stellt der *shell* eine Mehrfachverzweigung zur Verfügung (analog zur `case`-Anweisung in Pascal oder zur `switch`-Anweisung in C, s. Kap. 3).

```
case Wort in
Muster) Kommandos ;;
Muster) Kommandos ;;
...
esac
```

Der *shell* vergleicht das angegebene *Wort* von oben nach unten mit den einzelnen Mustern und führt diejenigen Kommandos aus, die zum ersten passenden Muster gehören (falls er ein solches findet). Die Syntax dieser Anweisung schreibt vor, daß ein Muster durch eine schließende Klammer `)`, eine Liste von Kommandos durch zwei Strichpunkte `;;` abgeschlossen wird.

Als Beispiel übersetzen wir die vom `date`-Befehl gelieferte englische Datumsdarstellung ins Deutsche. Die folgenden Anweisungen seien in einer ausführbaren Datei mit Namen `datum` abgespeichert (Abb. 2.15):

```
set `date`
case $1 in
      Tue)    tag=Die ;;
      Wed)    tag=Mit ;;
      Thu)    tag=Don ;;
      Sat)    tag=Sam ;;
      Sun)    tag=Son ;;
      *)      tag=$1 ;;
esac
echo $tag $3.$2 $4 $6 $5
```

Abb. 2.15 Das datum-Programm

Die set-Anweisung übergibt an die Argumente $1 bis $6 die durch Leerzeichen getrennten Wörter der Ausgabe von date, also z.B. dem $1 den englisch abgekürzten Tag. Diese Angabe wird durch die darauf folgende case-Anweisung in die entsprechende deutsche Abkürzung umgesetzt. Die Tage Mon und Fre müssen dabei nicht übersetzt werden. Weil sie auf keines der angegebenen Muster passen, decken sie sich mit dem speziellen Muster *, das für eine beliebige Zeichenkette steht. Ganz allgemein sind die Metazeichen der Dateinamengenerierung auch in den Mustern der case-Anweisung gültig, z.B. also ? für ein beliebiges Einzelzeichen oder [a-cz] für ein a, b, c oder z. Mehrere Muster können mit derselben Kommandoliste assoziiert werden, indem sie durch das Oder-Zeichen | verbunden werden. Statt *) könnte oben also auch Fre|Mon) stehen.

Die Übersetzung wirkt sich folgendermaßen aus:

```
$ date
Thu Jan 26 07:42:41 MEZ 1985
$ datum
Don 26.Jan 07:42:46 1985 MEZ
```

Da gerade Januar ist, ergeben sich in der Monatsausgabe keine Probleme. Eine zweite, längere case-Anweisung wäre aber eigentlich für die Übersetzung der Monatsnamen notwendig.

Die for-Anweisung erlaubt die wiederholte Ausführung von Befehlen für jedes Element einer Liste.

for *Name* in *Wort1 Wort2 ...*
do *Kommandos*
done

Es werden der Variable *Name* so lange das nächste *Wort* zugewiesen und danach die *Kommandos* ausgeführt, bis die Liste der Wörter erschöpft ist. Fehlen in und die Wortliste, erfolgt ein Schleifendurchlauf pro Argument (entspricht: in $*). Betrachten wir als Beispiel eine *shell*-Prozedur, die anstelle des cc-Befehls (Übersetzung eines C-Programms s. Kap. 3) aufgerufen werden könnte, um dessen Argumente vorgängig zu überprüfen (Abb. 2.16):

```
for i
do  case $i in
    -[ocs]) ;;
    -?)     echo "unbekannte Option $i"; exit 1;;
    *.c)    ;;
    *)      echo "Dateinamen muessen auf .c enden"; exit 2;;
    esac
done
/bin/cc $*
```

Abb. 2.16 Prüfe Argumente von cc

Auch in der Bedingung der `while`-Anweisung wird wie bei `if` der Abschlußzustand eines Kommandos getestet. Die zugehörige Schleife kommt so lange zur Ausführung, wie dieser Rückgabewert 0 ist.

```
statistik=/usr/adm/wholog
while sleep 900
do  echo "-------------------" >> $statistik
     date >> $statistik
     who >> $statistik
done
```

Abb. 2.17 Benutzerstatistik

Das Programm in Abb. 2.17 schreibt alle 15 Minuten die Benutzer des Systems in die Datei `/usr/adm/wholog`, zusammen mit einer Trennzeile und der Angabe der aktuellen Zeit. `sleep` ist ein UNIX-Programm, das den ausführenden Prozeß schlafen legt, so daß er keine Prozessorzeit konsumiert, und nach der als Argument angegebenen Anzahl Sekunden wieder aufweckt. Weil `sleep` immer einen Rückgabewert von 0 liefert, hat diese `while`-Schleife kein eigenes Ende. Man läßt die Prozedur deshalb am besten im Hintergrund laufen und beendet sie durch den `kill`-Befehl (s. Kap. 8), wenn genügend Information gesammelt wurde.

Ersetzt man das Wort `while` durch `until`, ergibt sich eine (`while` = solange ... mache, `until` = bis ... mache).

```
until test -w /dev/rmt0
do  sleep 10
done
tar c0 lohn.c adr.c book.c
```

Abb. 2.18 Weg-optimierte Bandsicherung

Tippt man das Programm in Abb. 2.18 am Bildschirm ein, kann man sich in Ruhe in den Maschinenraum zur Bandstation begeben und das Band einspannen, auf das die Dateien `lohn.c`, `adr.c` und `book.c` geschrieben werden sollen (`tar`-Befehl, für *tape archiver,* s. Kap. 6). Dank der `until`-Schleife wird alle 10 Sekunden geprüft, ob die Spezialdatei `/dev/rmt0`, die die Bandstation repräsentiert, beschrieben werden kann. Eine positive Antwort bedeutet, daß ein Band eingelegt ist, und bewirkt den Abbruch der Schlafschleife.

2.6.5 Bildung von Befehlsgruppen

Befehle können auf zwei Arten zu Gruppen zusammengefaßt werden:

- { *Liste von Befehlen* ; }

  Die Befehle werden in diesem Fall normal hintereinander ausgeführt, gelten aber syntaktisch als eine einzige Anweisung. Diese Gruppenbildung wird vor allem dazu verwendet, mehrere Befehle nacheinander im Hintergrund auszuführen, wie z.B. in

  ```
  {cc text.c ; echo "Die Compilation ist fertig" ;} &
  ```

  Während der Compilation des Programms `test.c` können in Ruhe andere Arbeiten erledigt werden. Die `echo`-Meldung zeigt dann das Ende der Übersetzung an. Es ist zu beachten, daß die geschweiften Klammern vom *shell* reserviert sind und (wie `if`, `then` etc.) nur nach Zeilenende-Zeichen oder Strichpunkten erkannt werden.

- (*Liste von Befehlen*)

  Auch diese Befehlsgruppe gilt als syntaktische Einheit, wird aber durch einen separaten *shell* (*subshell*) ausgeführt. Diese Möglichkeit wird benutzt, um im *subshell* die Umgebung (z.B. gültige Variablen, aktuelles Verzeichnis etc.) zu wechseln.

  ```
  (cd buecher ; rm alteliste)
  ```

  Hier versetzt sich ein zweiter *shell* in das Verzeichnis `buecher` und löscht dort eine Datei, ohne daß der *shell*, in dem der Befehl gegeben wird, das Verzeichnis wechselt. Runde Klammern sind keine reservierten Symbole und werden in jedem Zusammenhang als solche erkannt, falls sie nicht durch ein Umschaltzeichen geschützt sind.

2.6.6 Die `shift`-Anweisung

Mit der `shift`-Anweisung wird das erste Argument `$1` in einer *shell*-Prozedur „vernichtet“, indem die Positionsnummer aller übrigen Argumente um 1 reduziert wird (`$2` wird `$1`, `$3` wird `$2` etc.). Gleichzeitig wird auch die Anzahl gesetzter Argumente `$#` um 1 herabgesetzt. Dieser Mechanismus erlaubt es unter anderem, trotz der beschränkten Anzahl Variablen (`$1` bis `$9`) eine beliebige Zahl von Argumenten zu verarbeiten, indem die nicht direkt zugreifbaren Argumente sukzessive in den Bereich der unter Namen ansprechbaren verschoben werden.

Die Befehl `imp` bietet in unserer Umgebung eine benutzerfreundliche, einfache Schnittstelle zum Systemprogramm `iprint`, das seinerseits dazu dient, ASCII-Text-Dateien (z.B. C-Quellenprogramme) auf dem Laserdrucker auszugeben. `imp` ist ein kleines *shell*-Skript, das Standardwerte für die Schriftart und -größe, sowie die Zeilenanzahl pro Seite annimmt oder diese Angaben gemäß einer Option `-s` (*small*) setzt (Abb. 2.19).

```
zeilen=65
font=TT.11
case $1 in
    -s) shift
        zeilen=85
        font=TT.8;;
    -?) echo "$1: ungueltige Option"
        exit;;
esac
pr -l$zeilen $* | iprint -B -f $font
```

Abb. 2.19 Das Programm `imp`

Dank der `shift`-Anweisung wird eine Option `-s` von diesem Programm geschluckt und werden alle anderen Argumente unverändert weitergegeben.

2.6.7 Leerzeicheninterpretation

Der neben der Befehlsausführung wichtigste Service, den der *shell* anbietet, ist die Auswertung von Argumenten durch Parametersubstitution, Befehlssubstitution, Leerzeicheninterpretation und Dateinamengenerierung (in dieser Reihenfolge durchgeführt!). In der Phase der Leerzeicheninterpretation - die übrigen drei Stufen kennen wir bereits - werden die nach der Parameter- und Befehlssubstitution erhaltenen Zeichenketten in Wörter auseinandergepflückt, die durch Leerraum getrennt sind. Für den *shell* bilden alle diejenigen Zeichen Leerraum, die sich in der vordefinierten Variablen `IFS` befinden, standardmäßig Leerzeichen, Tabulatoren und Zeilenende-Zeichen.

```
set `date`
IFS=:
set $4
echo "$1 Uhr $2"
```

Abb. 2.20 Angabe der Uhrzeit

Die Zeichenkette, die sich in Abb. 2.20 nach der Befehlssubstitution `` `date` `` ergibt, wird aufgrund der aktuellen, standardmäßig gesetzten IFS-Variablen in Einzelworte unterteilt und diese dem Kommando `set` als Argumente übergeben. Das vierte Argument wird durch die Uhrzeit im Format *hh*: *mm*: *ss* (*h* = Stunden, *m* = Minuten, *s* = Sekunden) gebildet. Indem in IFS ein Doppelpunkt abgelegt wird, läßt sich diese Uhrzeit durch `set $4` in die Einzelkomponenten zerpflücken, und den drei neuen Argumenten $1, $2 und $3 zuweisen. Die Ausgabe des Programms entspricht der üblichen Zeitangabe.

2.7 Abfangen und Behandeln von Signalen

Wenn mitten in der Ausführung einer *shell*-Prozedur eine Unterbrechungstaste am Terminal gedrückt wird (DEL, RUBOUT oder ähnliches) oder die Terminalleitung unterbrochen wird, erhält der entsprechende Prozeß ein *Signal* und bricht seine Arbeit sofort ab (s. 1.10). Das entspricht durchaus der Absicht des Benutzers, hat aber den Nachteil, daß im Laufe der Prozedurausführung erstellte Temporärdateien bestehen bleiben. Um solche Dateien bei Erhalt eines Signals noch zu löschen oder andere Abschlußarbeiten durchzuführen, stellt der *shell* die `trap`-Anweisung zur Verfügung.

Das erste Argument von `trap` ist eine Befehlsliste, die ausgeführt werden soll, wenn eines der als weitere Argumente angegebenen Signale eintrifft. Die Signale sind mit ihrer Nummer anzugeben, z.B. 1 für Unterbrechung der Terminalleitung oder 2 für Drücken der DEL-Taste (für eine vollständige Liste s. Kap. 8)

```
trap 'rm $temp*; exit' 2 1
```

Diese Anweisung zu Beginn einer *shell*-Prozedur stellt sicher, daß bei Erhalt eines Signals 1 oder 2 die Temporärdateien noch gelöscht werden, bevor die Prozedur mit `exit` verlassen wird. Damit die Befehlsfolge als *ein* Argument erscheint, wird sie in Apostrophe eingeschlossen.

Ist das Kommandoargument eine leere Zeichenkette, werden die nachfolgenden Signale ignoriert. Der folgende Befehl

```
trap '' 1
```

sorgt dafür, daß die ausführende *shell*-Prozedur unbeirrt weiterarbeitet, auch wenn das Terminal, von dem aus sie gestartet wurde, abgestellt wird. In Kap. 8 wird noch ausführlich auf Signale eingegangen werden.

2.8 Austesten von *shell*-Prozeduren

Man kann offen zugeben, daß die *shell*-Syntax z.T. trickreich und nicht sehr benutzerfreundlich ist. Ein paar Hinweise zur Fehlerbeseitigung sind deshalb durchaus am Platz:

- Wie in anderen Programmiersprachen auch, kann die Ausgabe von Zwischenergebnissen einigen Aufschluß bringen (echo-Befehl).
- Die Option -v (für *verbose* = *geschwätzig*) veranlaßt den *shell*, die einzelnen Befehle am Bildschirm anzuzeigen, bevor er sie ausführt. Sie kann entweder innerhalb einer *shell*-Prozedur durch `set -v` oder von außen beim Aufruf des *shell* (`sh -v` *Programm Argumente*) gesetzt werden. Auf diese Weise kann die Ausführung eines *shell*-Skripts schrittweise verfolgt werden.
- Zum Testen eines *shell*-Skripts ohne jede Ausführung der Befehle kann man die Option -n (oft in Verbindung mit -v) verwenden. Es wird dann lediglich eine Syntaxüberprüfung durchgeführt.
- Durch die Option -x (für *execute*) werden die einzelnen Befehle mit ihren ausgewerteten Argumenten ausgegeben (nach Substitutionen und Interpretationen!).

Durch die Anweisung `set -` können die oben erwähnten Optionen wieder rückgängig gemacht werden. Die vordefinierte Variable $- enthält alle Optionen, die für den aktiven *shell* gerade Gültigkeit besitzen.

3 Die Programmiersprache C

Wer UNIX sagt, muß auch C sagen, denn der größte Teil des Betriebssystems UNIX ist in der Programmiersprache C geschrieben. Die folgende Vorstellung dieser Sprache soll keine Einführung in das Programmieren an sich und auch keine deutsche Reproduktion des C-Handbuches sein. Um die Bibel der C-Programmierer (*The C Programming Language* von Brian W. Kernighan und Dennis M. Ritchie) kommt ohnehin niemand herum, der sich ernsthaft um das Erlernen der Sprache bemüht. Vielmehr werden wir anhand einer allgemeinen Übersicht versuchen, den besonderen Charakter der Programmiersprache C sowie deren Vor- und Nachteile aufzuzeigen, ohne Anspruch auf Vollständigkeit der besprochenen Sprachkonstrukte zu erheben. Als Vergleichsmaßstab dienen hauptsächlich zwei andere weit verbreitete und typische Vertreter aus der unüberschaubaren Menge der Programmiersprachen: *Basic* und *Pascal*. Unterschiede und Gemeinsamkeiten in bezug auf diese Sprachkonzepte sollen die Hauptmerkmale des allgemeinen C-Modells hervortreten lassen, sowohl hinsichtlich des Bildes, das die Sprache von der unterliegenden Maschine vermittelt, als auch der höheren Programmierkonzepte, die unterstützt werden. Im Moment bemühen sich internationale Standard-Organisationen (ANSI, IEEE), einen allgemein anerkannten Standard für C festzulegen. Die Sprachbeschreibung von Kernighan und Ritchie bildet aber schon jetzt einen de facto Standard. Basic kommt in allen möglichen Dialekten vor, aber eine Version hat sich doch mehr oder weniger durchgesetzt: das Microsoft-Basic. Pascal wurde im ISO-Standard klar definiert. Diese drei Sprachdefinitionen bilden die Grundlage der folgenden Betrachtungen.

3.1 Allgemeine C-Konzepte

3.1.1 Sprachmittel und Philosophie

Die Programmiersprache C wurde ursprünglich mit der Absicht entwickelt, das Schreiben von *portablen*, *effizienten* und *kompakten* Programmen zu ermöglichen. Dies sind Eigenschaften, die üblicherweise nicht von ein und derselben Sprache erwartet werden können. Effizienz wird am ehesten einer Assemblersprache zugebilligt, die unmittelbar die Möglichkeiten einer bestimmten Maschine auszunutzen gestattet, damit aber leichte Übertragbarkeit auf einen anderen Prozessor verhindert.

Umgekehrt gewährleisten höhere Programmiersprachen bessere Portabilität, indem sie durch ihre Sprachmittel von der jeweils darunterliegenden Maschine abschirmen, gerade dadurch aber das Erstellen von optimiertem Code erschweren. C stellt in dieser Hinsicht einen Kompromiß dar und wird deshalb auch als *mittlere Programmiersprache* bezeichnet.

Die Sprachmittel von C umfassen die üblichen höheren Konstrukte wie Verzweigungen, Schleifen, Funktionen oder strukturierte Datenobjekte, aber auch weitergehende Möglichkeiten wie Bit-Operatoren, Inkrement und Dekrement oder direkte Maschinenadressen. Der Benutzer ist einem Minimum an Restriktionen unterworfen, und die einzelnen Sprachelemente sind mit möglichst wenig syntaktischem und semantischem Ballast belegt. Die Philosophie von C besteht darin, verantwortungsvollen Programmierern ein umfassendes Werkzeug an die Hand zu geben. In dieser Haltung unterscheidet sich C wesentlich von einer Sprache wie Pascal. Diese höhere Programmiersprache stellt sich auf den Standpunkt, daß der Benutzer sowieso nur Fehler begeht, die es durch die Sprachmittel zu verhindern gilt. Daraus resultiert denn auch ein entsprechend kurzes Gängelband, an dem der Benutzer gehalten wird, d.h. ein reduzierter und restriktiver Sprachaufbau und ein aufgeblähter Apparat zur Erkennung von Laufzeitfehlern. Natürlich kann die Sichtweise auch umgekehrt werden. Dann bietet Pascal einen weitgehenden Schutz vor schwer auffindbaren Programmierfehlern und übt einen gewissen Zwang zu übersichtlichem Codierstil aus. In C hingegen können logische Fehler auf sehr subtile Weise versteckt sein; ein C-Programm kann mühelos so geschrieben werden, daß, allenfalls vom Autor selber abgesehen, kein Mensch innerhalb einer vertretbaren Frist herausfindet, was gemeint ist.

Wichtig zum Verständnis einer Programmiersprache ist die Kenntnis des abstrakten Modells, das zwischen dem Benutzer und dem realen Problem auf der einen Seite und dem Computer auf der anderen Seite vermittelt. Es geht einerseits darum zu verstehen, welche Sprachkonstrukte zur Verfügung stehen, um Lösungen für reale Problemstellungen zu formulieren, also um die Vorstellung, die sich die Sprachdesigner von einem möglichen Benutzer machten. Andererseits ist auch zu beachten, inwieweit der konkreten Maschine Platz im Sprachumfang eingeräumt ist.

In einer *Assemblersprache* werden nur wenige Konzessionen an den Benutzer gemacht. Man gesteht ihm zwar zu, daß er lieber selbstgewählte Namen statt direkter Maschinenadressen verwendet, liefert ihn aber sonst den Maschineninstruktionen und der Maschinenarchitektur aus. Ein Assembler kommt dem Programmierer und dessen Denkweise also nur minimal entgegen. Wegen der Maschinennähe lassen sich damit aber sehr effiziente Programme schreiben.

Einen vollständig anderen Standpunkt vertreten z.B. die Schöpfer von *Smalltalk*. Durch diese Sprache und die dazugehörige Programmierumgebung wird versucht, dem Benutzer solche Werkzeuge in die Hand zu geben, die seinen Ideen und Arbeitsweisen soweit wie möglich entsprechen. Vorgänge, die mit der darunterliegenden Maschine zu tun haben, sind versteckt. Das verwendete Modell ist also wirklichkeitsnah, anschaulich und leicht zu gebrauchen. Effizienz ist allerdings (noch) keine Stärke von Smalltalk. Interessanterweise diente übrigens C als Implementationssprache einer Smalltalkversion.

Die Philosophie, die C zugrunde liegt, bildet einen Mittelweg. Die Sprache unterstützt ein Modell, das nahe bei der verwendeten Maschine liegt. Zugleich bietet sie dem Benutzer aber mächtige Mittel an, mit denen er sich auf höhere Ebenen schwingen kann. Ein C-Programmierer, so die Sicht der Sprachdesigner, ist ein Benutzer, der sich seine eigenen Modelle bauen will und dabei zeitweise auch auf effiziente Implementierung angewiesen ist. Ein Hauptakzent liegt also auf der Flexibilität.

3.1.2 Ein Beispiel

Neben den allgemeinen Betrachtungen sollen auch Beispiele detailliert besprochen werden, um ein wenig das Flair von C-Programmen zu vermitteln. In den nächsten drei Abschnitten entwickeln wir die jeweils passenden Teile eines Programms zu folgendem Problem.

- Die prinzipielle Aufgabe des UNIX-Dienstprogramms `cat` ist das Kopieren einer (oder mehrerer) Eingabedateien auf eine Ausgabedatei. Diese Ausgabe findet oft auf ein Terminal statt („Datei anschauen"). Hat sich der Benutzer aber irrtümlicherweise an einer Datei mit undruckbaren Zeichen, z.B. einer Objektdatei, vergriffen, ergeben die von `cat` geschickten Bit-Kombinationen leicht einen sinnvollen, in dem Moment aber unerwünschten, wenn nicht gar verheerenden Steuercode für den angeschlossenen Bildschirm. Wir stellen uns deshalb die Aufgabe, ein `cat`-ähnliches Programm zu schreiben - nennen wir es `rcat` für *restricted cat* - das seine Standardeingabe auf seine Standardausgabe kopiert, dabei aber nur druckbare Zeichen weitergibt. Undruckbare Zeichen in der Eingabe sollen auf ein druckbares Spezialzeichen, z.B. #, umgewandelt und gezählt werden. Am Ende des Programms ist noch eine Meldung mit der Anzahl derart umgewandelter Zeichen auszugeben.

3.2 Datenobjekte

3.2.1 Basisobjekte

C unterstützt die folgenden Basisobjekte: Ein *Byte* oder *Zeichen* (`char`); eine *ganze Zahl* in den Darstellungen *kurz* (`short`: in vielen Implementationen 16 Bit), *lang* (`long`: meist 32 Bit) und *normal* (`int`: entweder kurz oder lang, je nachdem, was für die jeweilige Maschine typischer ist) sowie den vorzeichenlosen Versionen dazu (`unsigned`); *einfach genaue* (`float`) und *doppelt genaue* (`double`) *Fließkommazahlen.*

Bei all diesen Objekten handelt es sich um maschinennahe Daten, d.h. sie entsprechen meist direkt den vorhandenen Maschinenobjekten. Andere elementare Datentypen werden nicht zur Verfügung gestellt. So existiert in C z.B. kein Pendant zum

Typ „boolean“ von Pascal, was sich zum einen aus dem umfangreichen Repertoire von Bit-manipulierenden C-Operatoren erklären läßt (s. 3.3), zum anderen aus der Tatsache, daß überall, wo in der Syntax logische Wahrheitswerte gefordert werden, in C eine ganze Zahl stehen darf. Ist diese Zahl Null, gilt sie als falsch, andernfalls als wahr. Etwas analoges zu Unterbereichstypen in Pascal kennt C nicht, ebensowenig wie im de facto Standard-C Aufzähltypen zugelassen sind. In den neueren Versionen von C sind aber auch *Aufzähltypen* (`enum`) aufgenommen (Spracherweiterung von 1978).

Ein Objekt vom Typ `char` entspricht einem *Byte* des gerade verwendeten Rechners (je nach Architektur verschiedene Anzahl Bits, meist jedoch deren 8). Diese Tatsache erlaubt eine viel flexiblere Manipulation von Computerdaten durch C-Programme, als dies in Pascal möglich ist. Der ISO-Standard definiert nämlich als `char`-Objekt von Pascal ein Zeichen des Computeralphabets (also ASCII- oder EBCDIC-Code etc.), was z.B. verhindert, daß eine Objektcodedatei als Folge von Zeichen verarbeitet werden kann!

3.2.2 Strukturierte Objekte

Ähnlich wie in Pascal können die elementaren Datentypen als Bausteine benützt werden, um höhere Objekte selber zusammenzustellen. Diese dem Benutzer und seinen Anwendungen oft näherstehenden Dateneinheiten sind *Strukturen* (`struct`) (entsprechend den Records in Pascal) und *Felder* oder *Arrays*. Darüber hinaus werden den Pascal'schen Variantenrecords entsprechende Datenobjekte, sogenannte *Unions* (`union`), zur Verfügung gestellt. Durch Unions kann ein und derselbe Speicherplatz in verschiedener Art und Weise interpretiert werden (z.B. als ganze Zahl oder als zwei Zeichen). In der Behandlung dieser Sprachelemente zeigt sich der Unterschied in der Philosophie von C und Pascal besonders deutlich. Während Pascal die Verwendung von Variantenrecords umfangreichen Restriktionen unterwirft, um einen Programmierer vor unsicheren Konstruktionen zu schützen (Gefahr eines unbeabsichtigten Variantenwechsels), kennt C keinerlei Einschränkungen bei Unions nach dem Motto: lieber Flexibilität als Sicherheit. Basic bietet keine Bildungsmöglichkeiten für Strukturen, bleibt in dieser für den Benutzer äußerst wichtigen Hinsicht also weit hinter Pascal und C zurück.

Strings oder *Zeichenketten* sind in C keine Basisobjekte, sondern als Arrays von Zeichen definiert, ähnlich wie in Pascal. Sie sollen hier ihrer Besonderheit wegen etwas genauer besprochen werden. Jeder String in C enthält aber implizit seine Länge, indem er durch ein Nullbyte (hexadezimal 00) abgeschlossen wird, umfaßt also immer ein Byte mehr, als er Zeichen beinhaltet. Die Zeichenkette `"text"` z.B. belegt 5 Byte Speicherplatz, und auch der leere String `""` benötigt ein Byte. Die Verarbeitung von Zeichenketten ist (im Gegensatz zu Basic) voll und ganz dem Benutzer überlassen. In der Standardbibliothek werden allerdings die wichtigsten Stringfunktionen mitgeliefert. Weil allgemein in C Zuweisungen ganzer Arrays nicht erlaubt sind (s. 3.3), kann einer Variablen kein String zugewiesen werden; statt dessen muß in etwas umständlicher Manier bei einer Bibliotheksfunktion (`strcpy()`) Zuflucht gesucht werden. Auch das Aneinanderhängen (Konkatenation) von Strings ist nur über eine

Funktion möglich und nicht wie in Basic durch eine simple Operation („+"). Weil aber auf jedes Zeichen eines Strings einzeln zugegriffen werden kann und die Länge implizit dazu gehört, sind Strings durch die Benutzer frei manipulierbar.

3.2.3 Zeiger

Neben den besprochenen Objekten unterstützt C *Zeiger* (*Pointer*) auf alle Daten. Auch in Pascal existieren Zeigervariablen, entsprechend der angestrebten weitgehenden Fehlererkennung aber in viel restriktiverer Form. Während in Pascal Zeiger nur auf dynamische Objekte und nur durch die Standardfunktion „new" erzeugt und allenfalls anderen Zeigern (desselben Typs!) zugewiesen werden können, ist ein C-Zeiger nicht viel mehr als eine Maschinenadresse! Von jedem (auch *nicht* dynamisch erzeugten) C-Objekt kann die Adresse genommen (mit dem *Adreßoperator* &, s. 3.3) und einer Variablen zugewiesen oder in Ausdrücken verwendet werden. Da auch die meisten Maschineninstruktionen in dieser Weise direkt mit Adressen umgehen, lassen sich durch die Verwendung von Pointern extrem effiziente C-Programme schreiben und Datenstrukturen verarbeiten. Das Risiko dieser Freiheit liegt in der erhöhten Gefahr zeitkostender Laufzeitfehler. Deshalb sind sogar in C nicht alle beliebigen Operationen mit Zeigern erlaubt. Es dürfen ganze Zahlen zu Adressen addiert oder von diesen subtrahiert werden, und es dürfen auch zwei Adressen voneinander subtrahiert oder miteinander verglichen werden. Andere Pointermanipulationen sind verboten, wären auch kaum sinnvoll (wozu wollte man z.B. zwei Pointer dividieren?). Dennoch ist es beispielsweise ein leichtes, mit Zeigern über Arraygrenzen hinweg zu spazieren, bis man ans Ende des vom Betriebssystem zugewiesenen Bereichs stößt und mit der jedem C-Programmierer geläufigen Systemmeldung `memory fault -- core dumped` auffliegt. Wiederum kennt Basic keine Zeigervariablen und bringt seine Benutzer damit um ein anschauliches und sehr effizientes Hilfsmittel.

3.2.4 Typensicherheit

Pascal gilt als weitgehend *typensichere* Sprache. Man kann annehmen, daß eine derart strenge Typensicherheit zur Klarheit und Verläßlichkeit der Programme beiträgt. Andererseits bildet sie sicher ein Hemmnis für die Systemprogrammierung. Auch C kennt die Vereinbarung, daß jedes Objekt von einem bestimmten Typ ist, bietet aber ausdrücklich Möglichkeiten zur Typenumwandlung und zur unterschiedlichen Interpretation einer internen Datendarstellung. Eine dieser Möglichkeiten stellen die Unions dar. Der Hauptmechanismus aber, der dazu vorgesehen wurde, ist der sogenannte *Cast* (Typenbezeichnungen in runden Klammern). Ein Cast vor einem Ausdruck informiert den Compiler, daß er den Ausdruck als vom angegebenen Typ zu interpretieren hat. Mit Casts kann das Berechnen einer neuen internen Bit-Darstellung verbunden sein, wenn z.B. eine ganze Zahl durch den Cast `(float)` auf eine reelle konvertiert werden soll. Manchmal wird aber nur der reine Speicherinhalt anders interpretiert. Am häufigsten finden sich Casts vor Zeigern. Wie in Pascal gehört zu jedem C-Pointer der Typ des Objekts, auf das er zeigt. Durch einen Cast kann in C ein solcher Pointer aber als auf irgendein anderes Objekt zeigend interpretiert werden. Das ermöglicht es z.B., eine Funktion zu schreiben, die eine Anzahl Bytes Speicherplatz alloziert und einen Zeiger auf das erste reservierte Byte zurückgibt. Der Aufrufende darf dann diesen Pointer durch einen Cast als auf eine höhere Datenstruktur zeigend interpretieren. Solch allgemeine Speicherreservierungs-Funktionen sind in Pascal der fixen Typenzuordnung wegen nicht formulierbar. C erlaubt implizite Konversionen zwischen allen Basistypen und Pointern. Unter UNIX steht allerdings ein Dienstprogramm namens `lint` zur Verfügung, das C-Programme hinsichtlich Verletzungen strenger Typenanforderungen und auch anderer möglicher Fehlerquellen durchsucht (s. Kap. 4).

Wiederum mit Pascal gemeinsam hat C die Eigenschaft, daß der Benutzer eigene Typen definieren und ihnen Namen geben darf. Diese Möglichkeit (`typedef`) kann zur besseren Lesbarkeit und einfacheren Portabilität von Programmen beitragen. Manchmal ist es unumgänglich, die Anzahl Bytes anzugeben, die ein Objekt im Speicher belegt (z.B., um dynamisch Speicher zu reservieren). Damit diese stark maschinen- und compilerabhängigen Werte nicht als Konstanten in ein Programm eingehen, sollte unbedingt die Funktion `sizeof` verwendet werden. Auf jeder Maschine setzt der Compiler für `sizeof(`*Objekt*`)` die von *Objekt* dort belegte Anzahl Bytes automatisch ein.

3.2.5 Beispiel

An dieser Stelle legen wir die Datenobjekte unseres Beispielprogramms `rcat` fest (s. die Problemstellung in 3.1.1). Alles weitere folgt in den nächsten beiden Abschnitten über Operatoren und Anweisungen. Die natürliche Wahl für den Zähler der undruckbaren Zeichen ist eine ganze Zahl:

```
int undruckbar;
```

Analog würde eine Definition wie `char Zeichen;` dazu dienen, sich eine Variable zu deklarieren, die ein Zeichen aufnehmen kann. Die Standardfunktion `getchar()`, mit der Zeichen am einfachsten eingelesen werden, gibt aber eine ganze Zahl als Funktionswert zurück: entweder das auf eine ganze Zahl konvertierte Zeichen oder einen Spezialwert für das Ende der Eingabe (*end-of-file*). Weil jede Bitkombination in einem Byte ein gültiges Zeichen darstellt, bleibt nur das Ausweichen auf einen Wert größer als 255 (falls 1 Byte = 8 Bit), um zusätzliche Information (eben z.B. end-of-file) zu melden. Deshalb die zweite Deklaration

```
int Zeichen;
```

Um ein Zeichen auszugeben, kann die Funktion `putchar()` verwendet werden. Entsprechend unserer Programmvorgabe soll jedes druckbare Zeichen weitergegeben, jedes undruckbare aber durch ein Nummern-Zeichen # (Zeichenkonstante `'#'`) ersetzt werden, also entweder:

```
putchar(Zeichen);        oder        putchar('#');
```

Um ganze Strings zu schreiben, z.B. die Meldung am Ende von rcat, kann die Standardfunktion printf() zu Hilfe genommen werden.

```
printf("\7\n\n*** ");
```

Diese Zeichenkette enthält zuerst ein Zeichen mit dem ASCII-Wert 7, angegeben durch \7 (zur Unterscheidung vom Zeichen 7). Das Ausschreiben dieses Zeichens bewirkt einen Pfeifton am Bildschirm. Ein paar häufige Spezialwerte können auch symbolisch angegeben werden, z.B. \n für das Zeilenende-Zeichen (*newline*) oder \t für das Tabulator-Zeichen. Im Gegensatz zu Pascal gilt das Zeilenende als normales Zeichen und muß nicht mit speziellen Funktionen („readln", „writeln", „eoln") behandelt werden. Die Funktion printf() in obiger Form druckt nach einem kurzen Alarm zwei Leerzeilen und beginnt eine weitere Zeile mit *** . Im String, den man an printf() übergibt, können sich auch Formatangaben befinden, die festlegen, wie weitere Argumente ausgegeben werden, z.B. %d für eine ganze Zahl. Die Variable undruckbar, eingebettet in eine Meldung, läßt sich folgendermaßen ausschreiben:

```
printf("Da waren %d undruckbare Zeichen drin\n",undruckbar);
```

3.3 Operatoren

C kennt ungewöhnlich viele Operatoren, darunter auch einige sehr unorthodoxe. Die Anzahl und Ausgestaltung der Operatoren, die dem Benutzer zur Verfügung stehen, widerspiegeln noch einmal das Wesen der Programmiersprache C: Flexibilität durch Vielfalt, mögliche Effizienz durch Maschinennähe und Optimierungsmöglichkeiten.

3.3.1 Arithmetische und logische Operatoren

Selbstverständlich sind die üblichen arithmetischen Operationen *Addition* (+), *Subtraktion* (–), *Multiplikation* (*), *Division* (/) und *Negation* (–) unterstützt. Die Division ganzer Zahlen ergibt wieder eine ganze Zahl analog zur Pascal-Operation „div", ohne daß hierfür ein eigenes Zeichen verwendet werden müßte. Ein *Modulo*-Operator (%) analog zum Pascal „mod" vervollständigt die Arithmetik.

Auch die *Vergleichsoperatoren* gehören zum normalen Umfang einer komfortablen Sprache. Die meisten sind gleich wie in Pascal bezeichnet (<,<=,>,>=). Das Symbol für Test auf Gleichheit == wird vom Zuweisungszeichen = unterschieden, Ungleichheit mit != getestet. Das Resultat eines solchen Vergleichs ist eine ganze Zahl, 0 für falsch, 1 für wahr. Zur Verknüpfung von Vergleichen gehören meist *logische Opera-*

toren mit zur Sprache. C kennt die üblichen *Und-* (&&), *Oder-* (||) und *Nicht-* (!) Operationen, wie sie auch von Basic und Pascal her bekannt sind. Die Operanden sind allerdings ganze Zahlen, wobei 0 als falsch, alle anderen Werte als wahr interpretiert werden. C gibt hier für einmal sehr genaue Auswertungsregeln an. Die Reihenfolge der Auswertung der Operanden von && und || ist ausdrücklich von links nach rechts festgelegt, und es wird garantiert, daß die Berechnung abgebrochen wird, sobald der Wert des ganzen Ausdrucks feststeht! Also wird z.B. in a || b der Ausdruck b nicht mehr ausgewertet, wenn a ungleich 0 ist, weil dann der Gesamtausdruck mit Sicherheit wahr ist. Diese Regelung verhindert einerseits unnötige Rechnerei und erlaubt andererseits den häufig nützlichen Fall, daß der zweite Operand abhängig vom ersten ist (falls z.B. b nur sinnvoll berechnet werden kann, wenn a falsch ist). Weil Pascal die Auswertungsreihenfolge offen läßt, dürfen Operandenabhängigkeiten nicht auftreten (im Pascal-Nachfolger *Modula* wurde dieser Punkt entsprechend korrigiert).

3.3.2 Maschinennahe Operatoren

Über die üblichen arithmetischen Operationen hinaus verfügen die meisten Computer über einige weitere Operationscodes, und so gibt sich auch C nicht mit den oben genannten zufrieden. Das soll mithelfen, den Abstand zur Maschine zu verringern und die Hardware besser auszunützen. *Maschinennahe Operatoren* sind: *Links-* und *Rechts-Shift* (<<,>>); *Inkrement* und *Dekrement* (++,--) (d.h. Erhöhen oder Vermindern von Variableninhalten um 1); *Bitweise Und-* (&), *Oder-* (|), *Nicht-* (~) (entspricht dem 1-Complement) und *Exklusiv Oder-* (∧) Operatoren. Wenn diese Operationen auf einer konkreten Maschine vorhanden sind, können sie vom C-Compiler unmittelbar in Maschineninstruktionen umgesetzt werden. Keinen dieser Operatoren finden wir in Pascal. Basic kennt immerhin die bitweisen logischen Operatoren (und sogar noch ein paar mehr als C).

Die Fülle möglicher Operationen kann einen C-Neuling abschrecken. Allerdings ist niemand gezwungen, die unkonventionellen Operatoren auch wirklich zu verwenden; wer aber damit umzugehen weiß, wird mit schnelleren Programmen belohnt. Zudem sind Bit-Manipulationen, wie sie z.B in der Systemprogrammierung häufig vorzunehmen sind, auf einfache Art und Weise formulierbar.

3.3.3 Zuweisungsoperatoren

Eine besondere, d.h. von anderen Sprachen abweichende Stellung nimmt in C die *Zuweisung* (=) ein. Eine Zuweisung ist eine *Operation* und nicht wie in Pascal oder Basic eine Anweisung. Das hat die weitreichende Konsequenz, daß Zuweisungen munter innerhalb von Ausdrücken als Terme vorkommen dürfen. Die Motivation zu dieser Konvention dürfte in den möglichen Optimierungen liegen, die zur Übersetzungszeit vorgenommen werden können. Für einen Compiler ist es viel einfacher, innerhalb einer einzigen Anweisung zu optimieren, als über mehrere Anweisungen hinweg (er kann sich z.B. leicht und sicher merken, welche Variableninhalte noch in Registern liegen und demnach nicht neu geladen werden müssen). Die dadurch eingehandelten Nachteile sind allerdings nicht zu unterschätzen. Einerseits wird der Lesbarkeit eines Programmes nicht gerade Vorschub geleistet; kompakte Notation und Übersichtlichkeit sind meist unverträglich. Andererseits wird den Seiteneffekten Tür und Tor geöffnet. C überläßt es absichtlich den Compilerbauern, zu welchem Zeitpunkt innerhalb eines Ausdrucks eine Zuweisung effektiv ausgeführt wird. Der zuzuweisende Wert kann ja im Ausdruck weiterverwendet werden, auch ohne daß er schon in die gewünschte Variable abgelegt wurde. Man darf sich also innerhalb einer Anweisung nicht darauf verlassen, daß eine Variable nach Abarbeiten eines Zuweisungsausdrucks schon überschrieben wurde, ebensowenig wie auf das Gegenteil. Dieselben Überlegungen gelten für die Inkrement- und Dekrement-Operatoren, die ja auch nur ganz kurz notierte Zuweisungen sind. Die Entscheidung zwischen Übersichtlichkeit, Sicherheit und Effizienz liegt allein beim Programmierer. Es haben sich aber einige Standardsituationen eingebürgert, in denen man diese Konstrukte allgemein verwendet und die (deshalb) leicht verständlich sind.

Binäre Operationen wie Addition, Links-Shift etc., die auf eine Variable angewandt werden, nur um das Ergebnis wiederum dieser Variablen zuzuweisen, können vereinfacht geschrieben werden. Statt etwa "addiere 7 zu A und weise das Ergebnis A zu" (`A = A + 7`) läßt sich kürzer und auch intuitiver schreiben „erhöhe A um 7" (`A += 7`). Dem Compiler wird dadurch wiederum Optimierungsinformation geliefert: „Sieh nur, ich verwende links und rechts des Zuweisungszeichens dieselbe Variable (bzw. Adresse)".

3.3.4 Ausdrücke

Zeichenvariablen und -konstanten dürfen in Ausdrücken vorkommen, werden dabei aber automatisch in ganze Zahlen umgewandelt. Das erlaubt z.B. den Übergang von einem Zeichen in der ASCII-Tabelle zum nächsten durch schlichte Inkrementation. Ebenfalls immer konvertiert werden einfach genaue Fließkommazahlen, sobald sie in Ausdrücken gebraucht werden, und zwar auf doppelte Genauigkeit. Dies gibt zu berechtigter Klage von Seiten der numerischen Anwender Anlaß, weil hieraus z.T. unnötige Ineffizienz resultiert. (Auch nicht glücklich sind die Numeriker über die Tatsache, daß in C keine Mittel zur Verfügung stehen, um einen Überlauf abzufangen, wie das z.B. in PL/I möglich ist.)

Rechnungen mit Pointern hängen in C vom Objekt ab, auf das sie zeigen. Wird z.B. ein Zeiger auf eine ganze Zahl um 1 erhöht, zeigt er auf die nächste ganze Zahl im Hauptspeicher (typischerweise also 2 Bytes weiter). Die Einheit der Pointer-Arithmetik ist die interne Länge in Bytes des Objektes, auf das gezeigt wird. Diese Konvention erspart dem Benutzer nicht nur viel Kopfrechnen, sondern schirmt ihn gleichzeitig von maschinenabhängigen Daten ab (wieviele Bytes braucht dieses Objekt auf dieser Maschine?). C-Zeiger werden häufig in sehr effizienter Art und Weise zur sequentiellen Arrayverarbeitung benutzt. Ausgehend von der Adresse des ersten Elementes wird durch Inkrementation (++) jeweils das nächste Element sehr schnell zugreifbar. Hier geht C sogar noch einen (umstrittenen) Schritt weiter, indem jeder Array, der in einem Ausdruck erscheint, als ein Pointer auf das erste Arrayelement behandelt wird. Das erlaubt eine noch effizientere Arrayverarbeitung, ist aber auch Quelle vieler Mißverständnisse. Üblicherweise versteht man unter dem Namen einer Variablen in einem Ausdruck deren Inhalt und nicht deren Adresse. So wird z.B. verhindert, daß ganze Arrays einander zugewiesen werden können (ein Arrayname rechts des Zuweisungszeichens ist eine Adresse und kann nicht in die Variable links hineingesetzt werden).

Die große Palette von Operatoren trägt viel zur Flexibilität und von allen Sprachelementen am meisten zur möglichen Maschinennähe von C bei. Andererseits führt die Ähnlichkeit vieler Operationszeichen oft zu Verwechslungen (z.B. = für == oder & für &&) und ist eine Quelle äußerst hartnäckiger Programmierfehler. Zudem verleitet gerade die Möglichkeit zu solch kompakter Schreibweise leicht zur Wahl von Effizienz auf Kosten der Übersichtlichkeit, so daß C-Programme des einen Programmierers einem anderen oft ein Buch mit sieben Siegeln bleiben. Dem Benutzer wird die Verantwortung für seinen Programmierstil nicht abgenommen. Wer die C-Operatoren aber sinnvoll zu verwenden weiß, wird großen Nutzen daraus ziehen und sich durch Sprachen wie Basic oder Pascal vergleichsweise eingeschränkt vorkommen.

3.3.5 Beispiel

Um etwas genauer auf ein paar Operationen einzugehen, wollen wir das `rcat`-Programm noch etwas weiter entwickeln. Vervollständigt wird es dann im folgenden Abschnitt über Anweisungen.

Druckbare Zeichen des ASCII-Alphabets sind alle Zeichen zwischen dem Leerzeichen `' '` und der Tilde `'~'`, oder ein Zeilenende oder ein Tabulator. Dasselbe in C formuliert:

```
Zeichen >= ' ' && Zeichen <= '~'
|| Zeichen == '\t'
|| Zeichen == '\n'
```

Die Auswertungsreihenfolge logischer Ausdrücke hat z.B. folgende Konsequenzen: Weil der logische Operator && höhere Priorität als || hat, wird zuerst die oberste Zeile der ganzen Bedingung ausgewertet. Ist dabei der Term `Zeichen >= ' '` wahr (Vergleichsergebnis 1), wird auch noch der andere Term `Zeichen <= '~'` ausgewertet, aber nur dann! Andernfalls steht schon fest, daß die gesamte Und-Verknüpfung so oder so falsch bleibt. Ergibt die erste Zeile (linker Operand der anschließenden Oder-Operation) den Wert 1, ist die erste Oder-Verknüpfung und damit auch die zweite sicher wahr, und die Auswertung kann abgebrochen werden. Für einen Tabulator (\t) z.B. wird der Term `Zeichen >= ' '` ausgewertet (falsch) und dann der Term `Zeichen == '\t'` (wahr), womit der Wert der gesamten Bedingung (wahr) feststeht. Man beachte auch, daß alle beteiligten Zeichen als ganze Zahlen in die Auswertung eingehen.

Es müssen solange Zeichen gelesen werden, bis das Ende der Eingabe erreicht ist, d.h. bis die Standardfunktion `getchar()` den Spezialwert für end-of-file liefert. Üblicherweise wird dazu eine Schleife mit folgender Abbruchbedingung konstruiert (zur Bedeutung der Konstanten EOF s. u.):

```
(Zeichen = getchar()) != EOF
```

Der Funktionswert von `getchar()` wird sowohl der Variablen `Zeichen` zugewiesen, als auch darauf getestet, ob er nicht das Ende der Eingabe anzeigt. Das Klammerpaar um die Zuweisung herum ist nötig, weil die Zuweisungsoperation kleinere Priorität aufweist als der Ungleichheitsoperator (sonst würde das Vergleichsergebnis der Variablen zugewiesen). Damit kann aber keineswegs angegeben werden, daß die Zuweisung stattfinden soll, d.h. der von `getchar()` gelieferte Wert in die Variable `Zeichen` abzulegen ist, *bevor* der Vergleich in Angriff genommen wird. Im selben Ausdruck nochmals auf `Zeichen` zuzugreifen, wäre fahrlässig (auch wenn es mit dem gerade verwendeten Compiler vielleicht klappt):

```
(Zeichen = getchar()) != EOF && Zeichen != '\n'        /* falsch! */
```

Solche Konstruktionen sind unbedingt zu vermeiden!

Mit zur Sprache C gehört ein sogenannter *Preprozessor*, der den Programmtext behandelt, bevor der Compiler die Kontrolle erhält. Zeilen, die mit dem Zeichen # beginnen, sind Anweisungen an diesen Preprozessor mit folgenden Möglichkeiten:

- Einfügen ganzer Dateien in den Text (`#include`),
- Ersetzen von Text (`#define`) sowie
- bedingtes Übersetzen (`#if`).

Die `define`-Anweisung wird häufig dazu benützt, um Namen für Konstanten festzulegen. So bedeutet die Anweisung

```
#define    EOF    (-1)
```

daß die Zeichenfolge EOF überall im weiteren Text durch die Folge `(-1)` zu ersetzen ist. Weil der Wert, den `getchar()` für end-of-file liefert, von System zu System variieren kann, wird er symbolisch angegeben. Die Definition befindet sich in einer Standard-Include-Datei, die mit dem Preprozessor in den Programmtext hineinzuholen ist:

```
#include <stdio.h>
```

Das Einschließen des Dateinamens in < und > zeigt an, daß es sich um eine Standarddatei handelt, die im Verzeichnis `/usr/include` zu suchen ist (sonst ist der Pfadname als C-String anzugeben). In `stdio.h` finden sich viele nützliche Hilfsdefinitionen für die Ein- und Ausgabe, unter anderem auch ein `#define` für `getchar()`, d.h. `getchar()` ist gar keine Funktion, sondern ein sogenanntes *Makro* (Preprozessor-Prozedur zur Textersetzung, eventuell mit Parametern). Der aus einer Datei hereingeholte Text wird selber auch verarbeitet und darf weitere `#include`-Zeilen enthalten. Ebenso wird ein Text nach Ersetzung auf weitere Bezeichner durchsucht, die in `#define`'s angegeben wurden. Es lohnt sich durchaus, eine Beschreibung dieses Preprozessors, wie sie z.B. im Buch von Kernighan und Ritchie gegeben wird, genauer anzuschauen.

3.4 Anweisungen

3.4.1 Auswahl und Schleifen

C verfügt über die in höheren Programmiersprachen üblichen Anweisungen, um die Forderungen der strukturierten Programmierung zu erfüllen. Der Ablauf eines Programms kann mit den *Selektionsanweisungen* `if` (mit oder ohne `else`) und `switch` (entspricht der „case"-Anweisung von Pascal), sowie den *Schleifenanweisungen* `while`, `do...while` (entspricht dem „repeat"..."until" von Pascal) und `for` gesteuert werden. Zusätzlich erlaubt ein `break`-Statement das unmittelbare Verlassen einer Schleife, und ein `continue`-Statement schließt einen Schleifendurchlauf mittendrin ab und beginnt einen neuen. Diese beiden Anweisungen durchbrechen das Prinzip der streng strukturierten Programmierung (darum fehlen sie in Pascal), sind aber in der Flußkontrolle oft nötig und wären dann nur durch umständliche Konstruktionen simulierbar (darum gehören sie zu C). In weiterem Gegensatz zu Pascal ist die `for`-Anweisung nicht denselben massiven Einschränkungen unterworfen (Obergrenze nur das erstemal ausgewertet, Laufvariable unveränderbar in der Schleife und undefiniert danach), sondern sie ist viel allgemeiner definiert und mit weniger Semantik belastet. Statt eine Laufvariable zu initialisieren, kann irgendeine Anweisung zu Beginn der Schleife ausgeführt werden; statt am Ende jedes Durchgangs eine Laufvariable zu erhöhen (oder zu vermindern), kann irgendeine Anweisung ausgeführt werden; und statt jeweils das Erreichen der Obergrenze zu testen, kann irgendeine Bedingung ausgewertet werden. Die häufigste Verwendung ist allerdings die normale Zählschleife. Das Zusammenpferchen von Initialisierung, Abbruchtest und Iterationsarbeit in eine Anweisung bringt dem Compiler wiederum eine einfache Möglichkeit der Optimierung.

Eine Rückkehr aus Pascal-Funktionen oder -Prozeduren ist nur über das abschließende „end"-Statement möglich (allenfalls durch ein nicht-lokales „goto", aber über solche Klimmzüge braucht man heutzutage nicht mehr viel Worte zu verlieren). Das führt zu umständlichen Konstruktionen, wenn die Arbeit tief im Innern einer Routine eigentlich schon erledigt ist (z.B. nach einer erkannten Fehlersituation), man sich dann aber, ohne weitere Anweisungen auszuführen, ans Ende der Prozedur durchzumogeln hat. C erlaubt hier wiederum eine benutzerfreundliche und durchaus vernünftige Abweichung vom strengen Prinzip der strukturierten Programmierung: Eine Funktion kann jederzeit mittels eines `return`-Statements verlassen werden (Funktionen s. 3.5). Diese Anweisung dient aber nicht nur dazu, eine Funktion zu verlassen, sondern gleichzeitig auch zur Rückgabe des Funktionswertes. Sie leistet also das, was in Pascal durch eine Zuweisung an den Funktionsnamen zu bewerkstelligen ist.

3.4.2 Verbundanweisung

Analog zu Pascal existiert in C eine *Verbundanweisung* (*compound statement*) zur Abgrenzung von Blöcken bzw. zur Zusammenfassung mehrerer Anweisungen. Pascal verwendet dazu die Schlüsselwörter „begin" und "end"; C hingegen, getreu seiner Tendenz zu möglichst kompakter Notation, die geschweiften Klammern { und }. Am Anfang eines solchen Blocks können in C weitere Variablen deklariert werden, die nur innerhalb dieses Blocks bekannt sind (wie z.B. auch in PL/I). Ein ganzer Block gilt syntaktisch als eine einzige Anweisung, erlaubt es also, überall dort, wo durch die Syntax *eine* Anweisung vorgesehen ist, eine ganze Folge von Statements einzusetzen (z.B. im ‚Then-Teil' oder im ‚Else-Teil' eines `if`-Statements). Wie nützlich diese Konvention ist, zeigt sich im Vergleich mit Basic, das kein Compound-Statement kennt (allenfalls in rudimentärer Form, indem mehrere Anweisungen auf derselben Zeile erlaubt sind). Das deshalb nötige wilde Herumspringen im Programmtext trägt viel zur Unübersichtlichkeit von Basic-Programmen bei.

3.4.3 Ausdrücke als Anweisungen

Die weitaus häufigsten Anweisungen in C sind die *Ausdruckanweisungen* (*expression statements*). Jeder Ausdruck kann in C durch Anhängen eines Strichpunktes „;" zu einer Anweisung vervollständigt werden, wobei der Wert des Ausdrucks ungebraucht über Bord geworfen wird. Durch diese ungewöhnliche Regelung wird jeder Zuweisungs*ausdruck* zu einer Zuweisungs*anweisung*, wie man sie von den meisten anderen Programmiersprachen her kennt. Ein Strichpunkt ist nicht ein Trennsymbol zwischen Statements (Separator) wie in Pascal, sondern gehört zwingend ans Ende jeder Anweisung (Terminator). Da auch Funktionsaufrufe Ausdrücke sind, werden sie durch ein abschließendes „;" zu Funktions-Statements (s. 3.5), d.h. zu etwas ähnlichem wie die Prozeduranweisung in Pascal. Der Rückgabewert wird dabei ignoriert.

3.4.4 Goto

Der Vollständigkeit halber sei auch noch die Möglichkeit erwähnt, Anweisungen mit *Marken* (*Labels*) zu versehen und sie mittels `goto`-Statements anzuspringen. Die Nützlichkeit von `goto` ist aber dank `break`, `continue` und `return` in nahezu keinem Fall mehr nachzuweisen.

3.4.5 Beispiel

Um unser Beispiel rcat, wie angekündigt, abzuschließen, bleiben noch einige Anweisungen nachzutragen. Wir benötigen eine while-Schleife und if-Anweisungen und geben deshalb deren Syntax kurz an:

```
while (Bedingung) Anweisung;
```

Die *Bedingung* ist immer in runde Klammern einzuschließen. Dadurch wird ein weiteres Schlüsselwort wie „do" in Pascal überflüssig. Als Schleifenrumpf ist syntaktisch nur *eine* Anweisung gestattet, mehrere müssen in einer Verbundanweisung zusammengefaßt werden. Dieselben Überlegungen gelten für die if-Anweisung:

```
if (Bedingung) Anweisung;
else Anweisung;
```

Durch die Klammern um die Bedingung wird hier ein Schlüsselwort wie „then" in Pascal vermieden. Der else-Teil ist fakultativ.

Die Schleife, in der ein Zeichen verarbeitet wird, ist natürlicherweise eine while-Anweisung mit der in Abschnitt 3.3 besprochenen Abbruchbedingung und einem Schleifenrumpf, der zwischen druckbaren und undruckbaren Zeichen unterscheidet.

```
while ((Zeichen = getchar()) != EOF)
     if (druckbar) ... ;
     else ... ;
```

Die Bedingung *druckbar* wurde ebenfalls schon in Abschnitt 3.3 entwickelt. Ist das Zeichen druckbar, genügt dessen Ausgabe, andernfalls muß ein # ausgeschrieben und der Zähler der undruckbaren Zeichen erhöht werden. Der else-Teil ist also eine Verbundanweisung:

```
else {
     putchar('#');
     undruckbar++;
}
```

Die Inkrement-Operation erhöht die Variable undruckbar um 1, und der abschließende Strichpunkt macht den Ausdruck zu einer Anweisung.

Alle diese Anweisungen müssen noch irgendwie in ein Programm eingebettet werden. C kennt eine Hauptprogramm-Spezifikation ähnlich wie Pascal: grundsätzlich ein Kopf main(), gefolgt von den zwischen geschweiften Klammern eingeschlossenen Anweisungen. Das kleinstmögliche C-Programm, ohne Anweisungen, aber syntaktisch völlig korrekt, diene dazu als Illustration:

```
main() {}
```

Damit ist alles Wesentliche des Programmes rcat beisammen. Abbildung 3.1 zeigt den gesamten Code noch einmal auf einen Blick.

```
/*******************************************************************
*                                                                  *
*  rcat: restriktives cat-Programm                                 *
*                                                                  *
*  Kopiert die Standard-Eingabe auf die Standard-Ausgabe.          *
*  Nicht-druckbare ASCII-Zeichen werden durch '#' ersetzt,         *
*  gezaehlt und ihre Anzahl am Ende ausgegeben (falls > 0).        *
*                                                                  *
*******************************************************************/


#include <stdio.h>    /* Standard Input/Output Hilfsfile */


main() {

    int Zeichen;       /* ein Eingabezeichen */
    int undruckbar;    /* Zaehler fuer undruckbare Zeichen */

    undruckbar = 0;
    while ((Zeichen = getchar()) != EOF)
        if (Zeichen >= ' ' && Zeichen <= '~'
            || Zeichen == '\t'
            || Zeichen == '\n')   /* druckbares ASCII-Zeichen */
            putchar(Zeichen);
        else {              /* undruckbares Zeichen */
            putchar('#');
            undruckbar++;
        }
    if (undruckbar) {
        printf("\7\n\n*** ");
        printf("Da waren %d undruckbare Zeichen drin\n",undruckbar);
    }
}
```

Abb. 3.1 Das Programm rcat

3.5 Funktionen und Modularisierungsmittel

Ein Pascal-Programm besteht aus dem „program“-Block und darin definierten, allenfalls verschachtelten Prozeduren und Funktionen. Ein C-Programm dagegen ist eine Menge *nichtverschachtelter Funktionen*, von denen eine den Namen `main` tragen muß. Die Funktion `main()` ist diejenige, die bei Ausführung des Programms als erste die Kontrolle erhält. Sie kann ihrerseits durch Funktionsaufrufe andere Funktionen aktivieren, entweder innerhalb von Ausdrücken oder durch Funktionsanweisungen, in denen etwaige Funktionsrückgabewerte ignoriert werden. Die Funktionen dürfen wiederum andere Funktionen aufrufen, auch sich selbst, d.h. sie können alle direkt oder indirekt *rekursiv* benützt werden. Dieselbe Eigenschaft besitzen auch Pascal-Prozeduren und -Funktionen und sogar die rudimentären (weil auf eine Zeile beschränkten) Funktionen in Basic.

Wie von einer brauchbaren Programmiersprache zu erwarten, können einer Funktion in C beim Aufruf Argumente übergeben werden. Im Gegensatz zu Pascal, das verschiedene Arten von Parametern unterscheidet, kennt C nur *Wertparameter*, d.h. der aufgerufenen Funktion wird jeweils eine Kopie des Argumentwertes übergeben. Wo in Pascal Referenzparameter („var“-Parameter) verwendet werden können, um einer Prozedur zu erlauben, die als aktuelle Parameter übergebenen Variablen des Aufrufenden zu verändern, muß man sich in C anders behelfen. Statt einer Variablen kann ihre Adresse (natürlich kein Problem in C!) als Argument übergeben werden. Der Aufgerufene bekommt dann eine Kopie dieses Pointers und kann ihn benützen, um auf die Variable des Aufrufers zuzugreifen. Ein Vorteil dieser Art der Argumentübergabe liegt darin, daß an Ort und Stelle des Funktionsaufrufs klar ist, ob es sich um Wert- oder Referenzübergaben handelt, ohne daß die Definition der Funktion konsultiert werden muß. Ein Nachteil liegt in der stets nötigen Dereferenzierung der Zeiger-Parameter im Innern der Funktion. Leider prüfen C-Compiler nicht, ob die Argumente eines Funktionsaufrufs zu den deklarierten Parametern passen. Zur Abklärung dieser Übereinstimmung muß das schon erwähnte Programm `lint` zu Hilfe genommen werden. Argumente vom Typ `short` oder `char` werden unbesehen auf `int` umgewandelt, ebenso wie `float` auf `double`. Die Auswertungsreihenfolge verschiedener Argumentausdrücke ist mit Absicht nicht festgelegt und zwingt wieder einmal zur Beachtung möglicher Seiteneffekte.

Zum Grundaufbau der Sprache C gehören nur wenige Hilfsmittel. *Input/Output-Operationen, Stringmanipulationen* oder *Speicherverwaltungs-Mechanismen* sind von der Sprache nicht definiert, in krassem Gegensatz zu Pascal, das die Ein-/Ausgabe und die dynamische Speicherallokation als Teil der Sprache betrachtet. Tatsächlich erklärt sich aber daraus weitgehend die Kompaktheit von C-Compilern und damit unter anderem ihre starke Verbreitung auf Mikrocomputern. Die nicht in die Sprache eingebauten Operationen werden zumeist als *Makrodefinitionen in Standard-Include-Dateien* oder als Funktionen in *Standardbibliotheken* mitgeliefert, sind über weite Teile selbst wieder in C geschrieben und können von Maschine zu Maschine leicht angepaßt werden. Das ist nicht selbstverständlich und in Pascal auch gar nicht realisierbar. Vor allem die Freiheit, die C im Umgang mit Zeigern und Typen gewährt, erlaubt und fördert das Schreiben allgemein verwendbarer Routinen. Die schon in der Sprachdefinition vorgesehene Häufigkeit von Funktionsaufrufen widerspiegelt ganz allgemein den bevorzugten Programmierstil in C. Typische C-Programme bestehen aus einer Menge kurzer, kleine Teilaufgaben erledigender Funktionen. Man darf sich darauf verlassen, daß ein Funktionsaufruf nur wenig Zeit kostet.

Eine weitere Eigenschaft von C übt großen Einfluss auf den Programmierstil aus: die Möglichkeit der *separaten Compilation* von Funktionen. Diesen Service stellt z.B. auch PL/I, aber weder Basic noch Pascal standardmäßig zur Verfügung. Separate Compilation erfordert einen zusätzlichen Schritt auf dem Weg zu einem ausführbaren Programm, die sogenannte *Link-* oder *Binde*-Phase, in UNIX auch *Load*-Phase genannt. In diesem Schritt müssen alle gegenseitigen Referenzen von separat compilierten Funktionen aufgelöst werden. Genauso, wie die Standard I/O-Funktionen einzeln compiliert und in einer Bibliothek zusammengefaßt sind, kann sich jeder Benutzer seine eigene Sammlung allgemeiner Routinen anlegen. Die Hauptvorteile separater Übersetzung liegen aber in der Möglichkeit arbeitsteiliger Softwareentwicklung, der Unterstützung der schrittweisen Verfeinerungstechnik beim Lösen größerer Probleme und in der Reduktion des Compilieraufwandes nach begrenzten Änderungen. In letzterem Bereich leistet unter UNIX das Dienstprogramm `make` wertvollste Schützenhilfe (s. Kap. 4).

Entsprechend dem Aufbau eines C-Programms (nicht-verschachtelte Funktionen, verschachtelte Blöcke, separate Quellentextdateien), sind *Gültigkeitsbereiche* (*Scopes*) von Namen festgelegt. Was innerhalb einer Funktion oder eines Blockes deklariert wird, ist nur *lokal* gültig und kann von außerhalb nicht angesprochen werden. Andererseits sind sogenannte *externe* Deklarationen auf der äußersten Ebene eines Programms möglich, d.h. auf gleicher Stufe wie die Funktionen. Alle extern definierten Namen sind auch innerhalb der Funktionen und ihrer Blöcke bekannt, falls sie dort nicht durch ein gleich benanntes Objekt ersetzt werden. Diese Regelung entspricht dem Blockprinzip von Pascal. Ein zusätzliches Attribut `static` erlaubt es, den Gültigkeitsbereich eines externen Namens auf die betroffene Datei zu beschränken, da dieser sonst in allen Dateien, die zusammengebunden werden, bekannt und zugreifbar ist. Keine großen Probleme in dieser Hinsicht kennt Basic. Alle Namen sind im ganzen Programm bekannt, mit Ausnahme der nur lokale Gültigkeit besitzenden Parameter einer Funktion.

Nicht nur der Gültigkeitsbereich von Variablen, auch ihre *Lebenszeit* ist unterschiedlich. Wie in Pascal wird der Speicherplatz von lokalen Variablen beim Aufruf einer Funktion reserviert und bei ihrem Abschluß wieder freigegeben (*automatische Variablen*). Während in Pascal aber keine Möglichkeit besteht, Werte von lokalen Variablen von einem Funktionsaufruf zum nächsten hinüberzuretten, kann in C die Lebenszeit (Speicherplatzbelegung) durch ein zusätzliches Attribut `static` auf die ganze Programmdauer ausgedehnt werden. Unglücklicherweise handelt es sich dabei um dasselbe Attribut, das für externe Namen den Gültigkeitsbereich festlegt! Statisch-lokale Variablen werden natürlicherweise dazu benützt, um einer Funktion so etwas wie ein Gedächtnis zu verleihen und damit weitgehend Coroutinen zu simulieren (z.B. Zufallszahlen-Generatoren). Auch die externen Variablen leben, solange das ganze Programm abläuft. Der Speicherplatz aller nicht-automatischen Variablen wird zu Beginn der Ausführung mit Nullen initialisiert.

Separate Compilation zusammen mit der Möglichkeit, Variablen-Gültigkeitsbereiche auf eine Quellentextdatei zu beschränken, erleichtern die *Modularisierung* von Programmen ungemein. Spezielle Objekte können zusammen mit den Funktionen, die zu ihrer Verarbeitung benötigt werden, in separaten Dateien zusammengefaßt und unabhängig vom Gesamtprogramm übersetzt werden. Dabei kann durch Einschränkung der Gültigkeitsbereiche verhindert werden, daß ein Benutzer in anderer Art und Weise auf die vom Modul verwalteten Datenobjekte zugreift, als über die Funktionen, die ihm bekannt gemacht werden. Das garantiert sowohl die leichte Änderbarkeit der internen Organisation solcher Module, solange die *Schnittstelle* (extern bekannte Funktionen und ihre Parameter, eventuell auch globale Variablen oder Typen) unverändert bleibt, als auch die einfachere Argumentation in der Diskussion der Korrektheit eines Moduls. In Abschnitt 3.6 wird anschließend ein Beispiel eines solchen Moduls entwickelt.

Allerdings müssen bei aller Flexibilität auch ein wenig die Grenzen von C, verglichen z.B. mit *Modula-2*, gesehen werden. Funktionen, die in anderen Dateien deklariert sind, müssen vor ihrer Verwendung definiert werden. Bei dieser Definition ist es aber nicht möglich, auch die Parametertypen der benützten Funktion anzugeben, um eine Überprüfung der Argumentübergabe zu erzwingen. Diese Prüfung findet auch beim Zusammenbinden separat compilierter Dateien nicht statt und kann deshalb (meist unbewußt) beliebig unterlaufen werden. Wiederum schafft das Hilfsprogramm `lint` Abhilfe, indem es Argumente auf ihre Verträglichkeit mit der entsprechenden Parameterdeklaration prüft, dazu aber den *Quellentext aller beteiligten Funktionen* benötigt. Modula-2 hingegen erlaubt diese Konsistenzprüfung über Symboldateien, die bei der Übersetzung der Module erstellt werden (und ist dadurch nicht gezwungen, dem Benutzer den Quellencode eines Moduls bekannt zu machen). Im weiteren ermöglicht Modula-2 eine Einschränkung des Gültigkeitsbereiches von Namen auch gegen innen. Namen werden nicht automatisch in verschachtelte Module vererbt, sondern nur, wenn das explizit ausgedrückt wird.

Aus all diesen Fähigkeiten der Sprache erklärt sich auch der hohe Portabilitätsgrad von C-Programmen. Wer geschickt darauf achtet, wo seine Programme Maschinenabhängigkeiten aufweisen, kann diese Stellen in separaten Modulen isolieren und klare Schnittstellen zum Rest des Codes definieren. Beim Transport auf andere Rechner oder Umgebungen brauchen nur diese isolierten Programmteile angepaßt zu werden. Solche Techniken wurden z.B. beim Schreiben des Betriebsystems UNIX (mehr als 90 Prozent C-Code) benutzt, was stark zur relativ leichten Übertragbarkeit von UNIX und damit zu dessen weiter Verbreitung beigetragen hat.

3.6 Ein größeres Beispiel

Als Beispiel soll ein Modul entwickelt werden, das eine lineare Liste verwaltet. Wie die Liste organisiert wird (als Array oder einfach verkettet etc.), bleibt dem Benutzer des Moduls verborgen. Andererseits darf das Modul nicht auf die Kenntnis der Struktur eines Benutzerelementes angewiesen sein, muß also von Anwendung zu

```
/*********************************************************************
* Include-File list.h    (Schnittstelle zu Listen-Modul)            *
*********************************************************************/

/*--------------- InitList(LElem,VglFkt) ---------------------------
   Initialisiert die Liste und merkt sich die Adresse einer
   Benutzerfunktion zum Vergleich zweier Listenelemente.
   Argumente          int LElem: Laenge eines Listenelementes
                      int (*VglFkt)(): Adresse einer Vergleichsfunktion
                          Def.: VglFkt(Elem1,Elem2) char *Elem1, *Elem2;
                          Rueckgabewert von VglFkt:
                          1: Elem1>Elem2, 0: Elem1=Elem2, -1: sonst   */
InitList();

/*--------------- char *NeuElem() ----------------------------------
   Alloziert Platz fuer ein neues Listenelement.
   Rueckgabewert      Adresse des allozierten Speichers.              */
char *NeuElem();

/*--------------- Einfuegen(Elem) ----------------------------------
   Fuegt ein Element in die Liste ein.
   Argument           char *Elem: Adresse des einzufuegenden Elementes*/
Einfuegen();

/*--------------- Loeschen(Elem) -----------------------------------
   Loescht ein Element aus der Liste.
   Argument           char *Elem: Adresse des zu loeschenden Elementes
   Rueckgabewert      -1, falls nicht in Liste, sonst 0               */
Loeschen();

/*--------------- char *ErstElem() ---------------------------------
   Rueckgabewert      Adresse des ersten Elementes der Liste
                      oder (char *)0, falls leere Liste.              */
char *ErstElem();

/*--------------- char *NaechstElem(Elem) --------------------------
   Argument           char *Elem: Adresse eines Listenelementes
   Rueckgabewert      Adresse des Nachfolgers von Elem
                      oder (char *)0, falls Ende der Liste.           */
char *NaechstElem();
```

Abb. 3.2 Schnittstelle zum Listenmodul

Anwendung verschiedene Listenelemente zulassen. Der Benutzer verkehrt mit dem Modul über Funktionen wie *Einfügen*, *Löschen* etc., die in der Schnittstelle definiert sind, und hat keinen direkten Zugriff auf die Liste selber.

Das Modul besteht hier aus zwei Dateien: `list.h` und `list.c`. In `list.h` ist die Schnittstellenspezifikation enthalten, d.h. die Definition der für Benutzer zugelassenen Funktionen, sowie viel Kommentar zur Beschreibung der Schnittstelle. Diese Datei ist in jedes Programm, das dieses Modul verwenden möchte, durch eine `#include`-Anweisung hineinzuholen. Der eigentliche Programmtext des Moduls findet sich in `list.c`.

Der Dialog mit dem Modul geht für ein Benutzerprogramm in folgender Art und Weise vor sich. Als erstes muß mitgeteilt werden, daß eine Liste verarbeitet werden soll (`InitList()`). Jedes neue Element muß vom Modul angefordert werden (`NeuElem()`), bevor es mit Werten gefüllt und in die Liste eingefügt werden kann (`Einfuegen()`). Eingefügte Elemente können nachträglich wieder gelöscht werden (`Loeschen()`). Schließlich kann die Liste sequentiell durchgearbeitet werden, beginnend beim ersten Element (`ErstElem()`) und jeweils zum nächsten weiterspringend (`NaechstElem()`). Das ergibt die Schnittstellendefinition, wie sie in Abb. 3.2 angegeben ist. Ein Nachteil von C widerspiegelt sich darin, daß die Parameter der Modulfunktionen nur als Kommentare angegeben werden können und in einem Aufruf nicht auf Konsistenz mit den jeweiligen Argumenten überprüfbar sind.

Das Verstecken von Information bedeutet hier zweierlei. Weil das Modul die Benutzerelemente nicht kennt, muß ihm zumindest deren Länge (benutze `sizeof`) mitgeteilt werden, damit es pro Element adäquat Platz zuteilt. Das Modul kann aus demselben Grund beim Einfügen zwei Elemente nicht vergleichen und braucht deshalb eine (Adresse einer) Benutzerfunktion, die ihm das abnimmt. Elementlänge und Vergleichsfunktion seien hier pro Liste konstant, können also ein einziges Mal übergeben werden, nämlich als Argumente beim Initialisieren der Liste. Die Übergabe von Elementen muß über Byte-Adressen vor sich gehen, die im Benutzerprogramm durch Casts entsprechend umzuwandeln sind. Umgekehrt soll dem Benutzer die Organisationsform der Liste verborgen bleiben. Das Modul versteckt diese, um sich leichter umorganisieren zu lassen und um sich vom Benutzer abzuschirmen.

Hier ist die Liste intern als einfach verkettet implementiert. Um die Verkettung zu realisieren, braucht jedes Listenelement zusätzlich zur Struktur, wie sie der Benutzer wünscht, noch einen Zeiger auf das nächste Element. Der Platz für diesen Zeiger wird durch das Modul für jedes neue Element *vor* der Benutzerstruktur liegend zugeteilt. Dem Benutzer meldet man aber nicht die Adresse des vollen Elementes, sondern die Startadresse seiner Struktur innerhalb des Listenelementes (mindestens um die Länge eines Zeigers auf die nächste Wortgrenze verschoben). Der Platz für den Zeiger ist zwar da, wird dem Benutzer aber verheimlicht.

Betrachten wir ein paar Details genauer, bevor der Text des ganzen Moduls angegeben wird. Relevant für die Listenverwaltung ist pro Element nur sein Zeigerkopf, der auf das nächste Element verweist. Deshalb die rekursive Definition eines (internen) Listenelementes:

```
typedef struct ListElem {
            struct ListElem  *naechst;    /* Elementkopf */
            union {
                char   erst;       /* erstes Byte des Benutzers */
                int    align;      /* auf Wortgrenze aligniert */
            } user;
        } Elem;                           /* internes Element */
```

Auf den Zeiger zum nächsten Element gleichen Typs folgt im Speicher das erste Byte der Benutzerstruktur, aber dank der union mit einem int-Typ auf die nächste Wortgrenze gelegt. Im letzten Listenelement hat die Komponente naechst den Wert 0. Die Länge eines solchen Elementkopfes, d.h. der Abstand des ersten Benutzer-Bytes vom Beginn des gesamten Listenelementes wird oft gebraucht werden. Deshalb die Preprozessor-Definition:

```
#define LELEMKOPF      (sizeof(struct ListElem) - sizeof(int))
```

Drei Variablen sind von besonderer Wichtigkeit. Die Liste braucht intern eine Verankerung, über die das erste Element zugreifbar ist, und die Funktion InitList() nimmt als Parameter zwei Werte entgegen, die aufbewahrt werden müssen (Länge eines Benutzerelementes und Adresse der Vergleichsfunktion). Diese drei Objekte müssen die einzelnen Funktionsaufrufe überleben und in mehreren Modulfunktionen zugreifbar sein. Sie sind deshalb auf der äußersten Ebene der Quellentextdatei deklariert. Andererseits dürfen sie nicht nach außen sichtbar sein und werden darum mit dem Attribut static versehen.

```
static Elem ListKopf;          /* interner Kopf der Liste          */
static int  LUserElem;         /* Laenge eines Benutzerelementes   */
static int  (*UserVergl)();    /* Zeiger auf Benutzerfunktion, die */
                               /* zwei Elemente vergleichen kann   */
```

Die Deklaration von Zeigern auf Funktionen (hier UserVergl) ist in C etwas kryptisch, aber mit Hilfe der Tabelle für Operatorprioritäten, wie sie z.B. im Buch von Kernighan/Ritchie zu finden ist, gerade noch entzifferbar (Pointer auf Funktion, die eine ganze Zahl zurückgibt). Die Funktion NeuElem() hat zur Aufgabe, Speicherplatz für ein volles Element zu reservieren. Dazu kann sie die Bibliotheksfunktion malloc() verwenden, der sie die gewünschte Anzahl Bytes übergibt (Länge Elementkopf plus Länge externes Element). Die Adresse des ersten Benutzerbytes, die als Funktionswert zurückgegeben werden muß, ist dann über die oben definierte Struktur Elem direkt zugreifbar:

```
char  *NeuElem()
{
    return &((Elem *) malloc(LELEMKOPF + LUserElem))->user.erst;
}
```

Die Funktion Einfuegen() übernimmt die Adresse eines Benutzerelementes als Byte-Pointer:

```
Einfuegen(Element)
char *Element;
{ ... }
```

Unmittelbar vor dieser Adresse im Speicher liegt der interne Zeiger zur Listenverkettung. Dessen Adresse wird also folgendermaßen ermittelt:

```
Elem  *rein;

rein = (Elem *) (Element - LELEMKOPF);
```

Vom Byte-Zeiger `Element` wird die Länge (in Bytes!) eines internen Elementkopfes abgezogen. Das Resultat ist die Byte-Adresse des Zeigers auf das nächste Listenelement und wird durch einen Cast korrekt umgewandelt. Die Klammern sind notwendig, weil die Subtraktion schwächer ist als ein Cast, aber *vor* der Umwandlung stattzufinden hat (Abzug einer Anzahl Bytes und nicht einer Anzahl interner Elemente). Das Einfügen eines Elementes setzt das Suchen der korrekten Stelle in der Liste voraus. Vorne in der Liste beginnend, sind diejenigen zwei Elemente zu finden, zwischen denen das neue einzufügen ist. Dank der Definition des Listenkopfes als `Elem` gilt dies auch, wenn das Element an die erste Stelle der Liste gehört. Das vereinfacht den Algorithmus. Zwei Hilfspointer (`Elem *vor, *nach;`) sind nötig, um jeweils auf zwei aufeinander folgende Elemente zu zeigen. Im Ausgangszustand enthalten sie die Adressen des Listenkopfes und des ersten Elementes:

```
nach = (vor = &ListKopf)->naechst;
```

Der Wert von `&ListKopf` ist ein Zeiger auf einen Typ `Elem`. Er wird einerseits der Variablen `vor` zugewiesen, andererseits dereferenziert (`->naechst`) und dann an `nach` zugewiesen. Folgende zwei Anweisungen wären äquivalent, aber nicht ganz so effizient:

```
vor = &ListKopf;
nach = vor->naechst;
```

Ähnlich elegant und schnell ist das Weiterschieben dieser Zeigergabel in der Liste. Sie muß so lange verschoben werden, als nicht das Ende der Liste erreicht ist (`nach != (Elem *) 0`) und auch das Element, worauf `nach` zeigt, nicht größer ist als das einzufügende. Für diesen Vergleich wird die von außen übernommene (Adresse der) Benutzerfunktion (dereferenziert und) aufgerufen:

```
while (nach != (Elem *) 0
        && (*UserVergl)(Element,&nach->user.erst) != -1)
    nach = (vor = nach)->naechst;
```

Schließlich ist das neue Element noch zwischen `vor` und `nach` einzufügen:

```
vor->naechst = rein;
rein->naechst = nach;
```

Die weiteren Funktionen bringen grundsätzlich nichts Neues. Deshalb hier nun zusammenfassend die ganze Quellentextdatei.

```
/***********************************************************************
*  list.c      (Listen-Modul)                                          *
*                                                                      *
* Schnittstelle beschrieben in "list.h"                                *
*                                                                      *
* Interner Aufbau einer Liste: Mit jedem Benutzerelement wird ein      *
* zusaetzlicher Elementkopf alloziert, der die Verkettung realisiert. *
* Ein Listenkopf zeigt permanent auf das erste Element.                *
***********************************************************************/


#define LELEMKOPF     (sizeof(struct ListElem) - sizeof(int))

typedef struct ListElem {
            struct ListElem  *naechst;    /* Elementkopf */
            union {
                char   erst;        /* erstes Byte des Benutzers */
                int    align;       /* auf Wortgrenze gelegt (PDP-11) */
            } user;
        } Elem;                           /* internes Element */
char  *malloc();

/*----- interne Datenstrukturen -----*/
static Elem     ListKopf;          /* interner Kopf der Liste           */
static int      LUserElem;         /* Laenge eines Benutzerelementes    */
static int      (*UserVergl)();    /* Zeiger auf Benutzerfunktion, die */
                                   /* zwei Elemente vergleichen kann    */

/*----- externe Funktionen -----*/
InitList(Laenge,Vergl)          /* initialisiert die Liste; merkt sich  */
int  Laenge, (*Vergl)();        /* Elementlaenge und Vergleichsfunktion */
{                               /* des Benutzers                        */
    ListKopf.naechst = (Elem *) 0;    /* leere Liste */
    LUserElem = Laenge;
    UserVergl = Vergl;
}

char  *NeuElem()                /* alloziert Platz fuer Benutzerelement */
{                               /* und einen internen Elementkopf       */
    return &((Elem *) malloc(LELEMKOPF + LUserElem))->user.erst;
}
```

```
Einfuegen(Element)            /* fuegt Element in Liste ein:        */
char  *Element;               /* Sortierkriterium in Benutzerfunktion */
{
    Elem  *vor, *nach, *rein;

    rein = (Elem *) (Element - LELEMKOPF); /* interner Elementanfang */
    nach = (vor = &ListKopf)->naechst;
    while (nach != (Elem *) 0
           && (*UserVergl)(Element,&nach->user.erst) != -1)
        nach = (vor = nach)->naechst;
    vor->naechst = rein;
    rein->naechst = nach;
}

Loeschen(Element)             /* loescht Element aus Liste          */
char  *Element;
{
    Elem  *vor, *raus;

    raus = (Elem *) (Element - LELEMKOPF); /* interner Elementanfang */
    vor = &ListKopf;
    while (vor != (Elem *) 0
           && vor->naechst != raus) vor = vor->naechst;
    if (vor) {   /* gefunden */
        vor->naechst = raus->naechst;
        free((char *) raus);
        return 0;
    }
    else return -1;    /* nicht gefunden */
}

char  *ErstElem()             /* gibt Adresse des ersten Elementes    */
{
    if (ListKopf.naechst) return &ListKopf.naechst->user.erst;
    else return (char *) 0;    /* kein erstes Element, Liste leer */
}

char  *NaechstElem(Element)  /* gibt Adresse des naechsten Elementes */
char  *Element;
{
    Elem *vor, *nach;

    vor = (Elem *) (Element - LELEMKOPF);   /* interner Elementanfang */
    if (nach = vor->naechst) return &nach->user.erst;
    else return (char *) 0;    /* kein Nachfolger */
}
```

Abb. 3.3 Listenmodul

Diese Version baut stark auf die Gutmütigkeit der Benutzer. Ähnlich wie in der Bibliotheksfunktion `free()` verläßt man sich hier darauf, daß nur solche Elemente als Parameter übergeben werden, die vorher über `NeuElem()` (bzw. `malloc()`) erhalten wurden. Andere Argumente können in ein Desaster münden. Ein bißchen Prüfcode auf Kosten der Effizienz könnte durchaus eingebaut werden. Eine weitere Anregung wäre, daß `InitList()` nachschaut, ob vorher schon eine andere Liste erstellt wurde, in der noch Elemente Speicherplatz in Anspruch nehmen. Dann könnte dieser Platz zuerst freigegeben werden. Falls die Listenelemente keine fixe Größe haben (z.B. variabel lange Strings enthalten), kann die gewünschte Länge auch jedesmal der Funktion `NeuElem()` mitgeteilt werden, statt nur einmal zu Beginn an `InitList()`. Wenn viel eingefügt und wieder gelöscht wird, ist die einfache Verkettung unvorteilhaft, weil in `Loeschen()` durch sequentielles Suchen zuerst der jeweilige Vorgänger festgestellt werden muß. Eine doppelte Verkettung würde da Abhilfe schaffen. Natürlich könnte ein solches Umschreiben der internen Organisation geschehen, ohne daß irgendein Benutzerprogramm geändert werden muß, weil die Schnittstelle nach außen unangetastet bleibt. Das ist dank der sauberen Modularisierung garantiert.

4 Hilfsmittel zur Softwareentwicklung

UNIX ist für seine Fülle von Hilfsmitteln zur Softwareentwicklung *(software tools)* bekannt. Diese leistungsfähigen Werkzeuge, gepaart mit den Kontrollmöglichkeiten des *shell,* bilden eine äußerst attraktive Programmierumgebung. Unter UNIX lassen sich viele Probleme des Softwareentwicklers schnell und einfach durch die Kombination von Dienstprogrammen lösen, ohne daß in einer herkömmlichen Sprache programmiert werden muß. In diesem Kapitel werden die wichtigsten dieser Hilfsmittel übersichtsartig vorgestellt. Wir wollen dabei nicht eine detaillierte Beschreibung der einzelnen Programme geben, sondern an konkreten Beispielen Möglichkeiten und Konzepte illustrieren.

Im ersten Teil werden Mittel zur Programm- und Dokumentationsverwaltung wie Editoren, Dateimanipulations-Werkzeuge und das *Source Code Control System (SCCS)* zur Verwaltung von verschiedenen Softwareversionen vorgestellt. Im Aufgabenkreis *Übersetzen und Testen* werden die Programme `make` zum effizienten Erstellen einer aktuellen Programmversion aus verschiedenen Quellentextdateien, `lint` zur Überprüfung von C-Programmen und der Debugger `adb` behandelt. Schließlich gehen wir auf die Werkzeuge zur Analyse formaler Sprachen `lex` und `yacc` ein.

4.1 Programm- und Dokumentationsverwaltung

Das Erstellen und Verwalten von Textdateien, ob es sich nun um Quellenprogramme oder um Dokumentation und Korrespondenz handelt, nimmt in einer Softwareentwicklungs-Umgebung eine wichtige Stellung ein. UNIX bietet hier verschiedene Hilfen an; die wichtigsten werden im folgenden besprochen.

4.1.1 Editoren

Eine sehr einfache Art von Texterfassung läßt sich durch die Ausnützung der E/A-Umleitung mit dem `cat` Befehl realisieren. Normalerweise wird dieses Kommando benutzt, um die als Argument angegebenen Dateien am Bildschirm auszulisten. Gibt man kein Argument an und leitet die *Standardausgabe* auf eine neue oder bestehende Datei um, wird die Eingabe von der Tastatur in diese Datei geschrieben:

```
$ cat > denk_dran
Heute Abend Einladung bei Hinterhubers:
Blumen kaufen !
<EOF>
```

Diese Art der Texterfassung ist zwar alles andere als komfortabel, aber einfach und sehr schnell (sofern man keine Tippfehler macht).

Der Standardeditor `ed` steht auf allen UNIX-Systemen zur Verfügung. `ed` stammt aus dem tiefen Mittelalter der Computergeschichte, als man noch auf langsamen Druckstationen editierte. Er ist daher zeilenorientiert und nützt die Vorteile der heutigen Bildschirme nicht aus. Er verfügt aber über alle üblichen Editorfunktionen wie Suchen, Ersetzen, Verschieben von Blöcken etc. Muss man über eine langsame 300 oder 1200 Baud-Leitung arbeiten, ist er immer noch ein vernünftiges und leistungsfähiges Instrument. Da überdies die Befehle von anderen UNIX-Editoren auf `ed` aufbauen und man ihn auch in *shell*-Prozeduren anwenden kann, lohnt sich der Lernaufwand in vielen Fällen dennoch. Eine Einsatzmöglichkeit sei an einem Beispiel aufgezeigt. Nehmen wir an, in einer umfangreichen Programmdokumentation habe sich ein Fehler eingeschlichen: In sämtlichen Dateien wurde, vom Englischen inspiriert, *Adresse* mit zwei *'d'* geschrieben. Es wäre nun auch mit einem Ganzseiteneditor eher mühsam, diese Korrekturen in einer Vielzahl von Dateien einzeln vorzunehmen. Mit der Hilfe des *shell* und `ed` lösen wir das Problem in Kürze:

```
for i in kap*
do
        ed $i <<!
        1,\$s/Address/Adress/g          (Globales Austauschen)
        1,\$s/address/adress/g
        w
!
done
```

Abb. 4.1 Globales Austauschen in mehreren Dateien

Mit der `for`-Schleife erfassen wir alle Dateien, die mit den drei Buchstaben `kap` beginnen, d.h. alle Kapitel der Dokumentation. Sie werden eine um die andere in der Variablen `i` dem Editor übergeben, der sie aufgrund der nachfolgenden Befehle bearbeitet. Die Zeichen `<<` und das Begrenzungszeichen `!` geben an, daß `ed` nicht auf Befehle von der Tastatur warten soll, sondern alle Zeichen bis zur zweiten Begrenzung als Befehle zu interpretieren hat. Mit `1,$` geben wir an, daß sich das folgende Editorkommando auf alle Zeilen zwischen der ersten (1) und der letzten ($) bezieht. Dem Dollarzeichen müssen wir ein `'\'` *(backslash)* voranstellen, um sicherzustellen, daß es vom *shell* ohne Interpretation an den Editor weitergegeben wird.

Müssen sehr große Datenbestände in *shell* Prozeduren verarbeitet werden, ist der Einsatz von `ed` aus Effizenz- und/oder Kapazitätsgründen vielfach nicht sinnvoll. In solchen Fällen kommt der nicht-interaktive Editor `sed` *(stream editor)* zur Anwendung. Er wird vorwiegend als Filter oder zur Verarbeitung von Argumenten und *shell* Variablen eingesetzt. Seine Befehle lehnen sich an die Syntax von `ed` an. Globale Such- und Austauschoperationen sind mit `sed` wesentlich effizienter, da sie in einem einzigen Durchgang behandelt werden können. So mußte im obigen Beispiel (Abb. 4.1) jede Datei zweimal durchgearbeitet werden, damit sowohl *Addresse* als auch *addresse* verändert wurden. Mit `sed` wäre der zweite Durchgang entfallen.

Für die tägliche Arbeit wird man sicherlich einem Ganzseiteneditor den Vorzug geben. Mit den Berkeley UNIX-Versionen und mit *System V* von Bell wird der an der Universität Berkeley entwickelte bildschirmorientierte Editor `vi` mitgeliefert. `vi` verfügt über einen Kommando- und einen Einfügemodus. Man kann im Einfügemodus nicht mit dem Cursor auf dem Bildschirm herumfahren oder Editierbefehle benützen, sondern lediglich Text eingeben. Befehle werden durch die Eingabe von Zeichen im Befehlsmodus aktiviert. Wegen ihrer Vielzahl werden neben den Klein- und Großbuchstaben auch noch Kontrollzeichen verwendet, was am Anfang recht verwirrend ist. Im übrigen bietet `vi` alles, was man von einem Editor erwarten kann, wie etwa Suchen, Austauschen, Verschieben von Blöcken etc. An weiteren, weniger alltäglichen Möglichkeiten von `vi` wären zu nennen:

- Sprachsensitivität für Programme (vor allem *C* und *Lisp)* sowie für Text. Es lassen sich z.B. korrespondierende Klammern finden, automatisch Zeilen einrücken etc. Auch das Ende oder der Anfang des aktuellen Satzes oder Paragraphen eines Textes kann mit einer trickreichen Tastenkombination aufgesucht werden.
- Vom Benutzer definierte Makros, die mehrere Befehlssequenzen in einem Tastendruck (sinnvollerweise in Funktionstasten) zusammenfassen.
- Ein *Undo-Mechanismus*, der es ermöglicht, die letzte Änderung rückgängig zu machen (sehr nützlich, da man des öfteren die falsche Tastenkombination erwischt...)
- *shell*-Kommandos können ohne Verlassen des Editors ausgeführt werden. Dies ist vor allem bei der Programmierung zur Übersetzung während des Editierens von Vorteil.
- Bei Systemabsturz wird (sofern möglich) eine Kopie der editierten Datei gerettet und beim nächsten *login* wieder zur Verfügung gestellt.

Das Problem der unterschiedlichen Steuersequenzen bei verschiedenen Terminals wird mit der Beschreibungsdatei `/etc/termcap` *(terminal capabilities)* gelöst. Diese Datei enthält die Charakteristiken von sehr vielen Terminals und ermöglicht es, bildschirmunabhängige Ganzseitenapplikationen zu schreiben. Ein Programm stützt sich dabei auf genau definierte Funktionen zur Bildschirmsteuerung; die effektiv zu verwendenden Steuercodes werden dann zur Laufzeit aus `/etc/termcap` übernommen. Anhand der Umgebungsvariablen TERM kann ein Programm feststellen, mit welchem Terminaltyp der Benutzer mit dem System Kontakt aufgenommen hat. Die Anpassung an ein VT-100-kompatibles Terminal erfolgt z.B. durch die Befehle

```
TERM=vt100
export TERM
```

in der Datei `.profile` im Heimverzeichnis. Ruft man nun `vi` auf, werden automatisch die richtigen Steuersequenzen geladen, damit im Ganzseitenmodus gearbeitet werden kann.

Sollte das verwendete Terminal nicht in `/etc/termcap` beschrieben sein, können die notwendigen Steuersequenzen aufgrund des entsprechenden Terminalhandbuchs und der in der UNIX-Dokumentation unter `termcap(5)` beschriebenen Syntax selbst in die Datei eingegeben werden.

Mit `vi` steht dem UNIX-Benutzer ein durchaus brauchbarer und leistungsfähiger Ganzseiteneditor zur Verfügung. Er entspricht aufgrund seiner etwas umständlichen Bedienungsweise zwar nicht eben den jüngsten Erkenntnissen der Softwareergonomie, läßt sich aber dennoch in verhältnismäßig kurzer Zeit sinnvoll einsetzen.

4.1.2 Werkzeuge zur Dateimanipulation

Es würde zu weit führen, jedes Dienstprogramm zur Bearbeitung von Text- und Programmdateien detailliert vorzustellen. Für eine genaue Beschreibung aller Möglichkeiten der jeweiligen Programme ist ohnehin das Handbuch zu konsultieren. Ebenso wichtig wie die Vielzahl der zur Verfügung stehenden Instrumente ist ihr Zusammenspiel unter der Kontrolle des *shell.* Wir wollen deshalb nach einer kurzen Übersicht dieses Zusammenwirken anhand eines Beispiels verdeutlichen.

awk — Ein sehr mächtiges, aber nicht sehr häufig eingesetztes Instrument zur Report- und Listenverarbeitung. awk liest die Eingabe zeilenweise und führt, wenn eine Übereinstimmung mit dem sogenannten *Muster* (*pattern*) gefunden wird, die entsprechenden *Aktionen* aus. Fehlt das Muster, werden die Aktionen für jede Linie ausgeführt. Die allgemeine Form eines awk-Programms ist:

```
BEGIN { Initialierungs - Anweisungen }
{    Muster   { Aktionen }
     ...
}
END    { Abschluss - Anweisungen }
```

Für die Aktionen stehen bedingte Anweisungen, Schleifen, Variablen und einige Standardfunktionen wie `log`, `length`, `substr` etc. zur Verfügung. Eingabezeilen werden automatisch in *Felder* unterteilt, die durch die Namen `$1, $2 ...` angesprochen und verarbeitet werden können.

`cmp` Dient zum schnellen Vergleichen zweier Dateien. Sobald ein Unterschied zwischen den Dateien gefunden ist, wird der Vergleich mit einer Meldung abgebrochen. Vor allem nützlich, wenn festgestellt werden soll, ob zwei Programmversionen identisch sind.

`diff` Zeilenweises Vergleichen von Textdateien. Die auf der Standardausgabedatei aufgelisteten Abweichungen werden minimiert, indem versucht wird, nach unterschiedlichen Zeilen neu zu synchronisieren.

`grep` Sucht die Eingabedatei nach Zeilen ab, in denen ein als Argument übergebener Ausdruck vorkommt. Die gefundenen Zeilen werden auf der Standardausgabe wiedergegeben. In die gleiche Familie gehören `egrep` und `fgrep`.

`join` Vereinigt zwei Dateien zu einer einzigen in der Art der Vereinigungsoperationen auf einer relationalen Datenbank. In Abhängigkeit von der Übereinstimmung eines Schlüssels werden auf der Ausgabedatei neue, zusammengesetzte Zeilen generiert.

`sort` Sortiert Dateien in alphabetischer oder numerischer Reihenfolge. Dabei kann, falls gewünscht, nach einzelnen Feldern sortiert werden, gleiche Zeilen lassen sich eliminieren und auch die Umkehrung der Reihenfolge ist möglich.

`tr` Kopiert die Standardeingabe auf die Standardausgabe und übersetzt dabei alle Zeichen, die im ersten Argument bezeichnet wurden, in die des zweiten Arguments. Eine Anwendung ist z.B. das Umwandeln von Groß- in Kleinbuchstaben.

Doch nun zu einem Beispiel, das die sinnvolle Kombination der vorgestellten Instrumente aufzeigen soll. Gehen wir davon aus, daß in einer Adreßverwaltung die Anschriften von zukünftigen Benutzern unseres UNIX-Systems gespeichert sind. Aus diesem Adreßsystem lasse sich eine Textdatei mit den Daten dieser künftigen Benutzer erstellen. Auf der Basis dieser Informationen sollen eindeutige Benutzeridentifikationen für die Kontoeröffnung generiert werden.

Die aus der Adreßverwaltung gewonnenen Daten haben den folgenden Aufbau:

```
Vorname,Name,Strasse,Ort
```

Wir wollen nun ein Programm erstellen, das aus den Nachnamen die eindeutige Benutzeridentifikation für den Eintrag in die Paßwortdatei konstruiert. Bei gleichen Namen soll Eindeutigkeit durch Anfügen von Zahlen am Ende der Identifikation garantiert werden, also z.B. `meier`, `meier1`, `meier2`. Um das Beispiel einfach zu halten, verzichten wir darauf, Eindeutigkeit gegenüber den bereits in der Paßwortdatei bestehenden Benutzern zu gewährleisten. Doppelte Identifikationen sollen aber erkannt und zur manuellen Verarbeitung in einer Datei gespeichert werden.

Wir lösen die gestellte Aufgabe mit einer *shell*-Prozedur, der wir als Argument die Datei mit den Adreßdaten übergeben. Als Resultat werden zwei Dateien erstellt. Die erste enthält die neuen Benutzeridentifikationen, die zweite die bereits in der Paßwortdatei vorkommenden Benutzer. Wir erstellen zuerst die eindeutigen Benutzeridentifkationen (Abb. 4.2) und prüfen danach, ob die neuen Namen bereits in der Paßwortdatei vorkommen (Abb. 4.3).

```
sort -t, -f +1 $1 | \          (1. Sortiere durch Komma getrennte Felder)
tr '[A-Z]' '[a-z]' | \         (2. Übersetzung in Kleinbuchstaben)
awk '                          (3. Erstelle eindeutige Benutzeridentifikationen)
BEGIN { i = 0
        FS = ','}              (Feldseparator = Komma)
{
    if (length($2) >= 6)
        Uid = substr($2,1,6)
    else
        Uid = $2
    (Eindeutige Namen durch Numerierung generieren)
    if (Uid == LastUid) {
        i++
        Uid = sprintf ("%s%s",Uid,i)
    }
    else {
        LastUid = Uid
        i = 0
    }
    printf "%s\n",Uid
}'  > Neue_Benutzer
```

Abb. 4.2 Erstellen eindeutiger Benutzeridentifikationen

Abbildung 4.2 zeigt, wie ein Problem in einfache Teilschritte zerlegt und mit verschiedenen Hilfsmitteln gelöst wird. Die Verbindung zwischen den einzelnen Prozessen wird über den *Pipe-Mechanismus* realisiert. Im einzelnen werden folgende Schritte durchgeführt:

1. Zuerst werden die Adressen nach dem Namen sortiert, damit gleiche Namen direkt aufeinander folgen. Das Dienstprogramm `sort` erledigt diese Aufgabe, wobei Sortierkriterium und Dateiaufbau mit den entsprechenden Argumenten spezifiziert werden.

2. Nun werden mit `tr` die Großbuchstaben eliminiert.

3. Die sortierten Namen werden mit einem kurzen awk-Programm weiterverarbeitet. Gleiche Benutzeridentifikationen werden durch die Hilfsvariable `LastUid`, in der jeweils noch die letzte Benutzeridentifikation gespeichert

wird, erkannt. Die eindeutige Identifikation wird mit der Funktion `sprintf` erstellt und schließlich mit `printf` ausgegeben. Aus dem Beispiel wird ersichtlich, dass awk zum Teil mit den gleichen Operatoren, Kontrollstrukturen und Standardfunktionen wie *C* arbeitet. Die Ausgabe von awk wird zur weiteren Verarbeitung in die Datei `Neue_Benutzer` geschrieben.

```
doppelt=Dopp_Benutzer
echo 'Doppelte Benutzeridentifikationen vom ' `date` > $doppelt
(Extrahieren Benutzeridentifikation aus Paßwortdatei)
sed  's/:.*//' < /etc/passwd | \
(Suchen von doppelten Benutzern)
fgrep -f -x  $new >> $doppelt
if test $? -eq 0
then
    mail root < $doppelt
else
    rm $doppelt
fi
mail root < $new
```

Abb. 4.3 Finden von bereits bestehenden Benutzeridentifikationen

Im zweiten Teil des Programms muß nun noch geprüft werden, ob die generierten Identifikationen bereits in der Paßwortdatei `/etc/passwd` vorkommen. Dazu wird zuerst mittels `sed` die Benutzeridentifikation aus der Paßwortdatei extrahiert (alles nach dem ersten Doppelpunkt wird durch eine leere Zeichenkette ersetzt). Diese Namen werden dem Programm `fgrep` übergeben, das anhand der im ersten Programmteil erstellten Datei `Neue_Benutzer` bereits vorhandene Benutzeridentifikationen erkennt und in die Datei `Dopp_Benutzer` schreibt. Schließlich werden neue und mehrmals vorkommende Benutzer mit `mail` (s. Kap. 10) dem Systemadministrator zugesandt, damit dieser die Konti eröffnen kann.

4.1.3 Das Source Code Control System

Unter dem Softwareentwicklungs-System *PWB (Programmer's Workbench),* das verschiedene UNIX-Erweiterungen für die Programmentwicklung für Großsysteme umfaßt, wurde unter anderem das *Source Code Control System (SCCS)* geschaffen. *SCCS* ist eine Sammlung einzelner Kommandos, welche die effiziente Verwaltung verschiedener Versionen von Textdateien erlaubt. Das System gelangt typischerweise bei größeren Softwareprojekten für die Verwaltung der Quellenprogramme und Dokumentation zur Anwendung. Es bietet den kontrollierten Zugriff auf unterschiedliche Versionen eines Dokumentes ohne alle Versionen einzeln abspeichern zu müssen.

Im folgenden soll anhand des berühmten *hello world*-Programms das Prinzip von *SCCS* verdeutlicht werden. Die Urversion lautet:

```
main()
{
    printf("hello world\n");
}
```

Diese erste Version des Programms werden wir nun in das *SCCS* System einfügen. Eine *SCCS*-Datei besteht aus einer Menge von Änderungen *(Delta)* auf die leere *Null-Version* einer Datei. Die erste Änderung *(Delta 1.1)* auf diese Null-Version erstellen wir mit dem Befehl `admin`, sobald das Programm lauffähig ist und die Spezifikationen erfüllt. Es entsteht dadurch die Version 1.1. Die erste Zahl dieser Versionsnummer bezeichnet den sogenannten *Release*, die zweite den *Level*. Der Level wird automatisch bei jeder Änderung erhöht, der Release nur auf ausdrückliches Verlangen, normalerweise bei einer wesentlichen Änderung des Programms. Im Beispiel erstellen wir mit

```
$ admin -ihello.c s.hello.c
$ rm hello.c
```

die *SCCS*-Datei `s.hello.c` in der ersten Programmversion 1.1. Die ursprüngliche Quellendatei wird gelöscht, um sicherzustellen, daß keine Änderungen am Quellentext vorgenommen werden, die in der *SCCS* Datenbank nicht bekannt sind. Die Konsistenz dieser Daten ist gewährleistet, weil wir keine Schreibberechtigung auf die neue Datei `s.hello.c` besitzen. Soll das Programm verändert werden, muß zuerst mit `get -e` die gewünschte Version zurückgeholt werden. Dabei wird die Nummer des Level automatisch um eins erhöht, der Release bleibt unverändert:

```
$ get -e s.hello.c
1.1                          (Ausgabe von SCCS)
new delta 1.2
4 Lines
```

Wir erhalten so die Datei `hello.c` zur weiteren Verarbeitung. Wir verändern die `printf`-Zeile und fügen zwei *SCCS*-Schlüsselwörter ein, die später die aktuelle Version (%I%) und das letzte Änderungsdatum (%G%) in der Quellendatei verfügbar machen:

```
char *vers = "Version : %I%, letzte Aenderung am : %G%";
main()
{
    printf("Gruezi (%s)\n",vers);
}
```

Nun erstellen wir mit `delta` die neue Version 1.2. Der `delta`-Befehl verlangt vom Programmierer unter anderem die Angabe eines Grundes für die durchgeführte Änderung:

```
$ delta s.hello.c
comments ? An lokale Verhaeltnisse angepasst
1.2                    (Neue Versionsnummer)
2 inserted
1 deleted
3 unchanged
```

Holen wir nun mit `get s.hello.c` die Datei `hello.c` zur Übersetzung (ohne Schreibberechtigung) zurück, werden in der Zeichenkette `vers` die Schlüsselwörter durch die entsprechenden Werte ersetzt und sind so im Programm verfügbar:

```
get s.hello.c          (Erstelle aktuelle Quellendatei)
cc hello.c             (Übersetzung)
a.out                  (Ausführen des Programms)
Gruezi (Version : 1.2, letzte Aenderung am 1/1/85)
```

Die Entwicklung einer *SCCS*-Datei kann graphisch als Baum dargestellt werden (Abb. 4.4).

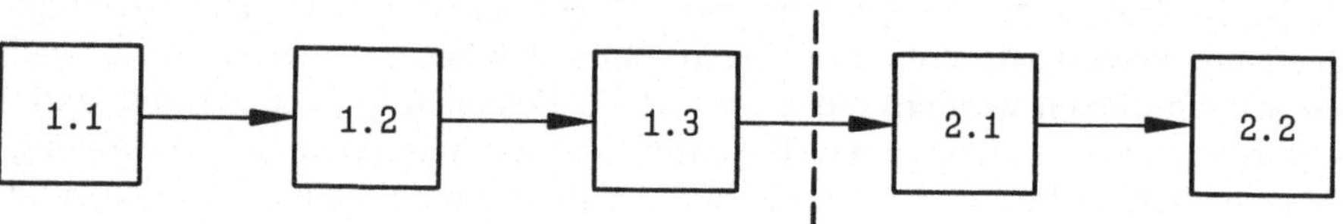

Abb. 4.4 Entwicklung von SCCS Dateien

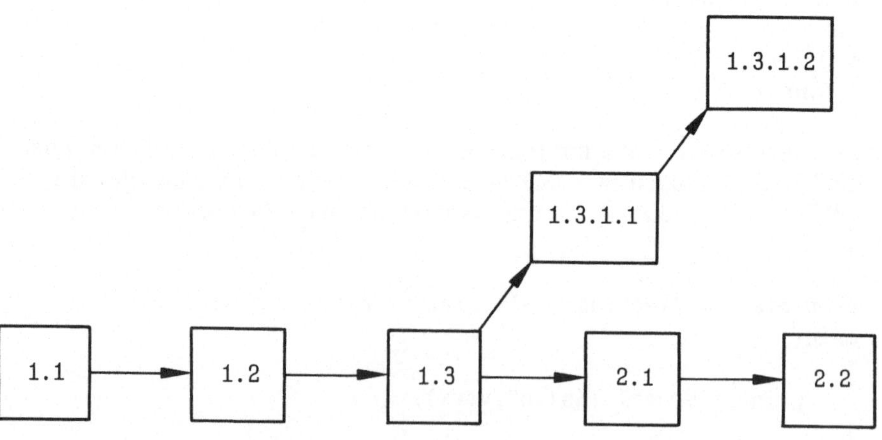

Abb. 4.5 SCCS-Baum mit Zweigen

Mit dem `get`-Befehl kann jede Version der Quellendatei wieder hergestellt werden. In gewissen Situationen muß der *SCCS-Baum* durch Zweige ergänzt werden. Nehmen wir z.B. an, ein Softwarepaket sei in der Version 1.3 zum Beta-Test freigegeben worden. Während bereits an der Version 2.2 gearbeitet wird, entdeckt man einen Fehler in der Beta-Version, der sofort behoben werden muß. Wir erhalten dadurch einen neuen Ast, beginnend mit der Versionsnummer *1.3.1.1*, in dem die Änderungen seit Version 1.3 festgehalten werden (Abb. 4.5).

SCCS hilft dabei, in einem Projekt mit einem solchen Versionsbaum nicht die Kontrolle zu verlieren. Zusätzlich stehen auch verschiedene Management- und Kontrollfunktionen für arbeitsteilig organisierte Projekte zur Verfügung. Beispiele sind etwa Zugriffsberechtigungen zu Versionen und Informationen darüber, wer zu welcher Zeit und aus welchem Grund eine Änderung durchgeführt hat.

4.2 Übersetzen und Testen

In der Praxis der Programmentwicklung wird sehr viel Zeit für die verschiedenen Aufgaben innerhalb des Arbeitskreises Übersetzen und Testen aufgewendet. Neben den entsprechenden Programmübersetzern *(Compiler)* stellt UNIX dafür die verschiedensten Instrumente zur Verfügung. Zu erwähnen sind hier die im letzten Kapitel beschriebenen Dateimanipulations-Werkzeuge, mit denen sich z.B. Testdaten generieren oder auswerten lassen. Auch der *shell* mit seinen Möglichkeiten der E/A-Umleitung und der Programmierbarkeit kann eine sehr nützliche Testhilfe sein. Im folgenden werden aus dem Gebiet Übersetzen das Programm `lint` zur Überprüfung von C-Programmen und das Programm `make` zur Verwaltung verschiedener Objekt- und Quellendateien vorgestellt. Der Debugger `adb`, die Standardtesthilfe unter UNIX, wird anhand eines Beispiels erläutert.

4.2.1 Überprüfung von C-Programmen mit `lint`

Eine wichtige Eigenschaft der Programmiersprache *C* ist die hohe Portabilität. Bei nachlässiger Programmierung kann aber recht einfach maschinenabhängiger Code produziert werden, bei dem man sich auf implementationsabhängige Eigenschaften verläßt. Es gehört nicht eben zu den Stärken der meisten C-Übersetzer, solche Programmteile zu erkennen, sind sie doch auf die schnelle Produktion von effizientem und kompaktem Objektcode getrimmt. Das Hilfsprogramm `lint` deckt diese Lücke ab, indem es C-Programme auf fehlerhafte, nicht-portable und obskure Konstruktionen untersucht. Es produziert keine ausführbaren Programme, prüft aber dafür die Quellendateien sehr umfassend und gründlich. C-Code, der von `lint` ohne Beanstandungen verarbeitet wurde, ist in den meisten Fällen durch einfache Neuübersetzung von einem Computersystem auf ein anderes übertragbar, auch wenn es sich um sehr unterschiedliche Hardwarearchitekturen handelt. Die wichtigsten Prüfaktivitäten von `lint` sind:

- Typenprüfung: Nicht-portable Verwendung von Zeigern und Integer-Werten (wohl die häufigste Ursache von Übertragungsproblemen). Zuweisungen mit Einbuße an Genauigkeit (`int = long`). Funktionen, die etwas anderes als `int`-Werte zurückgeben und nicht entsprechend deklariert wurden.
- Programmlogik: Programmstellen, die nicht erreicht werden. Verwendung von Variablen, bevor ihnen ein Wert zugewiesen wurde. Variablen, die gesetzt aber nicht benutzt werden. Logische Bedingungen mit konstantem Wert.
- Funktionen: Anzahl und Typenkonsistenz von Argumenten, auch über Dateigrenzen hinweg und in Programmbibliotheken. Funktionen, die nur in gewissen Fällen Werte zurückgeben. Rückgabewerte, die ignoriert werden. Verwendung von Funktionen mit Seiteneffekten.
- Verwendung von Zeigern: Falsches *Alignment* von Zeigern.

4.2.2 Programmunterhalt mit `make`

Um in einem Softwareprojekt nicht die Übersicht zu verlieren, empfiehlt sich eine Aufteilung von großen Programmen in kleinere, überschaubare Einheiten. UNIX unterstützt dieses Prinzip des *Teile und Herrsche* sehr gut mit seinem hierarchischen Dateisystem. Häufig werden zusammengehörende Quellen- und Objektcode-Module in verschiedenen Verzeichnissen aufbewahrt, was eine Strukturierung ermöglicht, die dem logischen Aufbau des Gesamtprogramms entspricht. Dabei entsteht aber auch ein gewisser Unterhaltsaufwand, muß sich der Programmierer doch darüber im klaren sein, welche Programmteile nach einer Änderung an einer Quellendatei neu übersetzt werden müssen und welche nicht. Immer alles neu zu übersetzen, hätte unnötig lange Wartezeiten zur Folge, einmal versehentlich mit nicht mehr aktuellen Objektdateien zu arbeiten, führt zu schwer erkennbaren Fehlern und kann wertvolle Stunden kosten.

Das Programm `make` nimmt uns die Verwaltungsarbeit beim Unterhalt von mehreren Quellen- und Objektdateien weitgehend ab. `make` benötigt für diese Aufgabe die im Dateisystem gespeicherten Modifikationsdaten der betroffenen Quellen- und Objektdateien und eine Beschreibung der Abhängigkeiten dieser Dateien. Diese Beschreibung wird meist im sogenannten `makefile` gespeichert. Darin wird festgehalten, wie Objektdateien von den Quellendateien abhängen und was unternommen werden muß, damit nach einer Änderung die Objektdateien wieder auf den aktuellen Stand gebracht werden. Das `makefile` besteht im wesentlichen aus zwei Arten von Zeilen:

1. Abhängigkeitszeilen (Von welchen Dateien hängt eine Zieldatei ab?)
2. Operationszeilen (Welche Befehle müssen ausgeführt werden, damit die Zieldatei die Änderungen reflektiert und wieder auf den aktuellen Stand gebracht wird?)

Als einfaches Beispiel betrachten wir das Änderungsprogramm `modify` einer Adreßverwaltung. Das Programm dient dazu, Adressen aufzufinden, in ansprechender Form am Bildschirm darzustellen und nach einer Veränderung wieder abzuspeichern. Die Abhängigkeiten der verschiedenen Programmteile lassen sich wie in Abb. 4.6 darstellen.

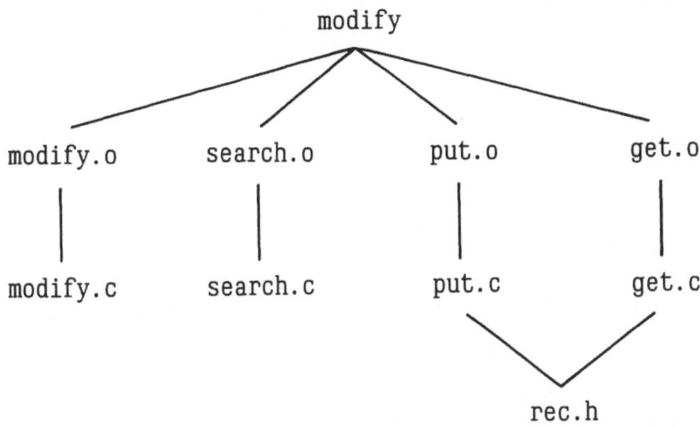

Abb. 4.6 Abhängigkeitsbaum Adreßsystem

Das ausführbare Programm modify hängt von den Objektdateien search.o (Auffinden von Adreßdatensätzen), put.o und get.o (Schreiben bzw. Lesen von Adreßdatensätzen) sowie von modify.o ab. Diese Objektdateien hängen ihrerseits von den entsprechenden Quellendateien (*.c) ab. Die beiden Primitivfunktionen get und put werden noch vom Aufbau der Adreßdatensätze beeinflußt, der in der Datei rec.h beschrieben ist. Nach dieser grafischen und verbalen Umschreibung der Abhängigkeiten nun das entsprechende makefile (Abb. 4.7):

```
modify:      search.o put.o modify.o get.o
             cc -o modify search.o put.o modify.o get.o

search.o:    search.c                          (Abhängigkeiten)
             cc -c -O search.c                 (Operationen)

get.o put.o: rec.h
```

Abb. 4.7 makefile für das Programm modify

Sind die Abhängigkeiten und Aktionen auf diese Weise formuliert, muß nach einer Änderung an irgendeiner Quellendatei nur noch der Befehl make eingegeben werden. Dadurch wird das makefile interpretiert. Aufgrund der Modifikationsdaten und der Abhängigkeiten stellt make fest, welche Quellendateien neu übersetzt werden müssen. Sind alle Objektdateien auf dem aktuellen Stand, wird die

Zieldatei modify erstellt, indem die Objektdateien gebunden werden. Wie wir aus der letzten Zeile im makefile von Abb 4.7 erkennen können, verfügt make über die Kenntnis, wie aus einem Quellenprogramm eine Objektdatei zu erstellen ist.

Schauen wir uns zur Illustration noch an, welche Befehle ausgeführt werden, wenn wir am Aufbau der Adreßdatensätze in der Datei rec.h etwas ändern und den Befehl make eingeben:

```
$ make
cc -c put.c
cc -c get.c
cc -o modify search.o put.o modify.o get.o
```

Die Funktionen get.c und put.c werden neu übersetzt und die Zieldatei modify wird neu erstellt.

Selbstverständlich können in den Abhängigkeitszeilen nicht nur Programm-Übersetzungen ausgeführt werden, sondern jedes beliebige *shell*-Kommando. So könnte z.B. ein übergeordnetes makefile zur Installation der gesamten Adreßverwaltung folgendermaßen aussehen:

```
adrsys : manip/*.c  manip/*.h  auswahl/*.c  auswahl/*.h
         cd manip ; make
         cd auswahl ; make
         (Installation der Befehle)
         cp manip/modify manip/append  \
            auswahl/next auswahl/select /usr/bin/local
         (Ändern Modifikationsdatum der Zieldatei adrsys)
         echo 'Adressystem aktualisiert am : ' `date` > adrsys
```

Abb. 4.8 Übergeordnetes makefile für gesamte Adreßverwaltung

Wurde an irgendeiner Quellendatei in den beiden Verzeichnissen etwas verändert, werden zwei untergeordnete make-Programme gestartet. Dadurch werden die Befehle in den entsprechenden Verzeichnissen auf den aktuellen Stand gebracht und anschließend installiert. Die Datei adrsys dient lediglich als Platzhalter, da keine eigentliche Zieldatei existiert, sondern die Adreßverwaltung auf die vier Befehle append, modify, next und select aufgeteilt ist. Liesse man in unserem Beispiel die Zeile weg, in der das Modifikationsdatum der Platzhalterdatei adrsys geändert wird, würde make jedesmal versuchen, das Ziel zu erstellen und so alle Operationszeilen ausführen.

make ist ein sehr häufig verwendetes Hilfsmittel, das bei der Programmerstellung bald einmal unentbehrlich wird. Der normale Ablauf der Programmierung unter UNIX läßt sich durch den Zyklus *Denken, Editieren,* make sehr treffend beschreiben. Der Komfort bei der Programmierung sollte aber nicht dazu verführen, den ersten Punkt in diesem Zyklus allzu stark zu vernachlässigen.

4.2.3 Der Debugger adb

Jeder, der einmal ein C – Programm unter UNIX geschrieben hat, kennt die Situation eines Programmabbruchs begleitet von einer lapidaren Systemmeldung wie etwa `Memory fault - core dumped`. Mit dem Debugger `adb` läßt sich das fehlerhafte Programm und der Hauptspeicherauszug (`core`) analysieren. Da `adb` nicht auf Quellenstufe arbeitet, verlangt sein effizienter Einsatz einige Kenntnisse über die Hardwarearchitektur und UNIX. Dafür kann ein beliebiges Programm analysiert werden, ohne daß bei der Übersetzung besondere Vorkehrungen getroffen werden müssen. Handelt es sich um ein C-Programm, können Funktionen und Variablen symbolisch angesprochen werden. Programmanweisungen werden im Assemblercode dargestellt, für Daten existieren die verschiedensten Formate.

Wie mit `adb` gearbeitet werden kann, soll anhand des fehlerhaften Programms in Abb. 4.9 gezeigt werden.

```
main()              /* Test der Funktion prt_feld() */
{
    static char *Namen[] = {
                "Mueller", "Schulze", "Huber", (char * ) 0 }  ;
    prt_feld(Namen);
}

prt_feld(myname)     /* Schreibe Feld mit Zeichenketten aus */
char **myname ;
{
    while (*myname ) {
        while(putchar(**myname++))
            ;
        putchar('\n');
        myname++;
    }
}
```

Abb. 4.9 Programm mit Zeigerfehler

Die Funktion `prt_feld` sollte ein Feld von Zeichenketten ausschreiben. Stattdessen gibt das Programm `a.out` lediglich einige Zeichen aus und verabschiedet sich mit einem Adressierungsfehler und dem Hauptspeicherauszug `core`. Da auch `lint` am obigen Code nichts zu bemängeln hat, nehmen wir `adb` zu Hilfe (Abb. 4.10).

```
$ adb
$C                                  (Zeige Aufrufreihenfolge und Variablen)
~prt_feld(02762)
        myname:     02762
~main(01,0177462)
        Namen:      02762
:r                                  (Starte Programm a.out)
a.out: running
memory fault
stopped at      ~prt_feld+020:   movb    (r0),r0
:b                                  (Setze Haltepunkt an der Absturzstelle)
:r                                  (Starte Programm erneut)
breakpoint      ~prt_feld+020:   movb    (r0),r0 (Haltepunkt ist erreicht)
**prt_feld.myname/c                 (Zeige Inhalt von Speicherzelle **myname)
Namen+010:      M
**prt_feld.myname/s                 (Zeige ganze Zeichenkette)
Namen+010:      Mueller
:c                                  (Setze Ausführung fort)
a.out: running
M           (vom laufenden Programm wird ein ‚M' ausgeschrieben)
breakpoint      ~prt_feld+020:   movb    (r0),r0
**prt_feld.myname/c
Namen+020:      S                   (Das entspricht nicht den Erwartungen.
                                    **myname sollte das 'u' von ‚Mueller' – enthalten)
**prt_feld.myname/s
Namen+020:      Schulze
:c
a.out: running
S           (vom laufenden Programm wird ein ‚S' ausgeschrieben)
breakpoint      ~prt_feld+020:   movb    (r0),r0
**prt_feld.myname/s
Namen+030:      Huber                (Offensichtlich wird der falsche Zeiger erhöht)
$q                                   (Alles klar! Beenden von adb)
```

Abb. 4.10 Analyse eines fehlerhaften Progamms

Zuerst lassen wir uns die Aufrufreihenfolge der Funktion samt den Werten der lokalen Variablen zum Zeitpunkt des Adressierungsfehlers mit dem `$C`-Befehl auslisten. Da wir in den oktalen Werten der Zeiger keinen Fehler erkennen, lassen wir das Programm mit `:r` nochmals laufen und setzen beim Absturz mit `:b` einen Haltepunkt. Mit `:c` wird das Programm fortgesetzt, und wir schreiben jedesmal beim Erreichen des Haltepunktes die Inhalte der vom Zeiger `myname` referenzierten Zellen aus. Da es sich dabei um einen Zeiger auf eine Zeichenkette (s. Kap. 3) handelt, muß er doppelt dereferenziert werden, um die einzelnen Zeichen anzusprechen. Bei diesem Vorgang wird klar, daß dieser Zeiger nicht wie beabsichtigt zeichenweise hochgezählt wird. Wir bewegen uns vielmehr mit jedem Durchgang um eine ganze Zeichenkette weiter und müssen uns daher über den Adressierungsfehler nicht wundern. Nach einem ausgedehnten Blick ins C-Handbuch wird klar, wieso statt des beabsichtigten Zeigers auf ein einzelnes Zeichen der Zeiger auf die ganze Zeichenkette erhöht wird: Die Zeile zum Ausschreiben der Zeichen

```
while (putchar(**myname++))
```

muß in

```
while (putchar(*(*myname)++))
```

abgeändert werden, weil die Operatoren * und ++ die gleiche Priorität haben und die Auswertung von rechts nach links erfolgt. Der Zeiger muß also zuerst *einmal* dereferenziert werden, bevor wir ihn erhöhen.

4.3 Werkzeuge zur Analyse formaler Sprachen

Ein wichtiger Bestandteil vieler Softwarepakete ist die Analyse von Benutzereingaben. Dabei unterscheidet man zwischen der *syntaktischen Analyse*, die die Überprüfung von „Rechtschreiberegeln" der Eingabe zum Gegenstand hat, und der *semantischen Analyse*, die den „Aussagegehalt" der Eingabe überprüft und verarbeitet. Wird beispielsweise eine Kundennummer eingegeben, so besteht die Syntaxprüfung in dem Test, ob lediglich Ziffern eingetippt wurden und ob die Zahl im gültigen Bereich für Kundennummern liegt. Die semantische Analyse, die der syntaktischen nachgelagert ist, würde dann beispielsweise testen, ob unter der eingegebenen Nummer tatsächlich ein Kunde vorhanden ist, und diesen von der Kundendatei gegebenenfalls auch einlesen.

In den weitaus meisten Fällen ist die syntaktische und semantische Analyse von Eingaben eine einfache Sache. Man denke etwa an die Eingabe von Schlüsselnummern, Codes, Texten, usw. Hin und wieder sieht sich der Softwareingenieur jedoch mit dem Problem konfrontiert, komplexere Eingabestrukturen analysieren und verarbeiten zu müssen. Nehmen wir als Beispiel für diesen Abschnitt einmal an, es sei als Teil eines Softwarepaketes ein einfaches Datei-Abfrageprogramm zu erstellen, da die zugrundeliegende Datenbanksoftware kein solches enthält.

Zur Illustration formulieren wir folgende Abfrage:

Drucke aus der Kundendatei die Kundennummer und den Kundennamen aller Kunden in der Region 3 sowie derjenigen Kunden in Region 5, die noch nicht mindestens 3 Vertreterbesuche hatten.

Die entsprechende, formale Spezifikation an unser Datei-Auswertungsprogramm:

```
drucke Kundendatei (KdNr,KdName) wobei
    Region=3 oder (Region=5 und AnzBesuche<=2)
```

Aus einer solchen Spezifikation hat unser Auswertungsprogramm eine Reihe von Befehlen an ein einfaches Listenprogramm zu erzeugen. Wir unterstellen dabei, daß eine Tabelle existiert, die für alle Dateifelder deren Position, Länge und Attribute enthält (eine Art *Data Dictionary*). Das Listenprogramm kann über diese Tabelle auf die Datensätze und Datenfelder zugreifen. Aus der vorangehenden Anfragespezifikation entständen dann beispielsweise folgende Instruktionen:

`SEL Kundendatei`	*eröffne Datei*
`PRT KdNr`	*drucke Kundennummer*
`PRT KdName`	*drucke Kundenname*
`TST Region,EQ,3`	*Region = 3?*
`TST Region,EQ,5`	*Region = 5?*
`TST AnzBesuche,LE,2`	*Anzahl Besuche < = 2?*
`AND`	*logisches UND*
`OR`	*logisches ODER*

Abb. 4.11 Befehle an ein Listenprogramm

Der Aufbau dieser Befehle entspricht der üblichen Instruktionsstruktur von stackorientierten Computern.

Die Übersetzung der ursprünglichen Abfragespezifikation in die Befehle an das Listenprogramm kann natürlich auch durch ein handgeschriebenes Programm vorgenommen werden. Wir wollen jedoch die Hilfsmittel kennenlernen, die uns UNIX zu diesem Zwecke bereitstellt. Es sind dies zwei Dienstprogramme:

`lex` Der *Scanner-Generator* `lex` erzeugt aus der formalen Spezifikation von Eingabemustern (*regular expressions*) einen lexikalischen Analysator. Dieser wird dazu verwendet, aus einem Eingabestrom von einzelnen Zeichen sogenannte Eingabepakete oder *Tokens* zu erzeugen.

`yacc` Der *Compiler-Generator* `yacc` erzeugt aus der formalen Beschreibung einer Grammatik einen syntaktischen Analysator (*parser*). Dieser Analysator zergliedert einen Eingabestrom bestehend aus Tokens in seine grammatikalische Grundstruktur, die zur weiteren Behandlung der Eingabe verwendet werden kann.

4.3.1 lex

Wie eben bemerkt, besteht die Eingabe an einen durch lex erzeugten Analysator aus einer Folge von einzelnen Zeichen. Die Aufgabe eines lexikalischen Analysators ist es nun, die Zeichenfolge in Bestandteile zu zergliedern, und diese Bestandteile zu Paketen oder, wie es in der Fachsprache heisst, zu Tokens zu verdichten. Dabei werden redundante Teile des Eingabestroms wie Leerstellen, Tabulatoren, Zeilenende-Zeichen, ggf. Kommentare usw. eliminiert.

Unser Abfragebeispiel

```
drucke Kundendatei (KdNr,KdName) wobei
    Region=3 oder (Region=5 und AnzBesuche<=2)
```

könnte in folgende Tokens zerlegt werden:

```
DRUCKE, NAME(Kundendatei), LKLAMMER, NAME(KdNr), KOMMA, NAME(KdName),
RKLAMMER, WOBEI, NAME(Region), GLEICH, ZAHL(3), ODER,
LKLAMMER, NAME(Region), ...usw...
```

Damit lex einen Analysator mit dem gewünschten Verhalten erzeugen kann, müssen wir die grammatikalische Struktur des Eingabestroms beschreiben und diese Beschreibung an lex übergeben. Der Kern der Beschreibung besteht aus einer Folge von Regeln, die festlegen, was bei Erkennen bestimmter Eingabemuster zu tun ist. Beispiele für lex-Regeln zeigt Abb. 4.12.

Eingabemuster	Aktion
`"<="`	`printf("Symbol kleiner-gleich erkannt\n");`
`[0-9]`	`printf("Ziffer erkannt\n");`
`[0-9]+`	`printf("Zahl erkannt\n");`
`[a-z][a-z0-9]*`	`printf("Name erkannt\n");`

Abb. 4.12 lex-Regeln

Jede Regel besteht aus der Angabe eines Eingabemusters, gefolgt von einer C- Anweisung, die bei Erkennung des Eingabemusters auszuführen ist. In diesen Beispielen wird lediglich ausgeschrieben, was für ein Eingabesymbol erkannt wurde. Die erste Regel erkennt genau die Zeichenfolge <=. In der zweiten Regel ist ein Zeichenbereich angegeben, das heißt, es werden genau die zehn Ziffern 0 bis 9 erkannt. Die eckigen Klammern bedeuten: *eines der enthaltenen Zeichen.* Durch Nachstellen von + oder * wird die Repetition des links davon stehenden Zeichens, bzw. der links davon stehenden Konstruktion angezeigt, wobei bei + mindestens ein Vorkommen erwartet wird, bei * das Vorkommen freiwillig ist. Das dritte Beispiel erkennt also eine Folge von einer oder mehreren Ziffern. Das letzte Beispiel erkennt Namen, wie sie in vielen Programmiersprachen definiert sind: ein Buchstabe gefolgt von beliebig vielen weiteren Buchstaben und Ziffern.

Neben den in diesen Regeln verwendeten Zeichen `[ ] + * -` kennt `lex` eine ganze Reihe weiterer Kontrollzeichen, für die auf das `lex`-Handbuch verwiesen sei.

Ein lexikalischer Analysator für unsere Dateiabfrage-Sprache würde wie folgt für `lex` spezifiziert (Abb. 4.13):

```
%%
drucke       printf("DRUCKE, ");
wobei        printf("WOBEI, ");
und          printf("UND, ");
oder         printf("ODER, ");
","          printf("KOMMA, ");
"("          printf("LKLAMMER, ");
")"          printf("RKLAMMER, ");
"="          printf("GLEICH, ");
"<"          printf("KLEINER, ");
">"          printf("GROESSER, ");
"<="         printf("KLGLEICH, ");
">="         printf("GRGLEICH, ");
"<>"         printf("UNGLEICH, ");
[0-9]+       printf("ZAHL(%s), ", yytext);
[a-zA-Z]+    printf("NAME(%s), ", yytext);
[ \n\t]*     ; Überlesen Blanks, Zeilenenden, Tabulatoren
.            printf("Falsches Zeichen(%s), ", yytext);
```

Abb. 4.13 lex-Regeln für ein Abfrageprogramm

`lex` speichert den auf ein Eingabemuster passenden, aktuellen Text in die Variable `yytext` ab. In Abb. 4.13 wird `yytext` zusammen mit den Tokens ZAHL und NAME ausgedruckt.

Legen wir diese `lex`-Spezifikation in die Datei `abfrage` ab, so erhalten wir durch

```
lex abfrage
cc lex.yy.c -lln
```

ein ausführbares Programm `a.out`, das uns aus der Eingabe

```
drucke Kundendatei (KdNr,KdName) wobei
    Region=3 oder (Region=5 und AnzBesuche<=2)
```

die folgende Ausgabe erzeugt:

```
DRUCKE, NAME(Kundendatei), LKLAMMER, NAME(KdNr), KOMMA,
NAME(KdName), RKLAMMER, WOBEI, NAME(Region), GLEICH, ZAHL(3),
ODER, LKLAMMER, NAME(Region), GLEICH, ZAHL(5), UND,
NAME(AnzBesuche), KLGLEICH, ZAHL(2), RKLAMMER,
```

Eine solche Verwendung eines von lex erzeugten lexikalischen Analysators als eigentliches Hauptprogramm ist jedoch nicht die Regel. Meist wird ein lexikalischer Analysator als sogenannte *Scannerfunktion* aufgerufen, die Code und allenfalls Wert des nächsten Tokens an den Aufrufer zurückgibt. Entsprechend umgeschrieben nähme die lex-Spezifikation für unseren Analysator die folgende Form an (Abb. 4.14):

```
%%
drucke        return(DRUCKE);
wobei         return(WOBEI);
und           return(UND);
oder          return(ODER);
","           return(KOMMA);
"("           return(LKLAMMER);
")"           return(RKLAMMER);
"="           return(GLEICH);
"<"           return(KLEINER);
">"           return(GROESSER);
"<="          return(KLGLEICH);
">="          return(GRGLEICH);
"<>"          return(UNGLEICH);
[0-9]+        return(ZAHL);
[a-zA-Z]+     return(NAME);
[ \n\t]*      ;
.             printf("Falsches Zeichen(%s)\n", yytext);
```

Abb. 4.14 lex-Regeln als Scannerfunktion

Die Codes für die einzelnen Tokens (NAME, GLEICH, ZAHL, RKLAMMER, usw.) müßten noch als Konstanten definiert werden. Diese Aufgabe nimmt uns jedoch yacc, den wir gleich anschließend behandeln werden, ab. Verwenden wir aber lex ohne yacc, so wären entsprechende #define-Anweisungen vor das %%-Symbol zu setzen, wobei die Token-Codes beliebige ganzzahlige Werte sein können.

4.3.2 yacc

Ein von lex erzeugter lexikalischer Analysator analysiert einen Eingabestrom von Zeichen auf bestimmte „Eingabemuster" und löst zugeordnete Aktionen aus. Der Compilergenerator yacc arbeitet auf einer höheren Stufe: yacc erzeugt aus einer durch semantische Aktionen ergänzten *kontextfreien Grammatik* einen Analysator, der einen Strom von Tokens syntaktisch zergliedert. Insbesondere kann ein durch yacc erzeugter Analysator auch rekursive syntaktische Strukturen erkennen, was außerhalb der Möglichkeiten von lex-Analysatoren liegt.

Das Ziel dieser übersichtartigen Darstellung der UNIX-Hilfsmittel zur Softwareentwicklung verbietet eine tiefere Einführung in yacc, sind doch zu dessen Verständnis einige Kenntnisse in der Theorie formaler Sprachen Voraussetzung. Für den in diesen Belangen versierten Informatiker sei erwähnt, daß yacc Bottom-Up-Parser für LALR(1) Grammatiken aus einer durch semantische Aktionen ergänzten BNF-ähnlichen Grammatik erzeugt.

Beherrscht man das Instrument yacc, was bei Kenntnis der Theorie formaler Sprachen mit wenig Aufwand möglich ist, so ist auch ein komplexerer Parser relativ schnell geschrieben. Als Beispiel schreiben wir das Datei-Abfrageprogramm nun vollständig in yacc-Syntax. Dazu benötigen wir vorerst die grammatikalische Definition der Abfrage in BNF-ähnlicher Notation (Abb. 4.15):

```
abfrage        : "drucke" NAME "(" feldliste ")" "wobei" ausdruck ;

feldliste      : feldname
               | feldname "," feldliste ;

feldname       : NAME ;

ausdruck       : bedingung
               | bedingung "und" ausdruck
               | bedingung "oder" ausdruck
               | "(" ausdruck ")" ;

bedingung      : NAME vergleichsop  ZAHL ;

vergleichsop   : "=" | "<" | ">" | "<=" | ">=" | "<>" ;
```

Abb. 4.15 BNF-ähnliche Grammatik der Abfragesprache

Beachten Sie, daß NAME und ZAHL nicht weiter definiert sind, da sie vom Scanner (bzw. lexikalischen Analysator) als ein einziges Token geliefert werden. Die Grammatik von Abb. 4.15 ändern wir nun leicht auf die yacc-Bedürfnisse ab und ergänzen sie durch Aktionen, die bei Erkennen der zugehörigen grammatikalischen Regel durchzuführen sind (Abb. 4.16). Der durch yacc erzeugte Analysator ruft automatisch einen durch lex erzeugten Scanner auf, wobei wir für unser Beispiel die Definition entsprechend Abb. 4.14 zugrundelegen.

```
%token  DRUCKE WOBEI UND ODER KOMMA LKLAMMER RKLAMMER GLEICH KLEINER
%token  GROESSER KLGLEICH GRGLEICH UNGLEICH ZAHL NAME
%%

abfrage         : DRUCKE NAME
                        { printf("SEL %s\n", yytext); }
                  LKLAMMER feldliste RKLAMMER WOBEI ausdruck ;

feldliste       : feldname
                | feldname KOMMA feldliste;

feldname        : NAME  { printf("PRT %s\n", yytext); } ;

ausdruck        : bedingung
                | bedingung UND ausdruck    { printf("AND\n"); }
                | bedingung ODER ausdruck   { printf("OR\n"); }
                | LKLAMMER ausdruck RKLAMMER ;

bedingung       : NAME  { printf("TST %s,", yytext); }
                  vergleichsop
                  ZAHL  { printf("%s\n", yytext); } ;

vergleichsop    : GLEICH          { printf("EQ,"); }
                | KLEINER         { printf("LT,"); }
                | GROESSER        { printf("GT,"); }
                | KLGLEICH        { printf("LE,"); }
                | GRGLEICH        { printf("GE,"); }
                | UNGLEICH        { printf("NE,"); } ;

%%
#include "lex.yy.c"       entspricht Abb. 4.14

main() {          /*----- Hauptprogramm -----*/
    yyparse();
}

yyerror(s)        /*----- Fehlerfunktion -----*/
char  *s;
{
    fprintf(stderr,"%s\n",s);
}
```

Abb. 4.16 yacc-Eingabe für die Dateiabfrage (Beispiel)

yacc erzeugt aus dieser Eingabe ein Übersetzungsprogramm. Dieses liefert beispielsweise aus der bereits öfters aufgeführten Musterabfrage

```
drucke Kundendatei (KdNr,KdName) wobei
    Region=3 oder (Region=5 und AnzBesuche<=2)
```

eine Ausgabe, wie sie in Abb. 4.11 wiedergegeben ist.

Die Funktion yyerror wird bei Erkennung eines Syntaxfehlers aufgerufen.

5 Textverarbeitung unter UNIX

Der Textverarbeitung kommt auch im Zusammenhang mit der Softwareentwicklung eine große Bedeutung zu (Programmdokumentation, Handbücher, Korrespondenz, Protokolle etc.). Deshalb ist es kaum erstaunlich, daß UNIX, das ja ursprünglich als Softwareentwicklungs-Umgebung konzipiert wurde, auch auf dem Gebiet der Textverarbeitung einige Werkzeuge anzubieten hat. Diese sind inzwischen sogar zu einer Art de facto Standard in der Textverarbeitungswelt geworden.

Der Kern dieser Textverarbeitungs-Software ist das Programm `troff`, das in diesem Kapitel zusammen mit weiteren UNIX-Textverarbeitungs-Werkzeugen anhand von Beispielen erklärt wird. Diese Beispiele sollen in erster Linie als Muster für die mit den Textverarbeitungs-Werkzeugen gegebenen Möglichkeiten dienen; dieses Kapitel ist nicht als eigentliche Benutzeranleitung aufgebaut.

5.1 Die Textverarbeitung mit `troff`

`troff` liest einen mit Formatierbefehlen durchsetzten Rohtext und erzeugt daraus Steueranweisungen zur Darstellung des Textes auf einem Druckgerät. Der Titel und die ersten Zeilen dieses Abschnitts wurden beispielsweise aus folgendem Rohtext produziert:

```
.T2 5.1 "Die Textverarbeitung mit \f(TTtroff\fR"
\f(TTtroff\fR liest einen mit Formatierbefehlen durchsetzten
Rohtext und erzeugt daraus Steueranweisungen zur Darstellung des
Textes auf einem Druckgerät. Der Titel und die ersten Zeilen
```

Die eingestreuten Formatierbefehle bestimmen, wie der Text dargestellt werden soll, zum Beispiel, daß das Wort `troff` im Schreibmaschinen-Font (TT für *tele-type*) zu erscheinen hat. Da während des Erstellens des Rohtextes die Formatierbefehle nur formuliert, nicht aber ausgeführt werden, und da der gesamte Text später durch `troff` in einem Schub verarbeitet wird, spricht man von einem *batchorientierten Formatiersystem.* Im Gegensatz dazu existieren heute dialogorientierte Formatierprogramme wie zum Beispiel das auf Personal Computern verbreitete *Wordstar.* Bei diesen Systemen erfolgt die Formatierung des Textes direkt am Bildschirm und kann deshalb mitverfolgt werden. Erst wenn die Darstellung den Bedürfnissen entspricht, veranlaßt der Benutzer das Drucken des Textes. Vorteil eines batchorientierten Formatierprogramms ist die größere Palette an Möglichkeiten für die Textdarstellung. Der große Nachteil besteht darin, daß zur Beurteilung des Textbildes immer zuerst das ganze Dokument formatiert und gedruckt werden muß.

Häufig wird ein Editor ebenfalls zu den Hilfsmitteln für die Textverarbeitung gerechnet. Wir sehen aber das Vorhandensein eines guten (Ganzseiten-) Editors als Grundvoraussetzung für einen sinnvollen Einsatz von `troff` an.

Die erste Version von `troff` wurde 1973 bei den *Bell Laboratories* in PDP-Assemblersprache geschrieben. Neben `troff` wurde das Programm `nroff` entwickelt, das Texte für die Ausgabe auf einfacheren Druckgeräten mit festen Zeichenbreiten und fester Schriftgröße aufbereitet (Typenrad-, Matrix-, Zeilendruckern usw.). Da `troff` alle Funktionen von `nroff` beinhaltet, wird im folgenden nicht weiter auf `nroff` eingegangen.

Nach der ersten Entwicklungsstufe von `troff` wurde dieses Textverarbeitungs-Werkzeug durch eine Reihe von Preprozessoren ergänzt. Diese Preprozessoren werden verwendet für:

- Tabellensatz (Preprozessor `tbl`)
- Mathematischen Formelsatz (Preprozessor `eqn`)
- Automatisches Erstellen von Literaturverzeichnissen (Preprozessor `refer`)
- Erzeugen von Diagrammen (Preprozessor `pic`)

Die Preprozessoren formen höhere Formatieranweisungen in Teilen des Rohtextes in normale `troff`-Befehle um. Die Preprozessoren laufen, wie der Name sagt, als dem `troff` vorgeschaltete Programme ab (Abb. 5.1).

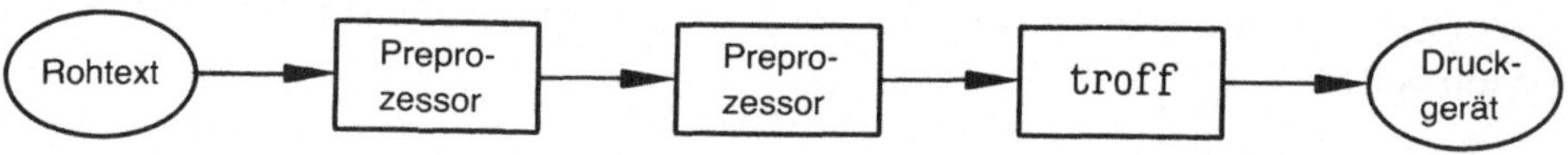

Abb. 5.1 Preprozessor-Struktur

Der Verwendung von Preprozessoren wurde der Vorzug gegenüber einem funktionellen Ausbau von `troff` gegeben. Dies aus zwei Gründen: Erstens wegen der beschränkten Computerkapazitäten zu der Zeit, als `troff` erstmals zur Anwendung kam. Zweitens (und das zählt auch heute noch) wird die in UNIX sehr gut unterstützte Möglichkeit des modularen Softwareaufbaus ausgenutzt. Erweiterungen oder Änderungen einzelner Komponenten des Formatiersystems sind ohne großen Aufwand durchzuführen, und das ganze Programmpaket bleibt übersichtlich. So ist z.B. für die Bearbeitung deutschsprachiger Texte ein weiterer Preprozessor für die Umlautverarbeitung und das automatische Einstreuen von Trennfugen sinnvoll.

Die erste Version von troff produzierte nur Code für das Satzgerät *CAT/4* und war in ihrem inneren Gefüge stark an dieses Fotosatzgerät angepaßt. 1979 begann man, das troff-Programm umzuschreiben. Die *CAT*-Orientierung wurde aufgegeben und ein geräteunabhängiger *ASCII*-Zwischencode als Ausgabe definiert. Die eigentliche Ausgabe wird mit einem gerätespezifischen Postprozeßor erzeugt, der diesen geräteunabhängigen Zwischencode in Steuerbefehle für ein spezifisches Druck- oder Satzgerät umwandelt. 1982 wurde dieser neue troff als *Typesetter-independent TROFF* veröffentlicht. Dazu sind heute viele Postprozessoren verfügbar, neue können mit relativ wenig Aufwand erstellt werden.

5.2 troff-Formatierbefehle

Zur Erzeugung eines Textes in einer bestimmten Gestalt wird der Rohtext, wie eingangs dieses Kapitels erwähnt, mit Formatierbefehlen durchsetzt. troff kennt zwei verschiedene Arten von Formatierbefehlen:

- Befehlszeilen, die mit einem Punkt beginnen, und
- Befehle im laufenden Text, die mit einem Umschaltzeichen \ gekennzeichnet werden.

Hier ein Rohtext-Beispiel:

```
.ft R               Schriftart Times Roman
Das ist Eingabetext. Es folgt ein Befehl.
.sp 0.5             eine halbe Leerzeile einschieben
Und weiter geht es mit dem kursiven Wort \fIEnde\fR.
```

Und der gleiche Text nach dem Formatieren:

Das ist Eingabetext. Es folgt ein Befehl. Und weiter geht es mit dem kursiven Wort *Ende.*

Mit troff lassen sich u.a. folgende Formatierparameter kontrollieren:

- Seitengröße
- Zeilenlänge
- Horizontale und vertikale Abstände
- Tabulationen
- Schriftarten (Fonts) und Schriftgrößen
- Satzarten (Blocksatz, Flattersatz, zentrierter Satz)

Zur Illustration einige typische, einfachere troff-Formatierbefehle (Abb. 5.2):

`.pl 30c`	*30 cm Seitenlänge,* `pl` *= page length*
`.po 1i`	*1 inch vom linken Rand entfernt,* `po` *= page offset*
`.in 1.5c`	*rücke 1.5 cm ein,* `in` *= indent*
`.ll 20c`	*20 cm Zeilenlänge,* `ll` *= line length*
`.ad`	*gleiche Rand aus,* `ad` *= adjust*
`.fi`	*fülle Text auf,* `fi` *= fill*
`.ce 3`	*zentriere 3 Zeilen,* `ce` *= center*
`.ft I`	*schreibe kursiv,* `ft` *= font,* `I` *= italics = kursiv*

Abb. 5.2 Auswahl von *troff*-Befehlen

Beispiele für Befehle, die direkt in den laufenden Text eingefügt werden, wären (Abb. 5.3):

`\d`	*eine halbe Zeile nach unten,* `d` *= down*
`\u`	*eine halbe Zeile nach oben,* `u` *= up*
`\(`*xx*	*Spezialzeichen mit dem Code xx*
`\s+`*n*	*Schriftgröße um n Einheiten erhöhen,* `s` *= size*
`\s-`*n*	*Schriftgröße um n Einheiten herabsetzen*
`m\u2a\d`	*ergibt* m²a
`H\d\s-42\s+4\uO`	*ergibt* H_2O
`\(->\(*a`	*ergibt* →a

Abb. 5.3 Auswahl von `troff`-Befehlen

Die bisher beschriebenen Befehle werden als `troff`-Primitivbefehle bezeichnet, da jeweils nur eine einzelne Aktion veranlaßt wird. Zur Erweiterung und auch zur Vereinfachung des Umgangs mit `troff` besteht die Möglichkeit, Makros einzusetzen (s. 5.3). In Makros werden häufig benötigte Befehlsgruppen unter einem Namen zusammengefaßt.

Als Beispiel betrachten wir eine vereinfachte Makro zur Einleitung eines neuen Abschnitts (Abb. 5.4).

`.de Pm`	*Definition der Abschnittsmakro,* `de` *= define*
`.br`	*letzte Zeile fertig ausgeben,* `br` *= break*
`.sp 2`	*2 Zeilen Abstand,* `sp` *= space*
`.ne 3`	*mindestens 3 Zeilen bis Seitenende?,* `ne` *= need*
`.ti 1c`	*1 cm einrücken,* `ti` *= temporary indent*
`..`	*Ende der Makrodefinition*

Abb. 5.4 Eine Abschnitt-Makro

Bereits ein so kleines Problem wie der Beginn eines Abschnitts erfordert einigen Befehlsaufwand. Wenn man `troff` „pur“, das heißt ohne Makros anwendet, ist der Umgang mit `troff` vergleichbar mit der Programmierung in Assemblersprache. `troff` unterstützt Seitenköpfe, Seitenfüße, mehrspaltigen Ausdruck, Fußnoten etc. *nicht* direkt, enthält aber einige programmiersprachliche Konzepte, die in Makros zur Implementierung komplexerer Formatierbefehle verwendet werden:

- *Blockstruktur* zur Beschreibung verschiedener Umgebungen. Einer Umgebung entspricht ein bestimmter textlicher Zusammenhang, z.B. die Fußnotenumgebung, Überschriftenumgebung, Seitenkopfumgebung etc. Jede Umgebung hat ihre eigenen Bestimmungsgrößen, und es können dafür Werte vorgegeben werden, z.B. die Schriftart und -größe etc.
- *Definition von Variablen.* Es sind sowohl Zeichenketten als auch Zahlenregister als Variablen möglich.
- Eine Art *Prozeduren mit Parameterübergabe* in Form von Makros. Diese Prozeduren können auch eine rekursive Struktur aufweisen.
- *Bedingungsanweisungen* (If-Then-Else Konstruktionen).
- Möglichkeit zum *Wechsel der Eingabedatei.*
- Asynchrone *Unterbrechungen* bei Auftreten bestimmter Ereignisse.

5.3 Makro-Bibliotheken

Der normale `troff`-Benutzer wird also nicht ausschliesslich mit den primitiven `troff`-Befehlen arbeiten, sondern sich auf einige wenige höhere Befehle (Makros) konzentrieren. Bei der Verwendung von Makros muß somit nicht mehr angegeben werden, wie die Textgestaltung aus einzelnen Befehlen erfolgen soll, sondern wie der formatierte Text gestaltet sein soll. Der Befehl `.2C` beispielsweise genügt, um zu spezifizieren, daß der folgende Text zweispaltig gedruckt werden soll (`2C` = *two columns*).

Verschiedene Makro-Pakete stehen dem Anwender zur Verfügung. Die zwei populärsten sind die `mm` und `ms` genannten Makro-Bibliotheken. Mit einer Option kann beim Aufruf von `troff` angegeben werden, welche Makro-Bibliothek man einsetzen möchte. Es besteht auch die Möglichkeit, eine selbst zusammengestellte Makro-Bibliothek zu bestimmen oder die bestehenden Bibliotheken an eigene Anforderungen anzupassen. In einer Büroumgebung ist vielleicht eine Brief-Makro nützlich, die Funktionen für Briefkopf, Adresse des Empfängers und Unterschriftsblock enthält.

Sowohl die `ms`- als auch die `mm`-Makro-Bibliothek unterstützen eine ansprechende Textgestaltung mit relativ einfachen Befehlen. Die `mm`-Makros sind etwas anspruchsvoller als die Makros der `ms`-Bibliothek und bieten auch eine größere Auswahl an Möglichkeiten zur Textgestaltung. `mm` wurde vor allem zur Produktion von wissenschaftlichen Texten und Büchern geschaffen, weniger für Büroschriftstücke. Zur Veranschaulichung des Funktionsumfanges typischer Makro-Bibliotheken betrachten wir einige Makro-Befehle aus der `ms`-Bibliothek (Abb. 5.5):

`.PT`	*Seitenkopf, page title*
`.BT`	*Seitenfuß, bottom title*
`.PP`	*Beginn eines Paragraphen bzw. Abschnitts*
`.IP`	*Beginn eingerückter Paragraph, indented paragraph*
`.UL`	*Unterstreichen, underline*
`.CH`	*Kapitel, chapter heading*
`.SH`	*Abschnitt, section heading*
`.SS`	*Unterabschnitt, subsection*
`.FS`	*Start der Fußnote, footnote start*
`.FE`	*Ende der Fußnote, footnote end*
`.DS`	*Beginn eines zusammenhängenden Textblockes, display start*
`.DE`	*Ende Textblock, display end*
`.2C`	*zweispaltiges Textformat, 2 columns*

Abb. 5.5 Auswahl von `ms`-Makro-Befehlen

5.4 Preprozessoren

Die Preprozessoren analysieren, wie bereits früher bemerkt, speziell gekennzeichnete Teile des Rohtextes und formen die darin enthaltenen höheren Befehle in `troff`-Formatieranweisungen um. Diese werden dann durch das nach allen Preprozessoren ablaufende `troff`-Programm verarbeitet. Für den Benutzer besteht der ganze Formatierablauf aus einem einzigen Befehl, zum Beispiel bei Verwendung des Tabellen- und Formelpreprozessors:

`tbl` *dateiname* `| eqn | troff`

Die Datei *dateiname* enthält Rohtext vermischt mit Tabellen- und Formeldefinitionen. Deshalb ruft der Benutzer die beiden Preprozessoren `tbl` und `eqn` auf. Der durch diese Preprozessoren verarbeitete Text geht weiter als Eingabe an das `troff`-Programm. Dank des Pipe-Mechanismus (s. 2.3) müssen keine Temporärdateien gebildet werden.

5.4.1 eqn

Mathematische Formeln und Gleichungen lassen sich mit dem Preprozessor eqn ohne großen Aufwand darstellen. Dazu werden keine Spezialzeichen und Steueranweisungen verwendet, sondern die Formel wird durch bestimmte Schlüsselwörter beschrieben. Diese Schlüsselwörter entsprechen weitgehend dem mündlichen Vorlesen einer Formel in englischer Sprache.

$$\frac{1}{2\pi} \int_{-\infty}^{\sqrt{y}} \left(\sum_{k=1}^{n} \sin^2 x_k(t) \right) \left(f(t) + g(t) \right) dt$$

Beim Sprechen dieser Formel erhält man beinahe schon die eqn-Definition für die Formel aus Abb. 5.6, wobei die geschweiften Klammern } und { gruppenbildenden Charakter haben (Metazeichen):

```
.EQ
1 over {2 pi}
int from {- inf} to {sqrt y}
left ( sum from k=1 to n sin sup 2 x sub k (t) right )
left ( f(t) + g(t) right ) dt
.EN
```

Abb. 5.6 eqn-Eingabe

Die Anweisungen .EQ (für *equation* = *Gleichung*) und .EN kennzeichnen Beginn und Ende der Formeldefinition.

5.4.2 tbl

Eine Tabelle, die mit dem Preprozessor tbl (*table layout*) erstellt werden soll, ist durch Beginn- (.TS) und Endezeilen (.TE) zu markieren. Bevor der eigentliche Text einer Tabelle beschrieben wird, definiert man das gewünschte Format dieser Tabelle (in Abb. 5.7 auf den ersten drei Zeilen nach .TS). Die Spalten werden automatisch ausgerichtet. Die Tabelle kann auf verschiedene Arten eingerahmt werden. Durch ein selbstwählbares Tabulatorzeichen trennt man die einzelnen Textelemente.

```
.TS                        table start, Beginn der Tabelle
tab(*),box;                * als Tabulationszeichen, Rahmen um Tabelle
cfI s s                    erste Zeile: zentriert über alle Spalten, Schrift kursiv
l | c | c.                 restliche Zeilen: links, zentriert, zentriert
Seen in der Schweiz
_
See*Fläche (km\u2\d)*Tiefe (m)
_
Genfersee*581*310
Neuenburgersee*216*153
Katzensee*1*15.3
.TE                  table end, Ende der Tabelle
```

Abb. 5.7 tbl-Eingabe

Mit dieser Eingabe erhält man folgende Tabelle:

Seen in der Schweiz		
See	Fläche (km^2)	Tiefe (m)
Genfersee Neuenburgersee Katzensee	581 216 1	310 153 15.3

5.4.3 pic

Der Preprozessor pic erlaubt die Beschreibung von Figuren in Form von Strichgrafiken. Die Bestandteile der Figuren werden mit aussagekräftigen Namen wie ellipse, box, arc, arrow, circle etc. bezeichnet (s. Abb. 5.8). Zu den Figuren werden falls erforderlich Eigenschaften angegeben. -> cw z.B. bezieht sich auf arc und bedeutet: Es soll ein Bogen im Uhrzeigersinn (cw = *clockwise*) mit einer Pfeilspitze (->) gezeichnet werden.

In Apostrophe eingeschlossener Text wird automatisch in die Figurenelemente integriert. Ohne spezifischen Vermerk werden die Bestandteile einer Figur von links nach rechts angeordnet. Die einzelnen Elemente der Figuren besitzen vordefinierte Maße, die jedoch beliebig abgeändert werden können.

```
.PS         picture start
ellipse     "Start"; arrow "Schrei-" "ben"
B1:box      "Text" "tippen"; arrow
B2:box      "ver-" "bessern"; arrow
E2:ellipse"Ende"
arc -> cw from top of B1 to top of E2
arc -> cw from bottom of B2 to bottom of B1
.PE         picture end
```

Abb. 5.8 pic-Eingabe

Die erzeugte Grafik hat folgendes Aussehen:

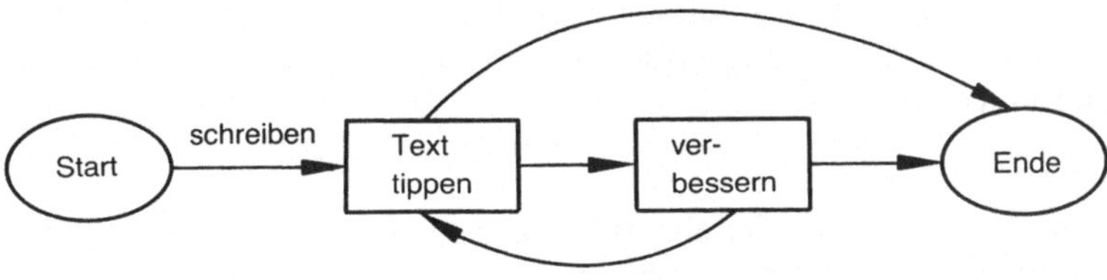

5.5 Zur Komplexität von troff

Es könnte nun leicht das Gefühl enstehen, die oben beschriebenen Werkzeuge zur Textverarbeitung seien recht kompliziert. Will man die vollen Möglichkeiten von troff und seinen Preprozessoren ausnützen, dann trifft dieses Gefühl auch durchaus zu. Tatsächlich werden aber von der Fülle der möglichen Befehle, von denen in diesem Kapitel ein kleiner Teil gezeigt wurde, im Normalfall nur wenige verwendet. Man kann grob sagen, daß etwa 80% der Texte mit höchstens 20% der zur Verfügung stehenden Befehle zu beschreiben sind. Erst bei besonderen Gestaltungswünschen wird die Verwendung zusätzlicher Befehle notwendig. Für das vorliegende Buch wurde die mm-Makro-Bibliothek verwendet. Lediglich für die Beschreibung der Programmbeispiele und der Titel wurden zusätzliche, eigene Makros erstellt.

6 Datensicherung und -wiederherstellung

Unter *Datensicherung* (*dumps*) verstehen wir im folgenden das Erstellen von Sicherungskopien des auf Direktzugriffsspeichern gehaltenen Datenbestandes. Die *Wiederherstellung* von Daten (*restore*) ist der umgekehrte Vorgang, die Rückübertragung der Daten ab Sicherungskopien auf irektzugriffsspeicher.

Von vernachlässigbar wenigen Ausnahmen abgesehen, muß jeder Computerbenutzer früher oder später auf Sicherungskopien seines Datenbestandes zurückgreifen. Gründe dafür können sein:

- Der Benutzer hat irrtümlich Dateien oder ganze Verzeichnisse gelöscht. Gerade in der Softwareentwicklung geschieht dies relativ oft. Um langwierige Wiederholungsarbeiten von vielfach nur mehr schwer rekonstruierbaren Aktivitäten zu vermeiden, ist der Softwareentwickler auf junge Sicherungskopien angewiesen.

- Durch Soft- oder Hardwarefehler entstand ein irreparables Dateisystem, auf dem nicht mehr alle Daten zugreifbar sind. Die Ursache für dieses Problem ist heutzutage meist in einem Fehlverhalten von privilegierten Benutzern (z.B. des Systemadministrators) zu suchen. Die Hardware ist sehr zuverlässig geworden, kann man doch für moderne Plattenperipherie mit einer mittleren Zeit zwischen zwei Ausfällen (= MTBF, *mean time between failure*) von über einem Jahr rechnen.

- Wegen eines Head Crash oder einer Fehlfunktion der Kontrollelektronik sind Daten auf Platte physisch zerstört. Mit Festplatten tritt dies nur noch äußerst selten auf.

In solchen oder ähnlichen Situationen ist der einzelne Benutzer oder der Systemadministrator darauf angewiesen, auf Sicherungskopien zurückgreifen zu können.

Wir können zwischen zwei grundsätzlich verschiedenen Arten von Datensicherung unterscheiden, die im folgenden getrennt behandelt werden:

1. Dateisystemkopien (*image copies*), bei denen ein ganzes Dateisystem als Einheit kopiert wird.

2. Dateisicherungen (*file dumps*), bei denen ein Datenbestand Datei um Datei kopiert wird.

6.1 Dateisystemkopien

Eine Dateisystemkopie wird erstellt, indem das zu sichernde Dateisystem physisch sequentiell, Byte für Byte, kopiert wird, ohne auf irgendwelche Datei- und Verzeichnisstrukturen zu achten. Umgekehrt wird bei Bedarf die Dateisystemkopie wieder Byte für Byte auf den ursprünglichen Datenträger zurückkopiert. Ein selektives Zurückspeichern einzelner Dateien ist ab einer Dateisystemkopie nicht möglich.

Im allgemeinen ist das Erstellen und Zurückspeichern von Dateisystemkopien einfach durchzuführen und um einiges schneller als Dateisicherungen. Außerdem kann eine Dateisystemkopie ohne Unterstützung des Betriebssystems erstellt und rückkopiert werden, da der Transfer ja nicht auf den Dateibehandlungs-Mechanismen von UNIX aufbaut. Auf den meisten Computeranlagen stehen zu diesem Zweck sogenannte *Stand-Alone*-Kopierprogramme zur Verfügung.

Die mancherorts (und nicht nur unter UNIX) praktizierte regelmäßige Datensicherung durch Dateisystemkopien ist aus zwei Gründen nur mit Vorsicht anzuwenden:

1. Das Bedürfnis nach Wiederherstellung einzelner Dateien tritt weitaus häufiger auf als nach Wiederherstellung ganzer Dateisysteme, vor allem in der Softwareentwicklung. Es kommt eben öfter vor, daß ein Benutzer seine Daten partiell zerstört, als daß eine ganze Platte zerstört wird. Die selektive Rückspeicherung einzelner Dateien ab Dateisystemkopie ist aber nicht direkt möglich.

2. Bei einer Dateisystemkopie werden auch die schlechten Sektoren von Platten kopiert (*bad blocks*), Teile also, die im normalen Betrieb durch Vorkehrungen des Systemadministrators und des Betriebssystems nicht belegt werden. Unter Umständen entsteht beim Lesen oder Zurückschreiben von schlechten Sektoren ein E/A-Fehler. Besonders problematisch wird die Verwendung von Dateisystemkopien, sobald nicht auf dieselbe Platte zurückkopiert wird, von der die Dateisystemkopie erstellt wurde. Dabei kann leicht die Situation eintreten, daß gute Daten auf schlechte Sektoren und schlechte Daten auf gute Sektoren kopiert werden, was bei der nachfolgenden Verwendung der Daten zu Fehlern führt.

Auch die Praxis, auf allen Platten die Vereinigungsmenge der schlechten Sektoren aller Platten zu sperren, ist nur eine temporäre Lösung dieses Problems. Im Laufe der Zeit werden nämlich mit großer Wahrscheinlichkeit weitere schlechte Sektoren dazukommen, sei es auf neu angeschlossenen oder auf bestehenden Platten.

Dateisystemkopien sollten lediglich als Notbestand für das Hochfahren von UNIX auf einem „nackten" System angelegt werden. Dazu wird eine Kopie des UNIX-Wurzeldateisystems mit einem *Stand-Alone*-Kopierprogramm auf die Platte rückkopiert. Das Vorhandensein einer Sicherungskopie zu diesem Zweck ist allerdings ein absolutes Erfordernis. Unter UNIX wird jedoch hierzu in der Regel das in 6.2ff besprochene Programm `dump` und der sogenannte *Stand-Alone Restore* verwendet.

Für die Erstellung und Rückspeicherung von Dateisystemkopien steht das UNIX-Dienstprogramm `dd` zur Verfügung. `dd` wurde zwar nicht speziell für die Behandlung von Dateisystemkopien erstellt, eignet sich aber gut dazu. Das folgende Beispiel zeigt eine *shell*-Prozedur zur Erzeugung einer Dateisystemkopie des Wurzeldateisystems auf Magnetband (Abb.6.1):

```
echo "********** Sicherung Dateisystem d1 **********"
echo "Spannen Sie das Sicherungsband ein, dann druecken Sie <RETURN>"
read x
dd if=/dev/rd1 of=/dev/rmt0 bs=22b
echo "Ende Sicherung Dateisystem d1"
```

Abb. 6.1 Erzeugen einer Dateisystemkopie

Beachten Sie die Angabe eines Blockierungsfaktors (bs=22b) und die Verwendung der rohen Spezialdateien (/dev/rmt0 und /dev/rd1). Eine vernünftige Blockierung und der Datentransfer über die rohen Spezialdateien führen zu einer erheblichen Leistungssteigerung des Kopiervorganges und in einer besseren Platzausnützung auf Magnetband.

Die Gerätenamen d1 und mt0 werden hier stellvertretend für den entsprechend der lokalen Installation benötigten Plattenspeicher- und Magnetband-Gerätenamen verwendet.

Ein vernünftiges Dateisystemkopien- Datensicherungs- und wiederherstellungsprozedere mit dd ist erst mit zwei Plattenstationen möglich: Zur Rückspeicherung von Daten wird die Dateisystemkopie auf eine leere Platte übertragen. Von dieser werden sodann die benötigten Dateien auf die andere Platte kopiert. Natürlich ist mit dd auch eine Platte-zu-Platte-Dateisystemkopie durchführbar.

6.2 Dateisicherungen

Bei einer Dateisicherung (*file dump*) wird ein ganzes Dateisystem so auf ein sequentielles Speichermedium übertragen (in der Regel auf Magnetband), daß sowohl das Dateisystem als Ganzes wie auch selektiv einzelne Dateien rückgespeichert werden können.

Das UNIX-Standardprogramm zur Erzeugung von Dateisicherungen ist dump. Dieses Dienstprogramm schreibt zuerst ein Inhaltsverzeichnis der auf der Sicherungskopie enthaltenen Dateien auf das Sicherungsmedium, gefolgt von den Datenblökken der Dateien. Das symmetrische Gegenstück zu dump ist das Dienstprogramm restor. restor kann zur Wiederherstellung ganzer Dateisysteme oder einzelner Dateien verwendet werden.

dump basiert auf zehn Sicherungsstufen für jedes Dateisystem. In eine Sicherung der Stufe $n (0 \leqslant n \leqslant 9)$ werden alle Dateien einbezogen, die seit dem jüngsten, auf einer tieferen Stufe m ($m < n$) vermerkten Sicherungsdatum modifiziert oder neu erstellt wurden. Eine solche Sicherung nennt man *inkrementelle Sicherung*. Sicherungen der Stufe 0 umfassen immer alle Dateien, sie sind also nicht inkrementell sondern total.

Die Datei `/etc/ddate` enthält in codierter Form (s. UNIX-Handbuch, *DUMP(5)*) die Sicherungszeit aller Stufen sämtlicher Dateisysteme. Die Datei `/etc/ddate` wird vom Programm **dump** konsultiert und nachgetragen.

6.2.1 Organisation von Sicherungsläufen

Eine Sicherungsorganisation, die sich in der Praxis gut bewährt hat, ist eine Aufteilung der Sicherungen in:

- Monatssicherung: Sicherung der Stufe 0 (totale Sicherung). Wird jeweils am Monatsletzten durchgeführt.
- Wochensicherung: Sicherung der Stufe 1 (inkrementelle Sicherung auf die Monatssicherung). Wird jeweils am Freitagabend oder am Montagmorgen durchgeführt.
- Tagessicherung: Sicherung der Stufe 9 (inkrementelle Sicherung auf die Wochensicherung). Wird automatisch jeden Dienstag bis Samstagmorgen um ca. 3 Uhr durchgeführt.

Es empfiehlt sich, die Monatssicherungen für längere Zeit aufzubewahren, die Wochensicherungen während eines Quartals nicht zu überschreiben und die Tagessicherungen während einer Woche zur Seite zu legen.

6.2.2 Monatssicherung

Die folgende *shell*-Prozedur kann zur Durchführung einer Monatssicherung verwendet werden (Abb. 6.2):

```
echo "***** Monatssicherung *****"
echo "Spannen Sie das Band fuer die Sicherung des Dateisystems"
echo "d1 ein, dann druecken Sie <RETURN>"
read x
dump -u0 /dev/rd1
echo "Ende Sicherung d1"
echo "Spannen Sie das Band fuer die Sicherung des Dateisystems"
echo "d3 ein, dann druecken Sie <RETURN>"
read x
dump -u0 /dev/rd3
echo "Ende Sicherung d3"
```

Abb. 6.2 Beispiel einer Monatssicherung

Die Anweisungen read x dienen zum Abwarten einer beliebigen Eingabe auf dem Terminal als Quittung, daß die Bandstation zur Sicherung bereit ist. Die Ziffer in den dump-Optionen spezifiziert die Stufennummer der Sicherung (oben also 0 für die Monatssicherung). Für die genaue Syntax des dump-Befehls ist das UNIX-Handbuch zu konsultieren.

6.2.3 Wochensicherung

Die *shell*-Prozedur zur Durchführung von Wochensicherungen (Abb. 6.3) entspricht bis auf die Stufennummer der Monatsprozedur.

```
echo "***** Wochensicherung *****"
echo "Spannen Sie das Band fuer die Sicherung des Dateisystems"
echo "d1 ein, dann druecken Sie <RETURN>"
read x
dump -u1 /dev/rd1
echo "Ende Sicherung d1"
echo "Spannen Sie das Band fuer die Sicherung des Dateisystems"
echo "d3 ein, dann druecken Sie <RETURN>"
read x
dump -u1 /dev/rd3
echo "Ende Sicherung d3"
```

Abb. 6.3 Beispiel einer Wochensicherung

6.2.4 Tagessicherung

Da die Tagessicherung am besten nachts und automatisch durch einen Eintrag in der /usr/lib/crontab gestartet wird, muß die *shell*-Prozedur für einen *Background Job* geschrieben werden, der keine Verbindung zu einem Terminal hat (Abb. 6.4).

```
echo "***** Tagessicherung *****" >/dev/console
echo "Sicherung Dateisystem d1"   >/dev/console
dump -u9f /dev/nrmt0  /dev/rd1    >/dev/console  2>/dev/console
echo "Ende Sicherung d1"          >/dev/console
echo "Sicherung Dateisystem d3"   >/dev/console
dump -u9 /dev/rd3                 >/dev/console  2>/dev/console
echo "Ende Sicherung d3"          >/dev/console
```

Abb. 6.4 Beispiel einer Tagessicherung

Hier werden beide Sicherungen hintereinander auf dasselbe Band geschrieben. Damit das Band nach der Sicherung des Dateisystems d1 nicht zurückgespult wird, gibt man als Ausgabedatei explizit die Spezialdatei `/dev/nrmt0` an (`nrmt0`: *norewind raw magnetic tape 0*).

Bei einer automatischen nächtlichen Sicherung muß natürlich das Magnetband während der ganzen Nacht eingespannt bleiben. Dies ist mit Kassettenbändern (*tape cartridges*) kein technisches Problem. Werden normale Halbzollbänder verwendet, ist ein Techniker zu fragen, ob die Magnetbandstation für Dauerbetrieb zugelassen ist oder nicht.

`dump` kann nicht nur auf Magnetband schreiben, sondern auf eine beliebige Datei. Deshalb ist es durchaus möglich, die nächtliche Tagessicherung auf eine gewöhnliche Plattendatei in einem nicht durch die Sicherung betroffenen Dateisystem zu schreiben. Am Morgen kann dann diese Datei auf Magnetband kopiert werden. Dieses Vorgehen hat außerdem den Vorteil, daß die letzte Sicherung stets auf Platte verfügbar ist. Der erhöhte Bedarf an Speicherplatz fällt dabei allerdings negativ ins Gewicht.

6.2.5 Rückspeichern eines ganzen Dateisystems

Mit der Anweisung

`restor -r` *Dateisystem*

wird das ganze angegebene Dateisystem rückgespeichert. Dies sollte, um ungewünschten Interaktionen mit Benutzern vorzubeugen, immer im sogenannten *Single-User*-Modus geschehen (s. UNIX-Handbuch). Einen Sonderfall stellt die Rückspeicherung des Wurzeldateisystems dar, von welchem ja das während der Rückspeicherung laufende UNIX geladen wurde, das nun von `restor` überschrieben wird. Um zu verhindern, daß das laufende UNIX etwas an dem eben rückgespeicherten Wurzeldateisystem verändert, muß sofort nach Ende von `restor` das System **ohne** vorgängigen sync-Befehl neu gestartet werden. sync schreibt die im Hauptspeicher residenten Informationen des Dateisystems auf Platte aus (s. 6.5).

Die Befehle in Abb. 6.5 zeigen, wie zuerst die Monatssicherung, dann die Wochensicherung und dann die Tagessicherung auf das Dateisystem `d1` rückgespeichert wird:

```
echo "Sind Sie im single-user Betrieb? Wenn ja <RETURN>"
read x
echo "Spannen Sie das Quartalssicherungsband ein <RETURN>"
read x
restor -r /dev/rd1
echo "Nun starten Sie das System OHNE SYNC neu!"
```

Abb. 6.5 Vollständige Rückspeicherung des Wurzeldateisystems

Falls das System nicht mehr korrekt gestartet werden kann, muß die Monatssicherung mit dem *Stand-Alone*-restor rückgespeichert werden.

Nach dem Neustart wird mit folgender *shell*-Prozedur die Wochensicherung und schließlich die Tagessicherung rückgespeichert (Abb. 6.6):

```
fsck /dev/rd1
echo "Spannen Sie das Wochensicherungsband ein <RETURN>"
read x
restor -r /dev/rd1
fsck /dev/rd1
echo "Spannen Sie das Tagessicherungsband ein <RETURN>"
read x
restor -r /dev/rd1
fsck /dev/rd1
```

Abb. 6.6 Rückspeicherung der Wochen- und Tagessicherung

Beachten Sie, daß sicherheitshalber nach **jeder** Rückspeicherung das Dateisystem-Prüfprogramm fsck (s. 6.5) ausgeführt werden sollte.

Die Tagessicherung wurde entsprechend Abb. 6.4 so organisiert, daß die beiden Dateisysteme hintereinander auf dasselbe Magnetband geschrieben werden (d.h. als zwei Dateien). Da restor vor der Rückspeicherung das Band zurückspult, muß vor restor des zweiten Dateisystems dessen Sicherungsdatei auf Platte kopiert und sodann von dort aus rückgespeichert werden:

dd if=/dev/nrmt0 of=/dev/null	*Vorziehen Magnetband*
dd if=/dev/rmt0 of=/tmp/dump	*Kopieren Sicherungsdatei*
restor -rf /tmp/dump /dev/rd3	*Rückspeichern*
rm /tmp/dump	*Löschen Sicherungsdatei*

6.2.6 Rückspeichern eines ganzen Verzeichnisses

Auf einigen UNIX-Versionen besteht die Möglichkeit, mit restor ein ganzes Verzeichnis rückzuspeichern. Die Anweisung

restor -xd *Verzeichnis Verzeichnis ... Verzeichnis*

erzeugt dann die angegebenen Verzeichnisse im aktuellen Verzeichnis (falls diese dort nicht bereits vorhanden sind) und speichert alle dazu gehörenden Dateien und Unterverzeichnisse darin ab. Müßte beispielsweise das ganze Verzeichnis /usr/huber/mail ab einer Sicherung wiederhergestellt werden, so könnte dies wie folgt geschehen:

```
cd /usr
restor -xd /huber/mail
```

Beachten Sie, daß auf dump-Dateien alle Dateinamen ohne mount-Präfixe abgespeichert sind, also z.B. /huber und nicht /usr/huber (wenn das Benutzerdateisystem /usr zugeordnet ist).

6.2.7 Rückspeichern einer einzelnen Datei

Das Rückspeichern einer einzelnen Datei geschieht analog dem Rückspeichern eines ganzen Verzeichnisses, als Option ist aber lediglich -x und nicht -xd anzugeben:

restor -x *Dateiname Dateiname ... Dateiname*

Die Dateien werden im aktuellen Verzeichnis abgespeichert und müssen darnach gegebenenfalls an den richtigen Ort übertragen werden. Beispiel:

```
cd /usr
restor -x /huber/progs/lohnabrg.c /huber/progs/spesenabrg.c
```

6.2.8 Verzeichnis der Dateien auf einer Sicherungsdatei

Das Dienstprogramm dumpdir erzeugt eine Liste der auf der Sicherungsdatei enthaltenen Dateien, jeweils mit der zugehörigen I-Knoten-Nummer (Abb. 6.7).

```
Dump   date: Mon Jan  9 11:07:56 1984
Dumped from: Fri Dec 30 11:33:32 1983
     2  /.
     2  /..
   266  /bib/.
     2  /bib/..
   247  /bib/ausl-liste/.
   266  /bib/ausl-liste/..
   245  /bib/ausl-liste/R
   239  /bib/buch/.
   266  /bib/buch/..
  4060  /bib/buch/neue.buecher
  2168  /bib/best/.
```

Abb. 6.7 Ausgabe von dumpdir

6.3 Individuelle Dateisicherungen

Die Programme dump und restor sind zu schwerfällig und zu unflexibel zur Sicherung einzelner Dateien und Verzeichnisse. Zu diesem Zweck ist das Dienstprogramm tar (für *tape archiver*) viel besser geeignet. tar ist ein Dienstprogramm mit vielen Möglichkeiten, die im UNIX-Handbuch beschrieben sind (s. unter *TAR(1)*). Hier werden nur die wichtigsten Anwendungen besprochen.

6.3.1 Erzeugen eines tar-Bandes

Das Absichern von gewöhnlichen Dateien und Verzeichnissen auf Magnetband geschieht mit dem Befehl

tar c0v *Datei Datei ... Datei*

Die Optionszeichen bedeuten:

c *create*: Erzeuge neues tar-Band
0 Verwende Bandstation Nummer 0, bzw. Spur 0 bei Mehrspur-Kassettenbandstationen
v *verbose*: Melde jede verarbeitete Datei

Als *datei* können gewöhnliche Dateien und Verzeichnisse angegeben werden. Wann immer in einem tar-Befehl ein Verzeichnis erscheint, ist dabei der ganze Inhalt des Verzeichnisses (inklusive aller Unterverzeichnisse) gemeint.

Der Befehl

```
tar c0v *.c
```

erzeugt beispielsweise ein tar-Band mit allen auf .c endenden Dateien des aktuellen Verzeichnisses. Das ganze Unterverzeichnis dok des aktuellen Verzeichnisses wird mit

```
tar c0v dok
```

abgesichert.

Obschon der Name tar die exklusive Verwendung von Magnetbändern als Speichermedium vorspiegelt, kann das Dienstprogramm tar beliebige Dateien als Sicherungsdatei ansprechen, also zum Beispiel auch eine gewöhnliche Datei auf Platte oder sogar die Standard-E/A-Dateien. Wir werden jedoch nur den Normalfall der Verwendung von Magnetbändern betrachten.

6.3.2 Ergänzen eines `tar`-Bandes

Soll ein `tar`-Band nicht neu erstellt, sondern durch einzelne Dateien ergänzt werden, so verwendet man statt der `c`-Option die `r`-Option:

`tar r0v` *Datei Datei ... Datei*

Die angegebenen Dateien werden damit hinten an das bestehende `tar`-Band angehängt.

In einer Softwareentwicklungs-Umgebung findet man meist sehr viele Dateien vor (Programme, Dokumentation, Befehlsdateien, Testdaten etc.). Von all diesen Dateien „lebt" jedoch vielfach nur ein kleiner Teil. Deshalb ist es nicht besonders sinnvoll, in eine individuelle Sicherung stets alle Dateien miteinzubeziehen. Wünschenswert ist ein Sicherungsverfahren, das nur solche Dateien umfaßt, die noch nicht auf dem `tar`-Band enthalten sind oder aber ein jüngeres Modifikationsdatum aufweisen als ihre Kopie auf dem `tar`-Band. Der Befehl

`tar u0v` *Datei Datei ... Datei*

erfüllt diese Forderung, indem er nur diejenigen der angegebenen Dateien an das `tar`-Band anhängt, die neu oder modifiziert sind. Die Option `u` steht für *update.*

Mehrfach modifizierte und durch `tar` gesicherte Dateien sind also physisch mehrfach auf dem Band vorhanden. Bei Rücklesen eines `tar`-Bandes (s. 6.3.3) wird aber automatisch die jeweils hinterste (jüngste) Version angesprochen.

6.3.3 Lesen eines `tar`-Bandes

Mit der Option `x` (für *extract*) können einzelne Dateien ab einem `tar`-Band rückgelesen werden:

`tar x0v` *Datei Datei ... Datei*

Ist die angegebene Datei ein Verzeichnis, so wird das gesamte Verzeichnis samt darin enthaltenen Unterverzeichnissen rückgelesen, wobei nicht vorhandene Verzeichnisse durch `tar` erstellt werden. Wird keine Datei angegeben, so wird das ganze `tar`-Band rückgelesen.

Wurden die Dateien beim Erstellen des `tar`-Bandes mit einem absoluten Pfadnamen angegeben, z.B.

```
tar c0v /usr/meier/progs/*.c
```

so werden die Dateien beim Rücklesen wieder an genau diese Stelle im UNIX-Dateibaum kopiert. Der Normalfall ist jedoch die Abspeicherung mit relativen Pfadnamen, wobei dann die Dateien beim Rücklesen relativ zum aktuellen Verzeichnis plaziert werden. Mit den folgenden Befehlen wird somit das ganze Verzeichnis `/usr/meier/progs` auf Band kopiert und sodann nach `/usr/src/cadcam` rückgelesen bzw. installiert:

```
cd /usr/meier
tar c0v progs
cd /usr/src/cadcam
tar x0v
```

Dieses Beispiel kann auch eleganter programmiert werden:

```
(cd /usr/meier; tar cvf - progs) | (cd /usr/src/cadcam; tar xf -)
```

Die Analyse dieses Befehls sei dem aufmerksamen Leser überlassen, wobei die Konsultation des UNIX-Handbuches (unter *TAR(1)*) sicher weiter hilft.

Ruft der Superbenutzer `tar` auf, so werden die Dateien am neuen Ort (im Unterschied zu `cp`) mit den ursprünglichen Eigentümervermerken, Schutzattributen und Modifikationszeiten erzeugt.

6.3.4 Inhaltsverzeichnis eines `tar`-Bandes

Der Befehl

```
tar t0
```

erzeugt ein Inhaltsverzeichnis der auf dem Band enthaltenen Dateien.

6.4 Wichtige Hinweise zur Datensicherung

Der *IS/1 System Manager's Guide* der Firma *Interactive Systems* enthält die folgenden Hinweise, die für jeden Systemadministrator wertvoll sind:

- *Treffen Sie Vorkehrungen für einen Totalverlust der Daten!*
  Kann das System nach einem Totalverlust aller laufenden Platten wieder auf die Beine gebracht werden? Was passiert bei einem Feuer im Maschinenraum, bei dem alle Platten und Bänder zerstört werden? Gibt es dezentral aufbewahrte Sicherungskopien?
- *Verwenden Sie die Sicherungsbänder!*
  Bandstationen sind „gemeine" Geräte. Sie können leicht aus den Abstimmtoleranzen fallen. Es ist sehr unangenehm, eine Bibliothek voller Sicherungsbänder zu haben, von denen kein einziges gelesen werden kann, weil die Bandstation während der letzten vier Monate außerhalb der Toleranzen lag. Es ist des-

halb keine schlechte Idee, Sicherungsbänder hin und wieder zurückzulesen, um sicherzustellen, daß die Bänder lesbar sind.

- *Bewahren Sie alte Sicherungsbänder auf!*
  In den meisten Installationen werden Sicherungsbänder zyklisch wiederverwendet. Dies ist durchaus vernünftig. Es sollten jedoch nicht alle Bänder wiederverwendet werden, denn manchmal vergeht eine lange Zeit, bevor Dateien vermißt werden.

- *Prüfen Sie die Dateisysteme vor der Sicherung!*
  Auf Sicherungskopien muß zurückgegriffen werden, wenn Schwierigkeiten auftreten. Es kann sehr deprimierend sein, eine Sicherung zurückzuspeichern, um dann zu merken, daß alles nichts hilft, weil das Dateisystem zum Zeitpunkt der Sicherung beschädigt war.

6.5 Integrität des Dateisystems

Neben der eigentlichen Datensicherung und -wiederherstellung ist auch die periodische Überprüfung der Integrität aller Dateisysteme eine wichtige Aufgabe des Systemverantwortlichen. In diesem Abschnitt kommen zunächst einige grundsätzliche Überlegungen zur Dateisystem-Integrität zur Sprache, bevor das Dienstprogramm `fsck` behandelt wird.

6.5.1 Interner Aufbau eines UNIX-Dateisystems

Um zu verstehen, warum Fehler in einem Dateisystem entstehen können und wie ihnen begegnet werden soll, ist eine gewisse Kenntnis des internen Aufbaus und der Unterhaltsmechanismen des Systems unerläßlich. Wie ein Dateisystem auf Disk ausgelegt ist, wurde schon in Kapitel 1 dargelegt. In groben Zügen hier nochmals die wichtigsten Punkte:

Der erste physische Datenblock auf Platte ist unbenutzt oder enthält ein kleines *Bootprogramm*, um das UNIX-System aufzustarten. Der zweite Block bildet den eigentlichen Kopf des Dateisystems, den sogenannten *Superblock*. Darin finden sich so lebenswichtige Informationen wie die Gesamtanzahl belegter Blöcke, die Anzahl der I-Knoten und die Köpfe der Freilisten für I-Knoten und Datenblöcke (die Struktur des Superblocks ist in <`sys/filsys.h`> definiert).

Ab dem dritten Block folgen die *I-Knoten*, ihrer Größe in Version 7 entsprechend jeweils 8 Stück in einem Block. Pro Datei oder Verzeichnis wird genau ein I-Knoten zugeteilt. Darin sind folgende Informationen abgespeichert: Dateityp und -attribute, die Benutzer- und Gruppen-Identifikationsnummern des Eigentümers, die Länge der Datei in Bytes, die verschiedenen Modifikationsdaten, die Anzahl Verweise auf diesen I-Knoten (Referenzzähler), die Adressen der zugehörigen Datenblöcke auf Disk, sowie eine Angabe darüber, ob der I-Knoten frei oder vergeben ist (genaues Format siehe <sys/ino.h>). Eine I-Knoten-Nummer, wie sie z.B. in einem Verzeichnis zusammmen mit einem Dateinamen eingetragen ist, bildet demnach einen Index in das Feld aller I-Knoten auf Disk (beginnend bei 0). Die Nummer 2 gehört immer zum Wurzelverzeichnis des Dateisystems.

Anschließend an die I-Knoten-Blöcke folgen die *Datenblöcke.* Jeder solche Block enthält entweder Daten einer gewöhnlichen Datei, Verzeichniseinträge (Namen mit I-Nummern) oder Verweise auf andere Datenblöcke (indirekte Blöcke), wie sie für große Dateien benötigt werden (s. Kap. 1). Für die folgenden Betrachtungen interessant ist die Tatsache, daß viele Informationen (z.B. durch die Referenzzähler in den I-Knoten) mehrfach (redundant) abgespeichert sind, und dadurch zur Konsistenzprüfung bzw. zum Wiederaufbau eines Dateisystems verwendet werden können.

Neben der Struktur eines Dateisystems auf dem Disk ist auch der Zusammenhang mit den im Hauptspeicher gehaltenen Angaben über die Dateisysteme von größter Wichtigkeit. Die Superblöcke des Wurzelsystems und aller zugeschalteten Dateisysteme werden ebenso permanent im Hauptspeicher aufbewahrt, wie eine Menge freier I-Knoten und Datenblöcke. Hinzu kommt, daß die dem Benutzer synchron erscheinenden E/A-Operationen vom System aus Effizienzgründen über Puffer asynchron abgewickelt werden. Wann Daten zwischen Disk und Hauptspeicher tatsächlich ausgetauscht werden, ist von System zu System verschieden. Eine mögliche Strategie besteht darin, Datenpuffer nur dann auszuschreiben, wenn sie voll sind oder ein freier Puffer benötigt wird, frisch zugeteilte I-Knoten und geänderte Verzeichnisdaten aber sofort auszuschreiben.

So oder so kann ein Disk aber nur selten durch eine einzelne Zugriffsoperation auf den neuesten, konsistenten Stand gebracht werden und bleibt dadurch verletzlich. Ein neuer Datenblock für eine Datei muß z.B. in zwei Schritten gewonnen werden: Im I-Knoten muß ein Verweis auf den Block erstellt und dieser danach aus der Freiliste entfernt werden. Kommt es zwischen diesen zwei Operationen zu einer unvorhergesehenen Systemunterbrechung, so sind die Dateiverweise auf Platte in einem inkonsistenten Zustand.

Der Befehl sync (oder der Systemaufruf sync()) dient dazu, die gesamte im Hauptspeicher residente Information des Dateisystems auf den Disk auszuschreiben. Diese Operation wird vom Dämon /etc/update, der beim Übergang von Single-User-Betrieb auf Multi-User-Betrieb gestartet wird (aus dem *shell*-Skript /etc/rc), periodisch ausgeführt, typischerweise alle 30 Sekunden.

6.5.2 Gründe für Inkonsistenzen im Dateisystem

Inkonsistenzen in einem Dateisystem können im wesentlichen aus drei Gründen entstehen:

- Hardwarefehler: Eine der häufigsten Ursachen von Fehlern im Dateisystem sind Stromausfälle. Controller-Fehler oder Head Crashes, so selten sie sind, führen meist zu irreparablen Schäden.

- Fehlverhalten: Die Stabilität der UNIX-Dateisystem-Organisation zeigt sich am besten darin, daß die häufigste Fehlerursache im falschen Verhalten *privilegierter* Benutzer liegt. Meistens wird die korrekte Reihenfolge von Operationen beim Anhalten des Systems nicht richtig befolgt (1. in den Single-User-Modus zurückgehen (`kill -1 1`); 2. `sync`; 3. CPU anhalten). Im weiteren gilt es zu beachten, daß zugeschaltete Dateisysteme zuerst abgehängt werden müssen (`umount`), bevor ihr Disk abgestellt oder schreibgeschützt wird (ihr Superblock liegt im Hauptspeicher!).

- Softwarefehler: Selbstgeschriebene Systemsoftware oder Programme, die mit dem Set-User-ID-Bit auf den Superuser laufen, bilden eine gewisse Gefahr, wenn sie Fehler enthalten.

Katastrophen auf dem Disk können nur durch einen vollständigen Wiederaufbau ab Sicherungsbänder behoben werden; für weniger weitgehende Inkonsistenzen, d.h für die überwiegende Mehrzahl der Fälle, stellt UNIX das im folgenden näher besprochene Hilfsprogramm `fsck` (*file system check*) zur Verfügung.

6.5.3 Das Programm `fsck`

Das Dienstprogramm `fsck` entstand durch eine Verschmelzung und gleichzeitige Verbesserung der ursprünglichen, der Dateisystem-Verwaltung dienenden Dienstprogramme `icheck` und `dcheck`, die beide nach wie vor für Einzelaufgaben benützt werden können. Alle diese Programme verwenden die im Superblock, den I-Knoten und den Verzeichnis-Datenblöcken befindlichen redundanten Informationen, um Inkonsistenzen in einem Dateisystem zu entdecken. `icheck` prüft unter anderem, ob jeder Datenblock genau einmal referenziert wird (entweder als freier Block oder als Datenblock einer Datei). In einem Bit-Feld (pro Block ein Bit) merkt sich das Programm, welche Blöcke von den I-Knoten als belegt ausgegeben werden, und vergleicht diese Angaben mit der Freiliste. Damit werden alle mehrfach oder gar nicht referenzierten Blöcke entdeckt. `dcheck` überprüft die Baumstruktur des Dateisystems, indem es sämtliche Äste aufgrund der Angaben in den Verzeichnisknoten absucht. Stimmt z.B. in einem I-Knoten der Referenzzähler nicht mit der Anzahl Verweise überein, die darauf gefunden werden, erfolgt eine entsprechende Meldung. `fsck` bietet dieselben Möglichkeiten und noch ein paar Prüfungen mehr, macht aber zu jeder gefundenen Fehlersituation einen möglichen Reparaturvorschlag, der interaktiv mit ja oder nein beantwortet werden kann. Neuere Versionen wie in 4.2BSD sind sogar in der Lage, die meisten auftretenden Fehler selber zu beheben, ohne daß ein Systemmanager einzugreifen hätte.

`fsck` prüft ein gegebenes Dateisystem in mehreren Durchgängen, sogenannten *Phasen.* Eine erste Phase (*Check Blocks and Sizes*) überprüft die I-Knoten-Liste (I-Knoten selbst in Ordnung? Verweise auf Datenblöcke nicht korrumpiert? Keine Blöcke mehrfach referenziert?) und legt Information für spätere Phasen in Tabellen ab. In der zweiten Phase (*Check Pathnames*) werden Verzeichniseinträge geprüft (verweisen sie auf I-Knoten, die in der ersten Phase als schlecht befunden wurden oder die zu gar keiner Datei gehören?). Der dritte Durchgang (*Check Connectivity*) liefert Verzeichnisse, die nirgendwo referenziert sind, während die schließlich noch verbleibenden unreferenzierten gewöhnlichen Dateien in der vierten Phase (*Check Reference Counts*) gemeldet werden. Hier erfolgt auch die Überprüfung der Referenzzähler in den I-Knoten, der Anzahl freier I-Knoten, wie sie im Superblock abgelegt ist, und der Gesamtinformation, die von den vorangehenden Phasen gesammelt wurde. Zuletzt wird noch die Freiliste (*Check Freelist*) unter die Lupe genommen.

In den meisten Fehlerfällen gibt `fsck` einen akzeptablen Vorschlag, wie die Situation behoben werden könnte. Solche Aktionen dürfen aber nicht bedenkenlos durch eine positive Antwort freigegeben werden, denn oft führen sie zum Verlust von Dateien oder ganzen Verzeichnissen. Falls aus einem gemeldeten Namen klar hervorgeht, daß es sich um eine unwichtige Temporärdatei handelt, wie sie von Dienstprogrammen häufig erstellt werden, ist weniger Vorsicht geboten als bei Benutzerdateien. Es ist jedoch unmöglich, ein allgemeingültiges Rezept anzugeben. In jedem Falle ist eine intime Kenntnis der internen Dateisystem-Mechanismen, ein `fsck`-Handbuchauszug mit den Angaben der Ursachen aller Fehlermeldungen, sowie das Wissen um das Datum der letzten Datensicherung von großem Vorteil. Eine gute Strategie besteht auch darin, das Programm einmal durchlaufen zu lassen und alle Fragen mit nein zu beantworten (oder die Option `-n` beim Aufruf anzugeben), um einen Überblick zu bekommen, was alles defekt ist.

Weil sich das Sammeln der Information über mehrere Durchgänge erstreckt, muß ein durch `fsck` behandeltes Dateisystem stillgelegt werden. Zugeschaltete Systeme müssen durch `umount` gelöst werden, das Wurzelsystem kann nur im Single-User-Modus, in dem kein periodischer sync durchgeführt wird, überprüft werden. Falls das Wurzeldateisystem repariert wird, darf anschließend kein `sync` erfolgen, weil die Änderungen direkt auf Platte vorgenommen werden und im Speicher die alten Informationen (insbesondere der Superblock) verbleiben. Die einzige korrekte Fortsetzung besteht in einem Neustart des Systems.

Nicht-referenzierte Verzeichnisse und Dateien, die in den Phasen 3 und 4 gefunden werden, können gerettet werden. `fsck` hängt diese auf Verlangen unter dem Namen ihrer I-Knoten-Nummer in das Verzeichnis `lost+found` (für *Fundbüro*) im Wurzelverzeichnis des behandelten Dateisystems. Das bedingt einerseits, daß dieses Verzeichnis existiert, und andererseits, daß freie Plätze in dessen Datenblock vorhanden sind, denn es können während den Reparaturarbeiten durch `fsck` keine Datenblöcke aus der Freiliste gewonnen werden. Solche freien Einträge sind *vor* dem `fsck` zu erstellen. Das *shell*-Skript in Abb. 6.8 übernimmt diese Aufgabe, indem es 36 Dateien (`aa, ab, ... , fe, ff`) im Verzeichnis `lost+found` erzeugt und sogleich wieder löscht. Da das Löschen die Verzeichniseinträge nicht physisch löscht sondern lediglich als frei markiert, verbleibt im Verzeichnis Raum für 36 neue Dateiverweise.

```
cd /lost+found
set a b c d e f
for i
do
    for j
    do
        cat /dev/null > $i$j
    done
done
rm *
```

Abb. 6.8 Erstellen leerer Einträge in /lost+found

Falls fsck für seine Tabellen zuwenig Platz im Speicher findet (was nur für große Dateisysteme, kaum aber für das immer möglichst klein gehaltene Wurzeldateisystem der Fall sein kann), erfragt es den Namen einer Temporärdatei. Diese sollte in einem anderen Dateisystem liegen, um eine möglicherweise korrumpierte Freiliste nicht zu belasten. Der Name einer Temporärdatei kann auch beim Aufruf von fsck mit der Option -t angegeben werden. Ohne Angabe einer Spezialdatei (Dateisystem) als Argument, überprüft das Programm eine Standardmenge von Dateisystemen (wie z.B. in der Datei /etc/mountfiles angegeben). Die rohen Versionen der Spezialdateien erlauben eine schnellere Verarbeitung.

Ebenfalls hilfreich beim Reparieren zerstörter Dateisysteme sind die hier nur am Rande erwähnten ncheck und clri. ncheck vermag aus der Angabe von I-Knoten-Nummern die zugehörigen Datei- oder Verzeichnisnamen herzuleiten, während clri I-Knoten löschen (mit lauter Nullen füllen) kann.

6.5.4 Beispiel

Es ist gar nicht so einfach, das Dateisystem absichtlich durcheinander zu bringen. Im folgenden sei eine Möglichkeit aufgezeigt, die einen Stromausfall zwischen der Erstellung eines Verzeichnisses und dem nächsten sync-Befehl simuliert. Wir befinden uns dabei im Single-User-Modus, in dem kein automatischer sync durch den Dämon /etc/update ausgeführt wird, und geben die folgenden Befehle ein:

```
# cd /tmp
# sync
# mkdir test
# ls -la
drwxrwxrwx    2 root         2096  Mar  3 04:40  Mar  3 16:03 .
drwxrwxr-x   19 root          784  Dec 28 02:05  Mar  3 15:19 ..
drwxrwxrwx    2 root           32  Mar  3 16:57  Mar  3 16:57 test
total 24 blocks
#
```

An dieser Stelle wurde an der Maschine die *Reset*-Taste gedrückt und das System frisch in den Single-User-Modus aufgestartet (*booting*). Weil unmittelbar vorher kein sync erfolgte, befindet sich noch der alte Superblock (entstanden aus dem sync *vor* dem mkdir-Befehl), ebenso wie der alte I-Knoten des /tmp-Verzeichnisses auf Platte. Ein fsck zeigt uns die daraus resultierenden Inkonsistenzen im Dateisystem. Damit wir sehen, was alles kaputt ist, geben wir auf alle Korrekturvorschläge von fsck eine negative Antwort:

```
# fsck /dev/rrp01

/dev/rrp01
File System: /

** Checking /dev/rrp01
** Phase 1 - Check Blocks and Sizes
** Phase 2 - Check Pathnames
** Phase 3 - Check Connectivity
** Phase 4 - Check Reference Counts
LINK COUNT DIR I=428  OWNER=root MODE=40777
SIZE=2096 MTIME=Mar  3 16:03 1985   COUNT 2 SHOULD BE 3
ADJUST? n

FREE INODE COUNT WRONG IN SUPERBLK
FIX? n

** Phase 5 - Check Free List
1 DUP BLKS IN FREE LIST
BAD FREE LIST
SALVAGE? n

1308 files 20699 blocks 13470 free
#
```

Um festzustellen, wie das Verzeichnis mit I-Knoten-Nummer 428 heißt, das in Phase 4 einen ungültigen Referenzzähler (LINK COUNT) aufweist, und wo Verweise auf diesen I-Knoten bestehen, kann der Befehl ncheck zu Hilfe genommen werden. Dank der Option –a werden auch '.'- und '..'-Referenzen ausgegeben:

```
# ncheck -a -i 428 /dev/rrp01
/dev/rrp01:
428     /tmp
428     /tmp/.
428     /tmp/test/..
#
```

Wie erwartet, handelt es sich um den I-Knoten des Verzeichnisses /tmp, der vorgibt, nur zweimal referenziert zu sein (wie vor dem mkdir), auf den aber durch den

'..'-Eintrag des neuen Verzeichnisses `test` tatsächlich ein drittes Mal verwiesen wird.

Weil für `test` ein neuer I-Knoten aus der Freiliste der I-Knoten benötigt wurde, diese Aktion aber nur im Listenkopf und Zähler des verlorengegangenen Superblocks nachgetragen wurde, findet sich im aktuellen Superblock eine um 1 zu große Angabe der Anzahl freier I-Knoten (`FREE INODE COUNT WRONG IN SUPERBLK`). Diese Inkonsistenz entdeckt `fsck` dank der Tatsache, daß jeder I-Knoten einen Eintrag enthält, der ihn als frei oder besetzt ausweist.

Auch der Kopf der Freiliste der Datenblöcke und ein Zähler der freien Blöcke liegt im Superblock. Der Datenblock, der für das Verzeichnis `test` benötigt wurde, wird deshalb sowohl als frei bezeichnet (alter Superblock!) als auch vom I-Knoten von `test` als besetzt markiert (`1 DUP BLKS IN FREE LIST`).

Die Situation kann hier sehr einfach gerettet werden, indem auf alle Vorschläge von `fsck` mit y geantwortet wird. Dadurch wird der Linkzähler im I-Knoten von `/tmp` auf die korrekte Zahl 3 gesetzt, der I-Knoten-Zähler im Superblock um 1 reduziert und in einer zusätzlichen Phase 6 die Freiliste neu aufgebaut.

6.5.5 Wichtige Hinweise

- Inkonsistenzen im Dateisystem müssen immer sofort repariert werden, weil sich die Fehler sonst sehr schnell verbreiten und zu irreparablen Schäden führen können.
- Es empfiehlt sich, bei jedem Neustart des Systems sowie in regelmäßigen Abständen (z.B. jede Nacht) einen `fsck` durchzuführen, um Fehler möglichst früh erkennen zu können. Vor Dateisicherungen *muß* das Dateisystem geprüft werden!
- Vorsicht beim Reparieren! Nachdenken oder ein Blick ins Handbuch lohnt sich immer, falls man zornige Benutzer oder zeitaufwendigen Wiederaufbau ab Sicherungsbänder vermeiden will.
- Nur ruhende Dateisysteme reparieren! Nichtresidente Systeme dürfen nicht zugeschaltet sein (`umount`!); ein residentes Dateisystem muß im Single-User-Modus behandelt werden. Nach Änderungen an einem residenten System darf kein sync erfolgen, sondern es muß frisch aufgestartet werden!
- Ein `fsck` kann nur dann verwaiste Dateien retten, wenn sich im Wurzelverzeichnis des betreffenden Dateisystems ein Verzeichnis `lost+found` mit genügend leeren Einträgen befindet.
- Falls Dateien kopiert werden müssen (weil z.B. ihr übergeordnetes Verzeichnis teilweise zerstört wurde), kann dazu der Befehl `cp` zu Hilfe genommen werden. Die Kopie sollte aber nur dann im selben Dateisystem erstellt werden, wenn vorgängig die Freiliste neu aufgebaut wurde (mit `icheck -s`, bzw. bei einigen UNIX-Versionen auch mit `fsck -s`).

- Inkonsistenzen durch jeweils korrektes Abstellen vermeiden (in Single-User-Modus gehen; `sync`; CPU anhalten)! Zugeschaltete Dateisysteme durch `umount` abhängen, bevor ihr Disk abgestellt oder schreibgeschützt wird!
- Weil die Freiliste im Laufe der Zeit dazu tendiert, in aufeinanderfolgenden Verweisen nicht-benachbarte Datenblöcke zu referenzieren, werden die Daten neu erstellter Dateien immer mehr auf dem Disk zerstreut. Das beeinflußt die sequentielle Zugriffszeit negativ. Eine einfache Optimierungsmöglichkeit besteht darin, durch `icheck -s` (bzw. `fsck -S`) die Freiliste optimal neu aufzubauen. Um auch bestehende Dateien zu „sanieren", hilft eine vollständige Sicherung (s. 6.2.2), gefolgt von einem `mkfs` (ergibt ein neues, leeres Dateisystem) und einem `restor -r` (teilt jeder Datei benachbarte Datenblöcke zu).

7 Benutzeradministration

Auf jedem auch noch so kleinen UNIX-System wird ein gewißer Aufwand zur Administration der Benutzer getrieben werden müssen. Selbstverständlich ist dieser auf einem alleinstehenden Einzelplatzrechner erheblich kleiner als auf einem größeren Timesharing-System, das Computerleistung für Hunderte von Benutzern erbringt. Die Benutzeradministration umfaßt ein weites Tätigkeitsfeld, von der Zuteilung von Ressourcen über die Überwachung des Systems (s. Kap. 9) und die Durchführung von Sicherungsarbeiten (s. Kap. 6) bis zu der Planung und gegebenenfalls Realisierung physischer Installationen.

In diesem Kapitel werden die grundlegenden Aktivitäten der Benutzeradministration behandelt. Es geht dabei um die Aufnahme neuer Benutzer auf ein UNIX-System, das Löschen bisheriger Benutzer, den vorübergehenden Ausschluß eines Benutzers sowie die Kommunikation zwischen Systemadministrator und Benutzer.

7.1 Die Paßwortdatei

Die Paßwortdatei eines UNIX-Systems ist die Datei `/etc/passwd`. Diese Datei, die als gewöhnliche Textdatei aufgebaut ist, besteht aus einer Zeile pro Benutzer (Abb.7.1) Jede Zeile enthält folgende, durch einen Doppelpunkt getrennte Felder:

1. Der *Benutzername*, wie er bei Verbindungsaufnahme dem *Login*-Programm eingegeben werden muß.
2. Das verschlüsselte *Paßwort* des Benutzers (durch das Dienstprogramm `passwd` eingegeben, s. 7.4).
3. Eine beliebige ganze Zahl im positiven Bereich eines Maschinenwortes (meist $0...2^{16}$-1 oder $0...2^{32}$-1) als *Benutzernummer.* Die Benutzernummer 0 ist für den Superbenutzer reserviert.
4. Eine beliebige ganze Zahl im positiven Bereich eines Maschinenwortes als *Gruppennummer* (s. 7.2).
5. Dieses Feld wird von den einzelnen UNIX-Versionen auf dem Markt für unterschiedliche Zwecke verwendet. Beispiele für Verwendungen sind Abrechnungsinformationen, Kontrollinformationen für RJE auf Fremdsystemen (z.B. *HASP*), Platzlimiten auf Platte, Büronummern u.a.m.

6. Das *Heimverzeichnis* des Benutzers.
7. Das nach erfolgreicher Anwahl (*Login*) für den Benutzer zu startende *Programm*. Üblicherweise ist dies der Befehlsinterpreter *shell*, der auch bei fehlendem 7. Feld gestartet wird (Programm /bin/sh). Grundsätzlich kann jedes Programm als Initialprogramm (bzw. Wurzelprogramm der Benutzer-Prozeßhierarchie, s. 1.8) angegeben werden.

```
root:uHFdC/Hi9qb22:0:0::/:
oper:/QPeiC3iTHvaM:0:1:user:/usr/oper:/bin/rshell
bin:wI2HxCPt8UoOc:3:3::/bin:
termc:xatrCENPdgYu2:3:3:user:/usr/lib:/usr/lib/TERMCm
adduser:jGjv14nQHo6bo:3:1::/usr/adm:/usr/adm/adduser
nobody:Abd9AkchMOcCx:1000:0::/nobody:/nobody/shell
rupf::100:10::/u/rupf:
boell:Phj6lfZWU9T3U:101:10::/u/boell:/bin/m_menu
```

Abb. 7.1 Beispiel einer Paßwortdatei

Die UNIX-Paßwortdatei ist eine gewöhnliche Textdatei, die von jedermann gelesen werden kann, aber nur mit Superbenutzer-Privilegien änderbar ist. Der gewünschte Sicherheitsaspekt kommt durch die Verschlüsselung der Paßwörter nach einem komplexen Verfahren zustande. Mehr über Paßwortsicherheit ist im interessanten Artikel *Password Security: A Case History* von R. Morris und K. Thompson nachzulesen. Dieser Artikel ist Bestandteil der üblichen UNIX-Dokumentation, die man zusammen mit der Software erhält.

Da die Paßwortdatei als gewöhnliche Textdatei aufgebaut ist, kann sie vom Superbenutzer mit einem Texteditor verändert werden. Es ist dabei jedoch darauf zu achten, daß nicht gleichzeitig ein anderer Benutzer die Paßwortdatei verändert (z.B. mit dem Dienstprogramm passwd), da sonst eine defekte Paßwortdatei entstehen kann. Dazu muß ein Sperrverfahren in der Art eingeführt werden, wie es das Programm passwd selbst anwendet. Da dieses Verfahren von UNIX-Version zu UNIX-Version unterschiedlich ist, kann hier leider nichts von allgemeiner Gültigkeit gesagt werden. Ein zwar nicht vollständig sicheres, aber doch akzeptables Vorgehen ist das Erstellen einer Kopie der Paßwortdatei, gefolgt von der Bearbeitung dieser Kopie mit anschließendem Rückkopieren auf die Paßwortdatei.

Achten Sie als Systemadministrator darauf, daß keine Einträge in der Paßwortdatei ohne Paßwort vorkommen (wie beispielsweise der Eintrag für den Benutzer rupf in Abb. 7.1). Durch die öffentliche Lesbarkeit der Paßwortdatei werden solche Einträge vielfach bekannt und gestatten dann eine unautorisierte Benutzung des UNIX-Systems. Es empfiehlt sich dringend, die Paßwortdatei periodisch auf fehlende Paßworteinträge zu überprüfen und nötigenfalls dem Benutzer ein frei erfundenes Paßwort einzutragen - der Benutzer wird sich bestimmt bald melden.

7.2 Die Gruppendatei

Die Benutzer eines UNIX-Systems können einer oder mehreren Gruppen zugeteilt werden. So faßt man beispielsweise einige Benutzer in einer Gruppe zusammen, weil sie am selben Projekt arbeiten und somit auf dieselben Dateien Zugriff haben müssen. Oder eine Gruppe wird gebildet, um bestimmten Benutzern Sonderprivilegien zu geben. Ein Beispiel hierfür wäre die Systemgruppe.

Bei Verbindungsaufnahme mit dem System wird ein Benutzer der in der Paßwortdatei angegebenen Gruppe zugeteilt. Der Benutzer ist aber nicht auf den Verbleib in dieser Gruppe eingeschränkt. Durch Verwendung des **newgrp**-Befehls kann die Gruppe gewechselt werden. In der Gruppendatei **/etc/group** ist vermerkt, in welche Gruppen ein Benutzer mit **newgrp** wechseln kann.

Die Gruppendatei ist wie die Paßwortdatei als Textdatei aufgebaut (s. Abb. 7.2). definiert eine Gruppe und besteht aus vier durch Doppelpunkt getrennten Feldern:

1. Der *Gruppenname.*
2. Das verschlüsselte *Gruppenpaßwort.* Ein Gruppenpaßwort wird nur dann verwendet, wenn man für einen Wechsel in diese Gruppe ein Paßwort verlangen will.
3. Eine beliebige ganze Zahl im positiven Bereich eines Maschinenwortes als *Gruppennummer.*
4. Eine Liste derjenigen *Benutzer,* denen man durch **newgrp** einen Wechsel in diese Gruppe gestatten will. Ein Benutzer kann immer in seine Heimgruppe wechseln, auch wenn er in dieser nicht explizit aufgeführt ist. Die Heimgruppe ist die in der Paßwortdatei angegebene Gruppe.

```
system::0:root,daemon
usr::1:
rje::2:rje,bin
bin::3:bin,root
sekret::4:krall,winter,mayer,goetz
Abt7::6:winter
projCAD::7:schulz,mueller
```

Abb. 7.2 Beispiel einer Gruppendatei

7.3 Neuaufnahme eines Benutzers

Für die Neuaufnahme eines Benutzers steht auf manchen UNIX-Versionen ein spezielles Dienstprogramm zur Verfügung (genannt **adduser** o.ä.). Doch auch bei Fehlen eines solchen Hilfsmittels ist eine Neuaufnahme kein besonderes Problem. Diese geht in folgenden Schritten vor sich:

1. Der Benutzer wird mit einem Texteditor (z.B. `ed` oder `vi`) in die Paßwortdatei aufgenommen. Das Paßwortfeld bleibt frei. Beispiel:
   ```
   meier::37:6::/usr/meier:/bin/sh
   ```

2. Für den Benutzer wird das Heimverzeichnis eröffnet. Beispiel:
   ```
   mkdir   /usr/meier
   ```

3. Falls nötig, wird der Benutzer in die Gruppendatei aufgenommen. Beispiel:
   ```
   projCAD::7:schulz,mueller,meier
   ```

4. Das Heimverzeichnis des neuen Benutzers wird mit dem korrekten Eigentümer- und Gruppenvermerk versehen:
   ```
   chown meier  /usr/meier
   chgrp Abt7   /usr/meier
   ```

Achten Sie, wie in 7.1 besprochen auf eine Sperrung der Paßwortdatei gegen gleichzeitige Veränderung durch mehrere Benutzer.

7.4 Ändern des Paßwortes für einen Benutzer

Jeder Benutzer kann sein Paßwort mit dem Dienstprogramm `passwd` selbst ändern. Als Superbenutzer können mit `passwd` die Paßwörter aller Benutzer verändert werden:

```
$ passwd meier
New passwd:...........
Retype new passwd:.........
```

Mit `passwd` kann jedoch ein Paßwort nicht gelöscht werden, da stets ein Paßwort minimaler Länge eingegeben werden muß. Soll ein Paßwort gelöscht werden, so ist der Paßworteintrag in der Datei `/etc/passwd` mit einem Editor zu löschen.

7.5 Löschen eines Benutzers

Ein Benutzer wird durch folgende drei Schritte von einem UNIX-System entfernt:

1. Löschen des Heimverzeichnißes des Benutzers. Beispiel:
   ```
   rm -r  /usr/meier
   ```

2. Löschen des Paßwortdatei-Eintrages (ganze Zeile).

3. Gegebenenfalls Löschen der Gruppendatei-Einträge.

7.6 Vorübergehendes Ausschließen eines Benutzers

Will der Systemadministrator einen Benutzer vorübergehend von der Benutzung des UNIX-Systems ausschließen, so kann er dies am einfachsten durch die Angabe eines „Meldungsprogrammes" als Initialprogramm in der Paßwortdatei bewerkstelligen. Beispiel:

```
meier:uWx1hZQ5Aa:37:6::/usr/meier:/etc/sorry
```

Das auf einigen UNIX-Versionen verfügbare Programm `/etc/sorry` schreibt eine nicht besonders aussagekräftige Meldung wie

```
Sorry. Good bye.
```

oder ähnlich auf den Bildschirm und terminiert. Der Benutzer kann das UNIX-System somit nicht mehr verwenden.

Das Programm in Abb. 7.3 kann als komfortableres Meldungsprogramm eingesetzt werden. Es schreibt dem Benutzer den Inhalt der in seinem Heimverzeichnis vorhandenen Datei `.Meldung` auf den Bildschirm aus oder meldet, wenn diese Datei fehlt, den Text „`Keine Benutzungsberechtigung`". Somit kann der Systemadministrator einem vorübergehend ausgeschlossenen Benutzer eine individuelle Meldung in sein Heimverzeichnis ablegen.

```
#include <stdio.h>

main () {
    FILE   *fp, *fopen();
    int     c;

    if ((fp = fopen(".Meldung","r")) == NULL)
        printf("Keine Benutzungsberechtigung\n");
    else {
        while ((c = getc(fp)) != EOF) putc(c,stdout);
        fclose(fp);
    }
}
```

Abb. 7.3 Ein Meldungsprogramm

7.7 Kommunikation mit den Benutzern

7.7.1 Mitteilungen an alle angeschlossenen Benutzer

Die wichtigsten Mitteilungen können durch das Dienstprogramm `/etc/wall` (für *write to all*) sofort an alle gegenwärtig mit dem System verbundenen Benutzer gesendet werden. Die folgende *shell*-Prozedur ist ein Beispiel für einen Einsatz von `/etc/wall` (Abb. 7.4):

```
/etc/wall << ++
********************************************
* Das System wird in 10 Minuten abgestellt *
********************************************
++
sleep 300
/etc/wall << ++
*******************************************
* Das System wird in 5 Minuten abgestellt *
*******************************************
++
sleep 240
/etc/wall << ++
******************************************
* Das System wird in 1 Minute abgestellt *
******************************************
++
sleep 60
kill -1 1    (bricht alle Prozesse ab)
```

Abb. 7.4 Periodische Meldungen an alle Benutzer

7.7.2 `login`-Mitteilungen

Nach Eingabe des Benutzernamens und des korrekten Paßwortes schreibt das `login`-Programm den Inhalt der Datei `/etc/motd` (für *message of today*) auf den Terminal aus. Mit einem Texteditor können somit aktuelle Meldungen wie

```
Bitte vormerken: Am Freitag, den 9. Dezember, kein Betrieb
                 wegen Wartungsarbeiten.
```

in die Datei `/etc/motd` abgelegt werden.

7.7.3 Nicht-dringliche Neuigkeiten

Wir verstehen unter *nicht-dringlichen Neuigkeiten* Meldungen und Mitteilungen, die von den Benutzern nicht unbedingt zur Kenntnis genommen werden müssen, sondern nach Bedarf abgefragt werden können. In manchen UNIX-Versionen steht hierfür ein Dienstprogramm news zur Verfügung. Ist ein solches Programm nicht vorhanden, so kann durch eine relativ einfache *shell*-Prozedur ein Neuigkeitsservice implementiert werden (Abb. 7.5).

```
if test $# -eq 0
then
    echo "Zu folgenden Stichworten sind Neuigkeiten verfuegbar:"
    ls /usr/news
    exit
fi
if test -r /usr/news/$1
then
    cat /usr/news/$1
else
    echo "Keine Neuigkeiten zum Stichwort $1"
fi
```

Abb. 7.5 Neuigkeitsservice

Die Neuigkeiten sind in Dateien im Verzeichnis `/usr/news` abgelegt. Ein Befehl `news` ohne Argumente schreibt die Dateinamen des Verzeichnisses `/usr/news` aus und gibt dem Benutzer damit die Stichworte. Wird ein Argument gegeben, z.B. `news betrieb`, so wird die betreffende Datei ausgeschrieben.

Eine äquivalente Prozedur kann selbstverständlich auch für einen Hilfeservice aufgebaut werden (`help sichern` o.ä.).

7.7.4 Meldungen an einzelne angeschlossene Benutzer

Soll eine Meldung nicht an alle, sondern nur an einzelne angeschlossene Benutzer gesendet werden, so wird die Mitteilung mit `write` übermittelt. `write` kopiert die Standardeingabe auf das Terminal des angegebenen Benutzers:

```
$ write meier
Bitte schau doch noch schnell bei mir vorbei.
Gruss Frankenstein.
<EOF>
```

< EOF> steht für die Eingabe des *end-of-file* Zeichens (meist CTRL/D).

Der Empfänger von write-Meldungen kann seinerseits an den Absender zurückschreiben, indem er ebenfalls das Dienstprogramm write aufruft. Es entsteht so ein Zweiweg-Kommunikationskanal.

Ist ein Benutzer mehr als einmal angeschlossen, so muß zusätzlich zum Benutzernamen die Terminalidentifikation (durch who protokolliert) angegeben werden:

```
$ write meier tty7
Weshalb bist Du zweimal logged-in??
<EOF>
```

7.7.5 Meldungen an nicht angeschlossene Benutzer

Zu diesem Zweck wird das *Elektronische-Post-Programm* mail benutzt (s. Kap. 10). Hier lediglich eine kleine *shell*-Prozedur als Beispiel zur Übermittlung einer Notiz an eine beliebige, durch Parameter spezifizierte Menge von Benutzern:

```
mail $* << ++
    ****************************************************
    * Zur Erinnerung:  Am 1. Juli findet das Projekt-   *
    * --------------   Meeting statt. Bitte teilnehmen! *
    ****************************************************
++
```

Ein Beispiel für den Aufruf dieser Prozedur:

```
memo3 meier kunz hartmann suter
```

8 Systemnahe Programmierung unter UNIX

Die unterste Stufe im Verkehr mit UNIX, d.h. die eigentliche Schnittstelle zum Kern des Betriebssystems, bilden die *Systemaufrufe*. Die Leistungen und Eigenheiten dieser kleinsten Bausteine sollen in diesem Kapitel beleuchtet werden.

Durch die einzelnen Abschnitte ziehen sich zwei größere Beispiele, zu denen einige weitergehende Bemerkungen nötig sind. Das eine behandelt ein Spooling-System für die Ausgabe auf ein Zeichengerät, das andere (in groben Zügen) einen Bildschirmeditor, aus dem heraus *shell*-Befehle aufgerufen werden können.

Ein Spooling-System

Wir gehen in dem Beispiel davon aus, daß ein Zeichengerät (Plotter) neu an den Computer angeschlossen werden soll. Was dabei von der Hardwareseite her zu tun ist oder welche Steuersequenzen an das Gerät zu schicken sind, interessiert uns hier nicht. Wir wollen uns darauf konzentrieren, wie die Software geschrieben sein muß, die es mehreren Benutzern (eventuell gleichzeitig) gestattet, eine Datei auf den Plotter auszugeben. Dazu benötigen wir einen neuen Befehl - nennen wir ihn `plo` - mit Argumenten, die unter anderem besagen, welche Dateien zu zeichnen sind. Damit der Benutzer des `plo`-Befehls nicht warten muß, bis seine oder fremde Dateien fertig gezeichnet sind, werden sie durch `plo` nur in ein separates Verzeichnis, das *Spoolverzeichnis*, gebracht. Dort bleiben sie, bis sie von einem autonom im Hintergrund laufenden Prozeß, dem *Dämon*, abgeholt und ausgegeben werden. Dieser Dämon sorgt dafür, daß er der einzige ist, der Dateien abholt und den Ausgang zum Plotter benutzt. Der `plo`-Befehl kann gleichzeitig von mehreren Benutzern aufgerufen werden und muß deshalb seine Dateien unter eindeutigen Namen im Spoolverzeichnis ablegen. Gleichzeitig hat er zu verhindern, daß der Dämon schon mit der Verarbeitung beginnt, bevor die vollständigen Kopien erstellt sind. Die Benutzer können mit einem anderen Befehl `plq` (*plot queue*) abfragen, was sich noch in der Warteschlange des Plotters, d.h. im Spoolverzeichnis befindet. `plo` und `plq` werden vollständig besprochen. Vom Dämon - `pld` genannt - kommt nur der Teil zur Sprache, der sich mit der Arbeit im Spoolverzeichnis und dem Ausschluß von Konkurrenzdämonen befaßt. Wie die Daten an den Zeichner weitergereicht werden, bleibt wegen der zu großen Abhängigkeit vom gewählten Gerät offen.

Bildschirmeditor mit *shell*-Befehlen

Ein Bildschirmeditor hat aus verschiedenen Gründen mit dem Betriebssystem zu verkehren. Zum einen sollte er mehrere Typen von Bildschirmen unterstützen und deshalb in Erfahrung bringen können, welche Art Terminal im Moment benutzt wird. Dann sollte er seine Terminalschnittstelle so steuern können, daß jedes Eingabezeichen direkt ins Programm hereingeholt werden kann (normalerweise bereitet das System vollständige Zeilen auf, bevor ein Programm auf die Zeichen zugreifen kann) und daß kein automatisches Spiegeln der getippten Zeichen (Echo) vorgenommen wird. Für einen Editor ist es besonders wichtig, daß gemachte Änderungen in der bearbeiteten Datei nicht verloren gehen, wenn plötzlich die Terminalleitung unterbrochen wird. UNIX ist so freundlich und meldet dieses Ereignis ans Editorprogramm. Schließlich ist es oft von Nutzen, in einem Editor *shell*-Kommandos ausführen zu können - und sei es nur einen `date`-Befehl, um den Feierabend nicht zu verpassen.

8.1 Parameter des Hauptprogramms

Der Aufruf eines Programms aus dem *shell* erfolgt durch Eingabe des entsprechenden Dateinamens, gefolgt von den Argumenten, die dem Programm zu übergeben sind. Wie diese in der `main()`-Funktion entgegengenommen und grundsätzlich verarbeitet werden, soll in einem ersten Abschnitt besprochen werden. Ein zweiter Teil wird die Übergabe der sogenannten *Programmumgebung* (*environment*) zum Thema haben.

8.1.1 Programmargumente

Die meisten UNIX-Programme beachten in der Reihenfolge und Art von Argumenten gewisse Konventionen, und man tut gut daran, sich auch in eigenen Programmen an diese zu halten. Im allgemeinen sind Argumente Optionen (*flags* oder *options*) und Dateinamen, und zwar in dieser Reihenfolge. Optionen sind durch ein vorangehendes - oder + gekennzeichnet wie in `ls -l` oder `sort +2 chaos`, wobei sich auch, z.T. freiwillig, mehrere Optionen dasselbe - teilen dürfen (wie in `ps -ax`). Allerdings ist eine kleine Abweichung von der vorgeschriebenen Reihenfolge *Optionen vor Dateien* in Konstruktionen wie `cc -o edi -O edi.c` zu beobachten, in denen eine Option `-o` die unmittelbar folgende Angabe einer Ausgabedatei verlangt. Dies zeigt eine weitere, unbedingt empfehlenswerte Regel: Dateiargumente bezeichnen immer nur *Eingabe*dateien, während *Ausgabe*dateinamen speziell anzugeben sind (z.B. eben mit einer `-o` Option). Für viele Programme gilt im übrigen, daß sie die Standardeingabe verarbeiten, wenn Dateiangaben fehlen.

Wer Argumente des Programmaufrufs verarbeiten will, hat in der `main()`-Funktion die Parameter `argc` und `argv` anzugeben (Abb. 8.1).

```
main(argc,argv)
int  argc;
char *argv[];
{  ...  }
```

Abb. 8.1 Argumente an das Hauptprogramm

Der *shell* sorgt dafür, daß argc die *Anzahl* der Argumente angibt (*argument count*), und daß argv die Adresse eines Feldes (*argument vector*) ist, das Zeiger auf die Argumentstrings enthält. Es gilt dabei die Konvention, daß das erste Element (Index 0) dieses Feldes auf den Namen der aufgerufenen Programmdatei zeigt und die eigentlichen Argumente erst ab Index 1 folgen. Auch dieser Programmname wird in argc mitgezählt, was bedeutet, daß argc normalerweise größer oder gleich 1 ist. Das letzte Element des Feldes ist ein Null-Pointer, d.h. die Anzahl Argumente findet sich immer auch implizit im argv-Vektor.

Die Verarbeitung von Programmargumenten kann anhand des Zeichenprogramms plo im Rahmen unseres Plotter-Spoolers beispielhaft gezeigt werden, weil plo Optionen und Dateinamen in genügender Allgemeinheit zuläßt.

8.1.2 Das Zeichenprogramm plo

Das Programm plo hat die Aufgabe, Dateien unter eindeutigen Namen und mit zugehöriger Kontrollinformation ins Spoolverzeichnis zu bringen, von wo sie dann durch den aufmerksam wartenden Plotterdämon abgeholt, ausgedruckt und wieder aus dem Verzeichnis gelöscht werden. Die Argumente von plo sind also vorwiegend Dateinamen. Es sind aber auch zwei Optionen zugelassen: -c*n* gibt Anweisung, *n* Kopien zu zeichnen (wobei *n* zwischen 1 und 9 zu liegen hat), und -l verlangt, daß im Spoolverzeichnis anstelle von Kopien nur Links auf die zu zeichnenden Dateien erstellt werden. Das Erzeugen eines Links (Verbindung, Verkettung) ist sicher effizienter, setzt aber voraus, daß an den Dateien nicht weiter herumhantiert wird, bis die Zeichnung fertig ist (und bedingt übrigens auch, daß sich die Dateien und das Spoolverzeichnis im selben Dateisystem befinden). Die Optionen in einem Argument zu kombinieren, ist erlaubt (-lc2 oder -c9l). Folgt kein Dateiargument, wird von der Standardeingabe gelesen.

Betrachten wir kurz, zu welchen Argumenten an main() ein plo-Befehl im *shell* führt:

```
$ plo -l -c3 monalisa guernica
```

In der Funktion main() erhält man entsprechend in argc den Wert 5 und bildlich die in Abb. 8.2 dargestellte Situation für argv:

Die Verarbeitung dieser Parameter übernimmt das folgende Hauptprogramm von plo, und zwar aufgrund der Verwendung der meisten vertretbaren Argumentarten in durchaus allgemeingültiger Art und Weise (Abb. 8.3):

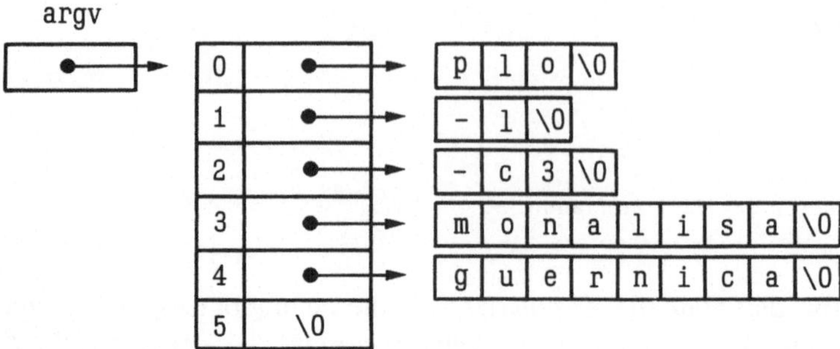

Abb. 8.2 argv grafisch

```
#include <stdio.h>
#include <ctype.h>

char *prog;

main(argc,argv)    /*----- plo-Befehl -----*/
int  argc;
char *argv[];
{
    int Link = 0, Kopien = 1;
    char *s;

    prog = argv[0];    /* Programmname */
    while (--argc && **++argv == '-')    /* Option */
        for (s = *argv+1; *s; ++s)
            switch (*s) {
            case 'l': Link = 1; break;
            case 'c':
                for (Kopien = 0; isdigit(*++s); )
                    Kopien = Kopien * 10 + (*s - '0');
                --s;
                if (Kopien < 1 || Kopien > 9) {
                    fprintf(stderr,"%s: Kopien zw. 1 und 9\n",prog);
                    exit(1);
                }
                break;
            default:
                fprintf(stderr,"%s: falsche Option '%c'\n",prog,*s);
                exit(1);
            }
```

```
    if (argc)   /* gebe verbleibende Dateien einzeln an plot() */
        do plot(*argv++,Link,Kopien); while (--argc);
    else    /* kein Argument mehr: lese Standard Eingabe */
        if (Link) {
            fprintf(stderr,"%s: Link auf Standard Eingabe!\n",prog);
            exit(1);
        }
        else plot((char *) 0,Link,Kopien);
    exit(0);
}
```

Abb. 8.3 Argumentverarbeitung im Programm `plo`

In einer `while`-Schleife werden alle Optionen erkannt: Solange noch Argumente vorhanden sind (`--argc`) und das nächste noch nicht verarbeitete Argument mit einem - beginnt (`**++argv == '-'`), handelt es sich um Optionen. Auf ein `'c'` müssen Ziffernzeichen folgen, die noch in eine interne ganze Zahl umzuwandeln sind. Hilfreich ist dabei die C-Makro `isdigit`, die feststellt, ob es sich bei einem ASCII-Zeichen um eine Ziffer handelt oder nicht. Sie findet sich in der Standard-Include-Datei `<ctype.h>` neben vielen anderen ähnlich nützlichen Makros wie `isascii` (gültiges ASCII-Zeichen?) oder `isalpha` (Buchstabe?). Alle weiteren Argumente gelten als Dateinamen und werden zusammen mit den gefundenen Optionswerten einzeln der Funktion `plot()` übergeben, die die Datei ins Spoolverzeichnis bringt. Diese Funktion wird Gegenstand eines späteren Abschnitts sein. Verbleibt nach den Optionen kein weiteres Argument mehr, so ist von der Standardeingabe her zu lesen, was an `plot()` durch Übergabe von `(char *)0` anstelle eines Dateinamens gemeldet wird. Es ist günstig, bei der Ausgabe von Fehlermeldungen jeweils anzugeben, wie das Programm heißt, das sie produziert. Der Name des Programms findet sich zu Beginn in `argv[0]` und ist in der Variablen `prog` zu retten, weil der Zeiger auf die Argumentadressen (`argv`) laufend erhöht wird. `prog` ist extern definiert, damit auch separat compilierte Funktionen darauf zugreifen können.

8.1.3 Programmumgebung

Die *Umgebung* eines Programmes bildet ein Feld von Zeichenketten, die üblicherweise die Form *name=wert* aufweisen. In dieser Umgebung finden sich solche Angaben wie das Heimverzeichnis (`HOME=/usr/dennis`), der Suchpfad (`PATH=:/bin:/usr/bin`) oder der Name des verwendeten Terminals (`TERM=vt100`). Im *shell* läßt sich die Menge dieser Strings durch den Befehl `export` um lokal definierte *shell*-Variablen erweitern. Solche lokalen Variablendefinitionen wie `PS1='nun? '` gelten nur für den gerade aktiven *shell*, während sie durch `export` als vererbbar gekennzeichnet und dadurch an alle aufgerufenen Programme weitergegeben werden können. Aus einem Programm heraus kann die Umgebung auf die folgenden drei Arten angesprochen werden.

Die Bibiliotheksfunktion `getenv(`*name*`)` sucht in den Umgebungsstrings einen der Form *name=wert* und gibt einen Zeiger auf den String *wert* zurück (oder `(char*)0`, wenn nichts entsprechendes gefunden wurde). Der Terminaltyp kann in einem Programm also z.B. durch

```
char *term, *getenv();

term = getenv("TERM");
```

festgestellt werden.

Andererseits wird einem Hauptprogramm neben den Argumenten `argc` und `argv` immer auch noch ein drittes Argument, die Umgebung, mitgeliefert. Wie bei `argv` handelt es sich dabei um einen Zeiger auf ein Feld von Stringadressen, eben die Umgebungs-Zeichenketten, deren letzte 0 ist (implizite Anzahl). Um diese Strings anzusprechen, muß zusätzlich ein dritter Parameter deklariert werden (in C ist es ja möglich, nicht benötigte Argumente in der Deklaration wegzulassen) (Abb. 8.4).

```
main(argc,argv,env)
int  argc;
char *argv[], *env[];
{
    while (*env)    /* das letzte Feldelement ist ein NULL Pointer */
        printf("%s\n",*env++);
}
```

Abb. 8.4 Ausschreiben der Programmumgebung

Dieses kleine Programm schreibt sämtliche Strings *seiner* Umgebung auf den Bildschirm.

Eine dritte Möglichkeit, auf die Umgebung zuzugreifen, bietet die externe, vom System zur Verfügung gestellte Variable

```
char **environ;
```

Sie zeigt auf dieselbe Stelle wie unser Hauptprogramm-Parameter `env`, hat aber den Vorteil, daß sie direkt in jeder Funktion und nicht nur in `main()` verfügbar ist.

8.2 Primitive Ein- und Ausgabe

Wir befassen uns in diesem Abschnitt mit den grundlegenden Systemaufrufen für die Ein- und Ausgabe, also mit der untersten E/A-Schnittstelle von UNIX, über die letzlich alle E/A-Operationen abgewickelt werden. Für gewisse systemnahe Aufgaben oder aus Effizienzgründen muß manchmal auf diese Primitivfunktionen zurückgegriffen werden. Obwohl die hier gezeigten Beispiele direkt mit den E/A-Systemaufrufen arbeiten, darf nicht vergessen werden, daß die Mehrzahl der Anwenderprogramme ohne ihre direkte Verwendung auskommt. Die Funktionen der Standard-E/A-Bibliothek ermöglichen eine komfortable und vom Betriebssystem unabhängige Ein- und Ausgabe. So könnten denn auch viele der gezeigten Beispiele mit den Funktionen dieser Bibliothek gelöst werden. Da es sich aber meist schon von der Aufgabe her um systemabhängige Programme handelt, könnte auch bei konsequenter Verwendung der Standard-E/A-Bibliothek kaum eine Steigerung der Portabilität erzielt werden. Der direkte Einsatz der Systemaufrufe ist daher wegen ihrer Effizienz durchaus sinnvoll.

8.2.1 Verarbeiten von gewöhnlichen Dateien

Auf der untersten E/A-Ebene wird eine offene Datei in einem Prozeß durch eine ganze Zahl, den sogenannten *Dateideskriptor* identifiziert. Der Dateideskriptor bildet einen Index in die sogenannte *Prozeß-Dateitabelle*, die vom System für jeden Prozeß geführt wird (gehört zur Prozeßumgebung s. 8.3). Diese Tabelle enthält Verweise auf die *System-Dateitabelle*, in der alle offenen Dateien *aller* Prozesse zentral verwaltet werden. Über diese Einträge wird auf die Systemtabelle der aktiven I-Knoten zugegriffen, die die Verbindung zu den physischen Blöcken auf der Platte schaffen. Auf diese internen Strukturen hat der Benutzer natürlich keinen Zugriff. Für ihn wird eine Datei lediglich durch ihren Deskriptor repräsentiert; sämtliche Verwaltungsarbeiten, wie etwa das Nachführen der Position innerhalb der Datei, werden vom System übernommen.

Mit den ersten drei Dateideskriptoren sind die Standarddateien Standardeingabe(0), -ausgabe(1) und -fehler(2) verbunden. Mit den Aufrufen `open()` oder `creat()` teilen wir dem System mit, daß wir eine Datei bearbeiten wollen. Der Rückgabewert dieser Systemaufrufe ist der Index des *ersten* freien Eintrags in der Dateitabelle des Prozesses, oder im Fehlerfall die Zahl -1. Sowohl `open()` als auch `creat()` erstellen einen neuen Eintrag in der System-Dateitabelle. Der entsprechende I-Knoten muß aber nur dann von der Platte eingelesen werden, wenn er sich nicht schon in der I-Knoten-Tabelle des Systems befindet, d.h. wenn die Datei nicht schon von einem anderen (oder auch vom selben) Prozeß eröffnet wurde. Eine bereits bestehende Datei wird mit dem Aufruf

```
int  dd, Modus;
char Dateiname[NAMELEN];

dd = open(Dateiname,Modus);
```

eröffnet. Mit `Modus` geben wir an, wie mit der Datei gearbeitet wird, d.h. ob wir nur lesen (0), nur schreiben (1) oder lesen und schreiben (2) wollen. Durch

```
int Max_Zugriff;

dd = creat(Dateiname,Max_Zugriff);
```

wird eine neue Datei erstellt oder, wenn sie schon besteht, auf die Länge Null reduziert. Gleichzeitig wird die Datei zum *Schreiben* eröffnet, muß also, falls im gleichen Programm auch davon gelesen werden soll, geschlossen und von neuem eröffnet werden, diesmal mit `open()` und dem Modus 2. Das zweite Argument `Max_Zugriff` hat nur dann eine Bedeutung, wenn die Datei effektiv erstellt wird. Wir geben damit auf etwas umständliche Art an, wie die Schutzbits der neuen Datei zu setzen sind. Es handelt sich dabei *nicht* um die tatsächlichen Berechtigungen, denn diese werden noch von einer weiteren Größe beeinflusst. Zu jedem Prozeß gehört eine *Maske*, die durch den Systemaufruf `umask()` gesetzt werden kann, und deren Komplement über eine UND-Operation an der Bildung der Berechtigungsbits teilnimmt:

```
Schutzbits = (~Maske) & Max_Zugriff
```

Mit `Max_Zugriff` wird sozusagen die obere Grenze der Zugriffsrechte festgelegt, während die Maske angibt, welche Bits auf Null zu setzen sind. In einer Umgebung, in der viel Wert auf die Geheimhaltung von Daten gelegt wird, kann vom Systemadministrator die Standardmaske der Prozesse auf `077` gesetzt werden. Im *shell* werden dann sämtliche Dateien mit den Berechtigungen `-rw-------` bzw. `-rwx------` erstellt und sind so nur für den Eigentümer verwendbar. Bei einer Maske von `022`, wie sie in vielen Systemen verwendet wird, erstellen wir mit

```
creat(Meine_Datei,0666);
```

eine Datei mit den Berechtigungen `0644`, beziehungsweise `-rw-r--r--`.

Für die Ein- und Ausgabe stehen die Aufrufe `read()` und `write()` zur Verfügung:

```
int  dd, bytes_gelesen, bytes_geschrieben;
char buf[BUFSIZ];

bytes_gelesen = read(dd,buf,BUFSIZ);
bytes_geschrieben = write(dd,buf,BUFSIZ);
```

Der Parameter `BUFSIZ` gibt an, wieviele Bytes zu verarbeiten sind, der Rückgabewert gibt an, wieviel effektiv übertragen wurde. Beim `write()`-Aufruf ist es als Fehler zu betrachten, wenn der Rückgabewert nicht der zu schreibenden Anzahl entspricht. Etwas komplizierter ist es beim Lesen von Plattendateien (für E/A auf Terminals s. 8.2.3), wo sich die folgenden Fälle unterscheiden lassen:

	`bytes_gelesen == BUFSIZ`	*alles i.O.*
0 <	`bytes_gelesen < BUFSIZ`	*Rest vor Erreichen des Dateiendes*
	`bytes_gelesen ==0`	*Dateiende erreicht, nichts gelesen*
	`bytes_gelesen < 0`	*Fehler beim Lesen*

Da die Anzahl der offenen Dateien durch die Größe der Prozeß-Dateitabelle beschränkt ist (Anzahl = `NOFILE`, in `<sys/param.h>` definiert), sollten Dateideskriptoren mit dem `close()`-Aufruf frei gegeben werden, sobald die Datei im Programm nicht mehr benötigt wird.

Wir wollen nun anhand der Funktion `plot()` aus unserem Plotterbeispiel das bisher Besprochene illustrieren (Abb. 8.5). Besondere Beachtung wird dabei der Fehlerbehandlung geschenkt. Die Technik, Fehlerindikationen von Systemaufrufen abzufangen und durch aussagekräftige Fehlermeldungen bekannt zu machen, sollte eigentlich in allen Systemprogrammen eine Selbstverständlichkeit sein. In den weiteren Beispielen beschränken wir uns dann aber wieder auf die Darstellung des Wesentlichen und lassen es bei der Bemerkung bewenden, daß überall eine konsequente Fehlerbehandlung noch einzufügen wäre. Die Hauptaufgabe der `plot()`-Funktion besteht darin, eine zu zeichnende Datei ins Spoolverzeichnis zu transferieren.

```
#include <stdio.h>
#include "plotter.h"

plot(iname,Link,Kopien) /* kopiere/'linke' ins Spool-Verzeichnis */
char *iname;
int  Link, Kopien;
{
    int             ifd, ofd, n;
    char            dname[NAMELEN], cname[NAMELEN], tname[NAMELEN],
                    buf[BUFSIZ], *mktemp();
    struct queuerec qrec;

    sprintf(dname,"%s/dfXXXXXX",SPOOLDIR);
    mktemp(dname);      /* Dateiname, der noch nicht existiert */

    if (!Link) {        /* Kopieren */
        if (iname == (char *) 0) ifd = 0;     /* Standard Eingabe */
        else
            if ((ifd = open(iname,0)) < 0)
                error("Kann %s nicht eroeffnen!",iname);
        if ((ofd = creat(dname,0660)) < 0)
            error("Kann %s nicht erstellen!",dname);
        while ((n = read(ifd,buf,sizeof buf)) > 0)
            if (write(ofd,buf,n) != n)
                error("Fehler beim Schreiben von %s!",dname);
```

```
        if (n == -1)
            error("Fehler beim Lesen von %s!",iname);
        if (ifd) close(ifd);
        close(ofd);
    }
    else {      /* Link erstellen, kein Kopieren */
        if (iname == (char *) 0) {
            fprintf(stderr,"Kein Link auf Standard-Eingabe!\n");
            exit(1);
        }
        if (link(iname,dname) < 0)
            error("Kann Link von %s nicht erstellen!",iname);
    }
    /* Erstellen Kontrolldatei, Aufraeumen */
    ...
}
```

Abb. 8.5 Dateitransfer, 1. Teil `plot()`-Funktion

Wie wir aus Abschnitt 8.1 wissen, bestehen zwei Möglichkeiten für den Transfer, je nach Wert des Parameters `Link`. Betrachten wir zuerst die Variante, in der die Datei kopiert wird (`Link` gleich Null, bzw. `!Link` im Beispiel). Um zu verhindern, daß im Spoolverzeichnis Dateien von anderen Prozessen überschrieben werden, generieren wir mit der Bibliotheksfunktion `mktemp()` aus einer Namensschablone (endend auf 6 `X`) einen eindeutigen Dateinamen, in welchem die hintersten 6 Zeichen durch einen Buchstaben und die Prozeßidentifikation ersetzt sind. Die Funktion wählt den Buchstaben so, daß er im Zielverzeichnis Eindeutigkeit garantiert, auch wenn dort bereits vom gleichen Prozeß (mit der gleichen Prozeßidentifikation) Dateien erstellt wurden.

Wir eröffnen die zu kopierende Datei zum Lesen (falls nicht die Standardeingabe verarbeitet wird) und erstellen die Zieldatei im Spoolverzeichnis, so daß sie von anderen Benutzern nicht gelesen werden kann. Sind bis dahin keine Fehler aufgetreten, kann mit der Übertragung der Daten begonnen werden. Mit `read()` werden jeweils (höchstens) `BUFSIZ` Bytes in `buf` eingelesen und von dort mit `write()` in die Ausgabedatei geschrieben. Dieser Vorgang wiederholt sich, bis `read()` mit dem Rückgabewert 0 das Ende der Eingabedatei meldet. Da die Ein- und Ausgabedeskriptoren nun nicht mehr beötigt werden, geben wir sie durch den `close()`-Aufruf frei. Die Konstante `BUFSIZ` (in `<stdio.h>` definiert) entspricht der logischen Blockgröße auf Plattendateien und beträgt meist 512 Bytes. Es ist natürlich effizienter, mit dieser Puffergrösse zu arbeiten, als z.B. für jedes einzelne Zeichen einen Systemaufruf durchzuführen.

Wie es sich gehört, testen wir bei jedem Systemaufruf, ob der Rückgabewert den Erwartungen entspricht. Ist dies nicht der Fall, rufen wir unsere Fehlerbehandlungsfunktion `error()` auf, die eine Fehlermeldung mit dem Aufbau

`prog_name:` *Fehlertext des Aufrufers* `Grund:` *Systemfehlermeldung* auf die Standard-Fehlerdatei ausgibt und den Prozeß mit dem Aufruf exit() abbricht.

```
extern char *prog;

error(t1,t2)
char *t1, *t2;
{
    fprintf(stderr,"%s: ",prog);
    fprintf(stderr,t1,t2);
    perror(" Grund");
    exit(1);
}
```

Abb. 8.6 Fehlerbehandlung mit perror()

Die Systemfehlermeldung zum letzten anormal beendeten Systemaufruf erhalten wir mit der Bibliotheksfunktion perror() (Abb. 8.6). Sie gibt eine als Argument übergebene Zeichenkette, gefolgt von einem Doppelpunkt und der (englischen) Systemmeldung auf die Standard-Fehlerdatei aus. In unserem Fall könnte das etwa so aussehen:

```
plot: Kann XX nicht eroeffnen! Grund: No such file or directory
```

Um uns den Aufwand einer physischen Kopie der Daten sparen zu können, haben wir die Möglichkeit geschaffen, einen Link ins Spoolverzeichnis zu erstellen. Der Systemaufruf

```
char Name[NAMELEN], Anderer_Name[NAMELEN];

link(Name,Anderer_Name);
```

macht eine Datei unter einem anderen Namen und/oder in einem anderen Verzeichnis bekannt. Es wird dabei physisch kein einziges Byte kopiert, sondern lediglich ein neuer Verzeichniseintrag geschaffen, der auf dieselbe Datei verweist. Wählt ein Benutzer diese Option, muß sich die zu zeichnende Datei im selben Dateisystem wie das Spoolverzeichnis befinden (sonst kann kein Link erstellt werden!) und er darf keine Änderungen an der Quellendatei vornehmen, bis sie vom Plotterdämon fertig verarbeitet ist, handelt es sich doch physisch um ein und dieselbe Datei.

Am Ende unserer Funktion plot() (Abb. 8.8) müssen wir zusätzlich eine Kontrolldatei erstellen (Name: cf......), die den Namen der Nutzdatei und der gewünschten Anzahl Kopien enthält. Der Aufbau dieses Datensatzes (struct querec) ist zusammen mit einigen anderen Definitionen in der Datei plotter.h beschrieben (Abb. 8.7):

```
#define SPOOLDIR "/usr/spool/pld"
#define PLD      "/usr/lib/pld"
#define NAMELEN  sizeof(SPOOLDIR) + 9

struct queuerec {
    int  kopien;
    char dfile[9];
};
```

Abb. 8.7 Die Include-Datei plotter.h

Der Dämon sucht laufend im Spoolverzeichnis nach solchen Kontrolldateien, die ihm mitteilen, welche Dateien er in wievielen Kopien auszugeben hat. Es gilt zu verhindern, daß dieser Dämon die Kontrolldatei zu lesen versucht, ehe wir alle Informationen hineingeschrieben haben. Deshalb arbeiten wir mit einer Temporärdatei (Name: `tf......`), die nach der Fertigstellung mit `link()` auch als `cf......` bekannt gemacht wird. Da `link()` lediglich einen neuen Eintrag in einem Verzeichnis schaffen muß und nur wenige Maschineninstruktionen in Anspruch nimmt, können wir ruhigen Gewissens und in Übereinstimmung mit der gängigen Praxis annehmen, daß der `plo`-Prozeß während des `link()`-Aufrufes nicht unterbrochen wird. Es besteht daher keine Gefahr, daß der Dämon, der ja unter Umständen fast gleichzeitig die Kontrolldatei lesen will, auf unvollständige Kontrollangaben trifft und dadurch aus dem Konzept gebracht wird. Unter UNIX-Version 7 werden Dateien (mangels eines echten Sperrmechanismus, der in späteren Versionen verfügbar ist) häufig über den Umweg eines `link()`-Aufrufes vor dem gleichzeitigen Zugriff paralleler Prozesse geschützt. Zum Schluß (Abb. 8.8) müssen wir noch den Verzeichniseintrag der Temporärdatei durch `unlink()` löschen (die Kontrolldatei wird davon nicht betroffen; eine Datei wird ja erst gelöscht, wenn ihr *letzter* Verzeichniseintrag gelöscht wird und dadurch der *Linkzähler* auf Null fällt), und unsere Funktion hat ihre Aufgabe erfüllt.

```
/* Kontrolldatei erstellen (gelesen von pld und plq) */
strcpy(qrec.dfile,&dname[NAMELEN-9]);
qrec.kopien = Kopien;
strcpy(tname,dname);
tname[NAMELEN-9] = 't';    /* temporaer "tf......" */
if ((ofd = creat(tname,0660)) < 0) {
    unlink(dname);
    error("Kann Temporaerdatei %s nicht erstellen!",tname);
}
if (write(ofd,(char *) &qrec,sizeof qrec) != sizeof qrec) {
    unlink(dname); unlink(tname);
    error("Fehler beim Schreiben von Temporaerdatei %s",tname);
}
close(ofd);
```

```
strcpy(cname,tname);
cname[NAMELEN-9] = 'c';    /* definitiv "cf......" */
if (link(tname,cname) < 0) {    /* 'auf einen Schlag' erstellt */
    unlink(dname); unlink(tname);
    error("Kann Link von %s nicht machen!",tname);
}
unlink(tname);
```

Abb. 8.8 Verzeichniseinträge erstellen/löschen, 2. Teil `plot()` – Funktion

8.2.2 Verarbeiten von Verzeichnissen

Manche Programme müssen Dateien verarbeiten, ohne von vorneherein die Dateinamen zu kennen. Sie haben also vor der eigentlichen Verarbeitung ein Verzeichnis zu lesen, ganz ähnlich, wie wir es im *shell* mit dem `ls`-Befehl häufig tun. Vergegenwärtigen wir uns nochmals den Aufbau eines Verzeichnisses: es besteht aus Einträgen fixer Länge mit der *I-Knoten-Nummer* und dem Dateinamen. Der *I-Knoten* dient dem System zur Speicherung von Informationen über die Datei und zum Auffinden der zur Datei gehörenden Datenblöcke auf der Platte. Beim Erstellen einer Datei wird die I-Knoten-Nummer vom System aus der Freiliste zugeteilt (s. Kap. 1). Die Struktur eines Verzeichnisses finden wir in `<sys/dir.h>` (Abb. 8.9):

```
#define DIRSIZ  14
struct  direct {
    ino_t    d_ino;  /* Typ des I-Knotens -> <sys/types.h> */
    char     d_name[DIRSIZ];
};
```

Abb. 8.9 Die Include-Datei `<sys/dir.h>`

Sollen alle Dateien eines Verzeichnisses verarbeitet werden, müssen sequentiell alle Einträge angeschaut und dabei die gelöschten Verweise (Eintrag für den I-Knoten vom System auf 0 gesetzt) und die beiden Referenzen auf das Verzeichnis selbst '.' und auf den Vater '..' übersprungen werden (Abb. 8.10).
Diese Art der Verzeichnisverarbeitung hat Gültigkeit für die UNIX-Version 7, während Verzeichnisse in neueren Berkeley 4.2BSD wesentlich anders organisiert sind. Dies bildet praktisch den wichtigsten Punkt, der bei der Übertragung von Programmen von einem UNIX-System auf ein anderes zu beachten ist.
Das Programm `plq` soll die Dateilänge, die Anzahl Kopien und den Eigentümer der zu druckenden Dateien am Bildschirm ausgeben. Zu diesem Zweck muss es das Spoolverzeichnis nach Kontrolldateien durchsuchen, diese lesen und über den darin gefundenen Namen die übrigen Informationen wie Eigentümer und Anzahl Bytes feststellen.

```
#define DSIZE   sizeof(struct direct)

int           spdir;
struct direct dirbuf;

while (DSIZE == read(spdir,(char *) &dirbuf,DSIZE)) {
    if (dirbuf.d_ino == (ino_t) 0) continue;    /* geloescht */
    if (strcmp(dirbuf.d_name,".")
       && strcmp(dirbuf.d_name,"..")) {
       /* zu verarbeitenden Eintrag gefunden */
       ...
    }
}
```

Abb. 8.10 Lesen von Verzeichniseinträgen

```
#include <pwd.h>
#include <sys/types.h>
#include <sys/dir.h>
#include <sys/stat.h>
#include "plotter.h"

#define DSIZE   sizeof(struct direct)

main()    /* Abfrage Plotter-Warteschlange */
{
    int             spdir, dd;
    struct queuerec qrec;
    struct direct   dirbuf;
    struct stat     statbuf;
    struct passwd   *getpwuid(), *pw;

    chdir(SPOOLDIR);                  /* Wechseln Arbeitsverzeichnis */
    spdir = open(".",0);
    while (DSIZE == read(spdir,(char *) &dirbuf,DSIZE)) {
        if (dirbuf.d_ino == (ino_t) 0) continue;  /* geloescht */
        if (strncmp(dirbuf.d_name,"cf",2)) continue;
        /* Kontrolldatei gefunden */
        dd = open(dirbuf.d_name,0);
        read(dd,(char *) &qrec,sizeof(qrec));
        close(dd);
        stat(qrec.dfile,&statbuf);    /* Information des I-Knotens */
        pw = getpwuid(statbuf.st_uid); /* Eintrag aus /etc/passwd */
```

```
        printf("Eigentuemer: %-10s\tLaenge: %9ld\tKopien: %3d\n",
                pw->pw_name, (long) statbuf.st_size, qrec.kopien);
    }
    execl(PLD,"pld",(char *) 0);     /* Starte Daemon */
}
```

Abb. 8.11 Abfrage der Plotter-Warteschlange: plq

Zuerst (Abb. 8.11) wechseln wir das Arbeitsverzeichnis des `pld`-Prozesses ins Spoolverzeichnis und eröffnen dieses zum Lesen (`spdir = open(".",0)`). Nun wird das Verzeichnis sequentiell durchgearbeitet, indem ein Verzeichniseintrag nach dem anderen in die Struktur `dirbuf` eingelesen wird. Gelöschte Dateien und alle, deren Name nicht mit cf beginnt (keine Kontrolldateien: `strncmp(dirbuf.d_name, "cf",2)`), werden übersprungen. Aus der Kontrolldatei werden die Information über die Anzahl Kopien und der Name der Datei mit den Nutzdaten gelesen. Die Länge und den Eigentümer der Nutzdatei erhalten wir über den Systemaufruf `stat()`, der uns die Informationen des I-Knotens, wie Zugriffsberechtigungen und -zeiten, Art der Datei etc. (s. 1.6.1), in das Argument vom Typ `struct stat` kopiert (in <`sys/stat.h`> definiert). Nun müssen wir nur noch von der Benutzernummer auf den Benutzernamen schließen (Bibliotheksfunktion `getpwuid()`) und die Informationen ausschreiben. Am Ende der Verarbeitung startet `pld` noch den Plotterdämon (s. 8.3).

8.2.3 Ein- und Ausgabe vom Terminal

Wie wir bereits wissen, sind unter UNIX Ein- und Ausgabeoperationen sowohl auf Dateien wie auch auf Geräte anwendbar. Geräte verfügen aber in der Regel über zusätzliche Eigenschaften, die sie von Dateien unterscheiden. In diesem Abschnitt befassen wir uns damit, wie diese Eigenschaften zu steuern sind, insbesondere bei Geräten, die über serielle Schnittstellen angeschlossen sind.

Die Eingabe vom Terminal erfolgt meist zeilenweise. Ein Benutzerprozeß, der vom Terminal liest, wird suspendiert, bis der Benutzer ein Zeilenende eingibt, unabhängig davon, wieviele Zeichen gelesen werden sollen. Dadurch wird die Anzahl der Prozeßumschaltungen des Systems verringert, und die Benutzerprozesse werden von Editierfunktionen wie dem Löschen von Buchstaben abgeschirmt und erhalten die Eingabezeile fertig aufbereitet. Kontrollzeichen wie das Dateiende-Zeichen *(CTRL D)* oder die Flußkontrollzeichen (meist *CTRL S* und *CTRL Q*) haben eine spezielle Bedeutung. So wird die Ausgabe durch *CTRL S* gestoppt, ohne daß das Anwendungsprogramm etwas von dieser Flußkontrolle weiß. Weil die Eingabe derart schön serviert wird, nennt man diesen Eingabemodus *cooked*. In manchen Programmen ist man freilich auf Rohkost angewiesen: Sämtliche Zeichen sollen ohne jegliche Interpretation („ungekocht") zur Verarbeitung an den Benutzerprozeß weitergegeben werden. Dies geschieht im *raw*-Modus (Rohmodus), in dem alle acht Datenbits unbesehen und sofort dem lesenden Prozeß übergeben werden. Kein Zeichen besitzt eine Spezialbedeutung für den Terminaltreiber, d.h. der Benutzerprozeß muß alle Verwaltungsarbeiten, wie Paritätsprüfung, Flußkontrolle etc., selbst durchführen. Um ein Zwischending handelt es sich beim *cbreak*-Modus. Die Daten werden auch hier sofort an den Benutzerprozeß weitergegeben, es erfolgt aber eine Behandlung von Signalen, Parität und Flußkontrollzeichen.

Den Terminalmodus können wir über den Systemaufruf

```
int            dd, Anfrage;
struct sgttyb  *Kontrollinfo;

ioctl(dd,Anfrage,Kontrollinfo);
```

beeinflussen. Dieser Aufruf kann in Verbindung mit Spezialdateien verwendet werden, um eine Kontrollroutine im entsprechenden Gerätetreiber zur Steuerung geräteabhängiger Eigenschaften zu aktiveren. Bei seriellen Geräten wie Terminals oder Druckern lassen sich durch `ioctl()` Parameter wie Übertragungsrate, Wagenrücklaufverzögerung, Parität etc. verändern. Ebenso läßt sich der gewünschte Terminalmodus (*cooked, cbreak* oder *raw*) setzen. Aufgrund des Argumentes `Anfrage` wird die Aufgabe des Aufrufs und der Typ der übergebenen Kontrollstruktur festgelegt. In `<sgtty.h>` sind die symbolischen Werte für die Argumente `Anfrage` und `Kontrollinfo` definiert, so daß man sich nicht darum zu kümmern hat, welches Bit nun genau gesetzt oder gelöscht werden muß. Mit `TIOCGETP` werden beispielsweise die aktuellen Werte für die Kommunikation in eine Struktur vom Typ `struct sgttyb` kopiert. Mit `TIOCSETP` werden die Daten aus dem Argument `Kontrollinfo` dem Terminaltreiber bekannt gemacht. In einer solchen Struktur sind die Werte für die Übertragungsrate, das Löschzeichen und eine ganze Zahl für die Modusinformation festgehalten. Um auf die Zeichen mit Spezialbedeutung (für Signale, Flußkontrolle, Dateiende etc.) zuzugreifen, übergeben wir die Adresse einer Struktur vom Typ `tchars` und das entsprechende Anfrageargument `TIOCGETC`, um die aktuellen Spezialzeichen zu erhalten und `TIOCSETC`, um sie zu verändern (Für Details siehe `tty(4)`).

Eine typische Verwendung des `ioctl()`-Aufrufs zeigen wir anhand eines Ganzseiteneditors. Der „normale" Terminalmodus (*cooked*-Modus) ist für ein solches Programm aus zwei Gründen nicht angebracht:

1. Jedes Zeichen muß dem Editor sofort übergeben werden, denn nur so kann die Steuerung des ganzen Bildschirms effizient erfolgen. Da wir annehmen, daß wir mit dem 7-Bit Zeichensatz auskommen, und uns nicht selbst um die Flußkontrolle kümmern wollen, setzen wir die Terminallinie in den *cbreak*-Modus.

2. Steuerzeichen, die beispielsweise von Funktions- und Richtungstasten generiert werden, sollen nicht mit irgendwelchen seltsamen Zeichen am Bildschirm angezeigt werden. Das automatische *Echo* (Zeichenspiegelung) ist daher zu unterdrücken; unser Editor muß selbst entscheiden, welche Zeichen er anzeigen will und welche nicht.

Der Programmausschnitt in Abb. 8.12 zeigt, wie in unserem Ganzseiteneditor das automatische Echo unterdrückt und die Terminallinie in den *cbreak*-Modus gesetzt wird.

```
#include <stdio.h>
#include <sgtty.h>
#include <sgtty.h>

main(argc,argv)        /* Ganzseiteneditor, Terminalbehandlung */
int  argc;
char *argv[];
{
    struct sgttyb  alter_tty, neuer_tty;

    /* Argumente verarbeiten, Datei oeffnen etc. */
    ...
    if (!isatty(0)) {
        fprintf(stderr,"Eingabedatei kein Terminal!\n");
        exit(1);
    }
    /* tty-Modus setzen */
    ioctl(0,TIOCGETP,&alter_tty);  /* hole aktuellen Modus */
    neuer_tty = alter_tty;         /* Struktur-Zuweisung */
    neuer_tty.sg_flags &= ~ECHO;   /* kein automatisches Echo */
    neuer_tty.sg_flags |= CBREAK;  /* cbreak-Modus ein */
    ioctl(0,TIOCSETP,&neuer_tty);  /* setze neuen Modus */

    /* eigentliche Verarbeitung: Hauptschleife */
    ...
    ioctl(0,TIOCSETP,&alter_tty);   /* alten Modus setzen */
}
```

Abb. 8.12 Verändern der Terminalcharakteristiken

Weil die Standardeingabe bei einem interaktiven Ganzseiteneditor sinnvollerweise von einem Terminal kommt, prüfen wir vor der eigentlichen Verarbeitung mit der Bibliotheksfunktion `isatty()`, ob diese Anforderung erfüllt ist.

8.3 Prozeßerzeugung und -verwaltung

Alle Arbeiten eines Benutzers im UNIX-System werden durch *Prozesse* erledigt. Zu jedem solchen Prozeß gehört eine Laufzeitumgebung, ein sogenanntes *Speicherbild*, das von keinem anderen Benutzerprozeß angetastet werden kann. In diesem Speicherbild befinden sich der Code des ausgeführten Programms und der zugehörige

Datenbereich (Stack und Heap), aber auch zusätzliche Informationen wie die eindeutige Prozeßnummer, die Prozeß-Dateitabelle, das aktuelle Verzeichnis, die effektive und reale Benutzer- und Gruppenidentifikation und noch einiges mehr. Ein Blick in die Systemdateien `/usr/include/sys/user.h` und `/usr/include/sys/proc.h` zeigt die vollständige Struktur dieser pro Prozeß gespeicherten Daten. Der Codebereich läßt sich von einem Programm nicht verändern. Auf den Informationsteil hingegen kann zugegriffen werden, wenn auch nicht direkt (gehört dem System!), sondern nur über Systemaufrufe. Dieses Speicherbild spielt eine wichtige Rolle beim Verständnis der UNIX-Prozeßmechanismen.

8.3.1 Prozeßerzeugung

Die einzige Möglichkeit, neue Benutzerprozesse zu erzeugen, besteht in der Verdoppelung eines bereits laufenden Prozesses. Die Funktion `fork()` erstellt eine Kopie des aktuellen Speicherbildes und läßt dieses durch einen neuen Prozeß parallel ausführen. Derselbe Programmcode wird unabhängig und asynchron auf einer Kopie der Daten mit gleicher Prozeßinformation ausgeführt, und auch der neue Prozeß fährt in der Ausführung dort im Code weiter, wo `fork()` aufgerufen wurde. Nur ein ganz kleiner, aber wichtiger Unterschied besteht zwischen dem Originalprozeß, dem *Vater*, und seiner Kopie, dem *Kind*: Das Kind erhält 0 als Rückgabewert von `fork()`, der Vater aber erhält die Prozeßnummer des neu kreierten Kindes. Dadurch entsteht eine baumartige Hierarchie unter Prozessen. Falls etwas schief gelaufen ist, gibt die Funktion wie bei Systemaufrufen üblich den Wert -1 zurück. Folgender Code illustriert diese Vorgänge (Abb. 8.13):

```
main()
{
    int  pid;    /* Prozess-Identifikation */

    ...
    pid = fork();    /* verdopple Prozess */
    switch (pid) {
    case 0:    /* Kind */
        /* folgende Anweisungen werden nur vom Kinde ausgefuehrt */
        ...
    case -1:    /* es ist ein Fehler aufgetreten */
        exit(1);
    default:    /* Vater (pid ist Prozessnummer des Kindes) */
        /* folgende Anweisungen werden nur vom Vater ausgefuehrt */
        ...
    }
    ...
    exit(0);
}
```

Abb. 8.13 Kreieren von Prozessen

Die Funktion `exit()` beendet einen Prozeß, ähnlich wie die `return`-Anweisung eine Funktion abschließt. Das Argument dieses Aufrufs wird als Information über den Abschlußzustand des endenden Prozesses interpretiert und dem Vater mitgeteilt (s. u.: `wait()`). Dabei gilt die Konvention, daß eine 0 normales Ende, ein anderer Wert aber eine Fehlersituation anzeigt. Äquivalent zu einem Ende über die `exit()`-Funktion ist ein Abschluss im Hauptprogramm über ein `return`-Statement mit Rückgabewert. Eine dieser beiden Abschlußmöglichkeiten sollte immer benutzt werden, weil sonst der Endzustand des Prozesses undefiniert ist. (Dieser Endzustand entspricht dem Wert, den der *shell* nach der Ausführung eines Befehls über den Parameter $? zur Verfügung stellt.)

Da das Kind in einer Kopie des väterlichen Speicherbildes läuft, verfügt es unter anderem über dieselben Einträge in der Prozeß-Dateitabelle wie sein Vater, hat also Zugriff auf die zur Zeit des `fork()`-Aufrufs offenen Dateien des Vaters. Zwei korrespondierende Einträge in den beiden Tabellen verweisen auf ein und dasselbe Element der System-Dateitabelle, in dem für die entsprechende Datei die Verwendungsart (Lesen, Schreiben oder beides entsprechend den Angaben beim Eröffnen), der aktuelle Offset und eine Referenz auf ihren I-Knoten in der I-Knoten-Tabelle des Systems abgespeichert sind. Das kann wegen der parallelen Ausführung ohne entsprechende Vorsicht zu unerwünschten Zugriffsüberschneidungen führen (ist aber andererseits auch ein wichtiges Mittel zur Kommunikation zwischen Prozessen, s. 8.5): jedes Verändern des Datei-Offsets durch den einen Prozeß (mittels `read()`, `write()` oder `lseek()`) wird auch vom anderen registriert. Zusätzliche Vorsicht ist geboten, wenn im Vater schon vor dem `fork()` durch Standard E/A-Funktionen gepufferte Ein- oder Ausgabe stattgefunden hat. Durch die Kopie des Datenbereichs werden die Standard E/A-Puffer dupliziert. Falls nun Vater und Kind ihre Ausgabepuffer leeren, werden dieselben Daten zweimal ausgeschrieben, genauso wie die in den Eingabepuffern befindlichen Zeichen in beiden Prozessen zur Verfügung stehen, als ob sie zweimal gelesen worden wären.

8.3.2 Plotterdämon

Die Aufgabe des Dämons namens `pld` in unserem Spooling-System besteht darin, periodisch nachzuschauen, ob von `plo` Kontrolldateien im Spoolverzeichnis angelegt wurden, die angeben, welche Dateien wie oft zu zeichnen sind. Er läuft in einer unendlichen Schleife *im Hintergrund*, d.h sein Vaterprozeß wartet nicht auf sein Ende, sondern arbeitet parallel weiter. Das Codegerippe (Abb. 8.14) soll hier zur Andeutung der wichtigsten Passagen genügen, weil die Verarbeitung des Spoolverzeichnisses schon früher zur Sprache kam (s. 8.2.2).

```
#include "plotter.h"
...
main()    /* Plotter Daemon ohne Fehler- und Signalbehandlung */
{
    int             spdir;
    long            lseek();
    ...
    if (fork()) exit(0);    /* nur Kind ueberlebt */

    chdir(SPOOLDIR);
    spdir = open(".",0);

    /* sicherstellen, dass nur ein Daemon arbeitet */
    if (lock(LOCKFILE) < 0) exit(0);      /* Lock existiert */

    /* unendliche Schleife */
    for (;;) {
        /* Kontrolldateien in Verzeichnis suchen und verarbeiten */
        ...
        sleep(30);
        lseek(spdir,0L,0);    /* zurueck an den Verzeichnis-Anfang */
    }
}
```

Abb. 8.14 Der Plotterdämon `pld` (Skelett)

Wer auch immer das Programm `pld` aufruft, bekommt sehr schnell die Kontrolle zurück. Der Dämon erstellt sofort eine Prozeßkopie von sich selbst (via `fork()`) und läßt den Vater unmittelbar danach in Frieden scheiden (`exit(0)`). Es stellt sich hierbei eine prinzipielle Frage: Was geschieht mit einem Prozeß, dessen Erzeuger stirbt? Um im Bild der Verwandtschaftsbeziehungen zu bleiben: Er bekommt einen Stiefvater, nämlich den Urprozeß Nummer 1 (`init`), wird im Prozeßbaum also auf die zweitoberste Stufe unmittelbar unter der Wurzel gehoben. Der Dämon hat im weiteren dafür zu sorgen, daß nur einer von seiner Sorte herumgeistert. Dazu dient eine *Lockdatei* im Spoolverzeichnis. Existiert sie bereits, so arbeitet schon ein `pld`, sonst ist sie zu erstellen. Eine Funktion `lock()` übernimmt diese Aufgabe und löst sie auf ähnliche Weise wie `plot()` sicherstellt, daß die Kontrolldateien in einer ungeteilten Operation (`link()`) erstellt werden. Der Dämon ist damit aber noch nicht gegen Einflüsse von außen gefeit: Verschwindet z.B. die Lockdatei aus irgendeinem Grund, kann ein zweiter Dämon erscheinen; oder wird der `pld`-Prozeß gekillt, kann sich wegen der Lockdatei kein neuer mehr aufstarten. Ein möglicher Ausweg bestünde darin, in der Lockdatei die Prozeßnummer ihres Erzeugers abzulegen und diese regelmäßig zu überprüfen bzw. auch seit einigen Minuten nicht mehr angerührte Lockdateien als ungültig zu betrachten. Für ein sicheres Systemprogramm wären diese Ergänzungen noch vorzunehmen. Der Dämon läuft privilegiert, d.h. er gehört dem Superbenutzer und hat das Set-User-ID-Bit gesetzt, damit er alle von den Benutzern abgelegten Dateien auch wieder aus dem Spoolverzeichnis entfernen kann. Noch fehlt in diesem Gerippe die Signalverarbeitung, in der es grundsätzlich zu verhindern gilt, daß Unterbrechungen vom Terminal des Geburtshelfers auch den Dämon tödlich treffen. Diese Vorkehrungen kommen in 8.4 ausgiebig zur Sprache.

8.3.3 Synchronisation über `wait()`

Prinzipiell laufen Vater- und Kindprozeß nach einem `fork()` unabhängig voneinander weiter (parallel). Damit Prozesse miteinander kommunizieren können, stehen verschiedene Möglichkeiten wie Pipes und Signale zur Verfügung, die später besprochen werden. Eine grobe Synchronisation der Abläufe ist aber auch über die Funktion `wait()` möglich: `wait()` erlaubt dem Vater, auf die Nachricht vom Ende eines Kindprozesses zu warten, bevor er in seiner weiteren Arbeit fortfährt. Der Rückgabewert dieser Funktion ist die Prozeßnummer des beendeten Sprößlings.

```
int  status, pid;

pid = wait(&status);     /* blockiert, bis ein Kind stirbt */
```

Auf diese Weise wird das Ende *jedes* Kindes gemeldet, auch wenn sich dieses schon *vor* dem väterlichen `wait()`-Aufruf verabschiedet hat. Wenn bereits alle Kinder gestorben und gemeldet sind, gibt die Funktion ohne zu blockieren die übliche Fehlerindikation -1 zurück. Das einzige Argument dieses Systemaufrufs ist die Adresse einer Zustandsvariablen (hier `status`), in die durch `wait()` Information über den Abschluß des Kindprozesses abgelegt wird. Das unterste Byte bildet Information vom System, das nächst höhere vom Kind selber (Abb. 8.15).

```
int  sysstat, exitarg;

sysstat = status & 0377;          /* System-Byte von status */
exitarg = (status >> 8) & 0377;   /* Rueckgabewert des Kindes */
```

Abb. 8.15 Aufschlüsselung des `wait()`-Argumentes

Das Systembyte gibt Aufschluß darüber, ob das Kind regulär abgeschlossen hat (`sysstat == 0`) oder irgendwie gewaltsam abgebrochen wurde. Im letzteren Fall enthält `sysstat` die Nummer des Signals (s. 8.4), das den Tod herbeigeführt hat. Ein bestimmtes Bit (`sysstat & 0200`) zeigt zusätzlich an, ob beim Abbruch des Kindprozesses ein Hauptspeicherauszug (`core`) erstellt wurde. Das höhere Byte (`exitarg`) ist nur gültig bei selbstgewähltem Tod des Kindprozesses und wird dessen Rückgabewert enthalten, d.h. das untere Byte des Arguments der `exit()`-Funktion oder des `return`-Wertes im Hauptprogramm.

8.3.4 Überlagerung von Programmen

Durch den `exec()`-Systemaufruf kann sich ein Programm *innerhalb eines Prozesses* durch ein anderes Programm selber ersetzen. Diese Überlagerung bewirkt die Auswechslung des Daten- und des Codeteils im Speicherbild, während die Prozeßinformationen erhalten bleiben! Als eigentliche C-Funktionen stehen mehrere Versionen dieses Systemaufrufs zur Verfügung, die sich durch die Art ihrer Argumente unterscheiden. Als erstes Argument figuriert aber immer der Name der Diskdatei, die das zu startende Programm enthält. Das laufende Programm bekommt die Kontrolle nach dem Aufruf nicht mehr zurück, und das überlagernde Programm beginnt normal an seinem Eingangspunkt.

Die einfachste Version von `exec()` bildet die Funktion `execl()`. Ihr erstes Argument ist eine Zeichenkette, die den Namen der zu holenden Programmdatei enthält (ein absoluter oder relativer Pfadname). Alle weiteren Argumente sind ebenfalls Strings und werden die Argumente des neuen Hauptprogramms sein, haben also dessen Konventionen zu entsprechen (erstes `main()`-Argument ist der Programmname). Die Argumentreihe muß mit einem Nullzeiger abgeschlossen werden.

Das Programm `plq` z.B. startet nach dem Auflisten der Plotter-Warteschlange den Dämon auf, indem es sich durch das Programm `pld` überlagert (Abb. 8.16).

```
execl(PLD,"pld",(char *) 0);
```

Abb. 8.16 Dämonstart am Ende von `plq`

Das erste Argument von `execl()` ist der Pfadname der Dämondatei, wie er in `plotter.h` definiert ist, und das nächste der Name des Dämons, der zum `argv[0]` im Dämon-Hauptprogramm wird. Weil `pld` keine weiteren Argumente erwartet, schließt die Liste darauf mit einem Nullzeiger. Daß diese Aktion notwendig ist, erklärt sich daraus, daß der Dämon aus irgendeinem Grunde verschwinden kann und dann frisch gestartet werden muß. Eine Möglichkeit wäre, das vorsorglich jedesmal von `plo` besorgen zu lassen. Weil diese Fehlersituation aber äußerst selten auftritt, genügt es durchaus, `plq` damit zu belasten. Der Aufstart geschieht unbedingt, weil nur das Programm `pld` selber wissen kann, ob es jetzt wirklich gebraucht wird oder ob schon ein anderer guter Geist an der Arbeit ist.

Eine flexiblere Möglichkeit des Aufrufs bietet die Funktion `execv()`, die benötigt wird, wenn die Anzahl der Argumente nicht zur Compilationszeit bekannt ist. Ihr erstes Argument ist ebenfalls der Dateiname des zu ladenden Programms, aber sie akzeptiert nur *ein* zweites Argument: die Adresse eines Feldes von Strings. Darin sind die Hauptprogrammargumente zusammengefasst und algorithmisch aufbereitbar, während sie in `execl()` einzeln und explizit anzugeben sind.

Das Programm `plo` bringt eine Datei ins Spoolverzeichnis. Falls eine Datei aber vorher noch bearbeitet werden muß, indem z.B. Steuerzeichen für den Plotter einzufügen sind, kann plo aus dem Bearbeitungsprogramm heraus direkt aufgerufen werden (Abb. 8.17).

```
#include "plotter.h"

callplo(TmpFile,Kopien)      /* rufe Programm plo */
char *TmpFile;               /* fuer Plotter aufbereitete Datei */
int  Kopien;                 /* Anzahl zu erstellende Kopien */
{
    int pid, status, i = 0;
    char *argv[4];

    if ((pid = fork()) == 0) {    /* Kind */
        argv[0] = "plo";          /* Programmname */
        if (Kopien > 1) {
            argv[++i] = "-c ";
            argv[i][2] = '0' + Kopien;
        }
        argv[++i] = TmpFile;
        argv[++i] = (char *) 0;   /* Ende der Argumente */
        execv(PLO,argv);
        exit(1);
    }
    while (wait(&status) != pid) ;
    return status;
}
```

Abb. 8.17 Aufruf von plo aus einem Programm

Am Informationsteil des Speicherbildes werden durch exec() in speziellen Fällen leichte Modifikationen vorgenommen, die es im Auge zu behalten gilt. So bleiben alle offenen Dateien offen, außer man hätte durch einen ioctl()-Aufruf vorher ausdrücklich festgelegt, daß eine Datei durch exec() zu schließen ist (ioctl(dd,FIOCLEX,(sgttyb *)0)). Allerdings gehen den offen bleibenden Dateien die von den Standard-E/A-Funktionen benutzten Puffer (im Datenbereich!) verloren. Die Ausgabepuffer sind deshalb vorgängig zu leeren (fflush()), aber die Zeichen der Eingabepuffer verschwinden unwiederbringlich. Die reale Benutzer- und Gruppenidentifikation überlebt einen exec()-Aufruf unverändert, d.h. der Urheber einer Prozeßverkettung kann sich nicht verstecken und ist jederzeit feststellbar. Die effektiven Identifikationen hingegen (regeln Zugriffsberechtigungen!) werden nur in Ruhe gelassen, sofern in der neuen Programmdatei nicht der Set-User-ID- oder der Set-Group-ID-Modus gesetzt ist; sonst werden sie entsprechend neu gesetzt. Daß auch der Zustand der Signale teilweise eine Änderung erfahren kann, zeigt sich im nächsten Abschnitt. Etwaige Sprößlinge des Aufrufers sind ebenfalls im Prozeßinformationsteil vermerkt und gelangen auf alle Fälle unverändert zum überlagernden Programm, d.h. man weiß in einem Programm nie so recht, ob man nicht unverhofft zu einem Kind gekommen ist (es existiert auch keinerlei Möglichkeit, vom System eine Liste der Kinder zu erhalten). Das erklärt zur Hälfte, warum die Funktion `wait()` üblicherweise in einer Schleife aufgerufen wird (Abb. 8.18), auch dann, wenn nur ein einziger Sohnprozeß ins Leben gerufen wurde (für die andere Hälfte der Erklärung s. 8.4):

```
/* warte, bis Kind mit Prozessnr. pid stirbt */
while (wait(&status) != pid) ;
```

Abb. 8.18 Übliche Verwendung von `wait()`

Dies erlaubt, auf einen bestimmten Kindprozeß zu warten, welche anderen (eigenen oder zwangsadoptierten) Kinder auch immer vorher noch gemeldet werden.

Es kann vorkommen, daß ein Aufruf von `exec()` nicht erfolgreich ist, weil die angegebene Programmdatei nicht existiert oder nicht ausführbar ist. Nur in einem solchen Fall erhält das laufende Programm die Kontrolle zurück.

Neben den Funktionen `execl()` und `execv()` stehen noch die entsprechenden, um ein Argument erweiterten Versionen `execle()` und `execve()` zur Verfügung. Dieses zusätzliche, hinterste Argument ist ein Zeiger auf ein Feld von String-Pointern, dessen letztes Element 0 ist. Die Strings werden die *Umgebung* des neuen Prozesses bilden (*environment*: deshalb das kleine e als Zusatz im Funktionsnamen) (s. auch 8.1).

Der Name der Programmdatei wird, falls er als relativer Pfadname angegeben ist, nur im aktuellen Verzeichnis (Teil der Prozeßinformation im Speicherbild!) gesucht. Wer sich eine Datei wie im *shell* automatisch in allen Verzeichnissen der Umgebungsvariablen PATH suchen lassen will, kann die Funktionen `execlp()` und `execvp()` verwenden. Diese akzeptieren dieselben Argumente wie ihre Namensvettern ohne endendes p. Der *shell* ist zusätzlich in der Lage, Metazeichen in Argumenten zu expandieren, was durch die verschiedenen Versionen des `exec()`-Aufrufs ausdrücklich nicht geleistet wird. Wer diesen Service dennoch in einem Programm ausnutzen möchte, kann sich wie in Abb. 8.19 gezeigt durch einen *shell* mit der Option `"-c"` überlagern lassen (Interpretieren und Ausführen einer Kommandozeile):

```
execlp("sh","sh","-c",Kommandozeile,(char *) 0);
```

Abb. 8.19 Ausführen eines *shell*-Kommandos in einem Programm

Das erste `"sh"`-Argument läßt das System den *shell* gemäß PATH suchen, das zweite wird der Programmname im Hauptprogramm des *shell*. *Kommandozeile* ist ein String, der eine Zeile enthält, wie sie dem *shell* auch interaktiv übergeben werden könnte (ohne abschließendes \n).

8.4 Behandlung von Signalen

Signale dienen dazu, einem Programm *asynchrone Ereignisse* mitzuteilen. Solche Ereignisse bilden z.B. Laufzeitfehler wie unerlaubte Speicherzugriffe oder ungültige Instruktionscodes, dann aber auch Unterbrechungen durch den Benutzer am Terminal oder explizit von einem Prozeß an einen anderen geschickte Signale. Sofern ein Programm nicht anders vorsorgt, führen eintreffende Signale zur sogenannten *Standardaktion*, die meist im Abbruch des Programms und eventuell im Erstellen eines Hauptspeicherauszugs in der Datei `core` zur späteren Fehlersuche mit `adb` oder `sdb` besteht. Welche Signale zu welcher Standardaktion führen, läßt sich im Manual unter *signal(2)* nachschlagen. Zur Behandlung von Signalen in C-Programmen stehen die Funktionen `signal()`, `kill()`, `setjmp()` und `longjmp()` zur Verfügung. Wer `signal()` oder `kill()` benutzt, tut gut daran, die Include-Datei <`signal.h`> zu verwenden, weil dort alle nötigen Definitionen vorgegeben sind. Diese Bezeichnungen werden auch im folgenden verwendet. Zur Benutzung von `setjmp()` und `longjmp()` muß die Include-Datei <`setjmp.h`> dazugenommen werden.

Vom Terminal her lassen sich unmittelbar drei Signale generieren:

`SIGINT`: Generiert durch die Taste *rubout*, *break*, *ctrl c* oder etwas ähnliches (ASCII-Zeichen **DEL**). Bewirkt Abbruch eines Programms.

`SIGQUIT`: Generiert durch die Taste *ctrl* \ oder *ctrl* ' (ASCII-Zeichen **FS**). Bewirkt Programmabbruch und einen Hauptspeicherauszug in `core`.

`SIGHUP`: Generiert durch physisches Unterbrechen der Terminalleitung (HUP = hang up). Bewirkt Programmabbruch.

Ein Prozeß hat durch die Funktion `signal()` die Möglichkeit, eintreffende Signale zu ignorieren, sie selber zu behandeln oder die zugehörige Standardaktion ausführen zu lassen. Das erste Argument der Funktion ist die Nummer des betroffenen Signals, bzw. dessen symbolischer Name, wie er in <`signal.h`> definiert ist. Das zweite Argument ist die Adresse einer `int`-Funktion. Wünscht der Benutzer ein Signal selber zu behandeln, gibt er an dieser Stelle eine eigene Funktion an, die beim Eintreffen des Ereignisses aufgerufen wird. Beispielsweise bewirkt

```
int onint();

signal(SIGINT,onint);
```

den unmittelbaren Aufruf der Funktion `onint()` bei Empfang eines `SIGINT`-Signals. Um ein Signal zu ignorieren, kann als zweites Argument der symbolische Wert `SIG_IGN` angegeben werden, wie z.B. in

```
signal(SIGINT,SIG_IGN);
```

Von dieser Anweisung an wird dem laufenden Programm das Drücken der Interrupt-Taste nicht mehr mitgeteilt. Um die Standardaktion von neuem einzusetzen, kann SIG_DFL angegeben werden:

```
signal(SIGINT,SIG_DFL);
```

Von den möglichen 16 Signalen läßt sich einzig die Nummer 9 (SIGKILL) nicht behandeln, damit das unbedingte Beenden eines Prozesses möglich bleibt. Die Nummer 16 ist andererseits die einzige, der keine vordefinierte Bedeutung zugewiesen wurde und die deshalb frei zur Kommunikation zwischen Prozessen benützt werden kann.

Schreiben wir als kleines Beispiel eine Funktion, die ein Programm im Hintergrund startet, d.h. als parallelen Prozeß laufen läßt, ohne auf dessen Beendigung zu warten (Abb. 8.20). Der Vaterprozeß, ein interaktives Programm, kann darauf ohne Verzögerung mit seiner Aufgabe fortfahren.

```
#include <signal.h>

background(name,argv)     /* fuehre Befehl im Hintergrund aus */
char   *name;             /* Name des Befehls */
char   *argv[];           /* Argumente des Befehls */
{
    int  pid;

    if ((pid = fork()) == 0) {    /* Kind */
        close(0);                /* schliesse Standard Eingabe */
        open("/dev/null",0);     /* eroeffne stattdessen /dev/null */
        /* ignoriere interaktive Signale */
        signal(SIGINT,SIG_IGN);
        signal(SIGQUIT,SIG_IGN);
        execv(name,argv);
        exit(1);
    }
    return(pid);    /* ohne auf Kind zu warten */
}
```

Abb. 8.20 Starten von Hintergrundprozessen

Es gilt einerseits zu verhindern, daß der Hintergrundprozeß vom selben Bildschirm wie der Aufrufende zu lesen versucht, weil sonst das System die eingegangenen Zeichen zufällig unter den beteiligten Prozessen verteilt. Indem die Standardeingabe im Kind geschlossen und mit /dev/null wiedereröffnet wird, bekommt das Hintergrundprogramm bei jedem Versuch, von der Standardeingabe zu lesen, die EOF-Indikation. Andererseits ist zu beachten, daß die drei Terminalsignale an sämtliche Prozesse geschickt werden, die vom selben Bildschirm aus gestartet wurden, d.h. die dasselbe *Kontrollterminal* besitzen. Zum Kontrollterminal wird die allererste Terminaldatei, die von einem Prozeß eröffnet wird, wobei üblicherweise `init` diese Tat vollbringt und ein Benutzer nicht weiter mit diesem Problem konfrontiert ist. Diese Angabe gehört zum Speicherbild eines Prozesses, vererbt sich deshalb an Kinder oder überlagernde Programme und bleibt auch gültig und unverändert, wenn die Datei geschlossen und eine andere eröffnet wird. Deshalb ist dafür zu sorgen, daß der Hintergrundprozeß nicht von den interaktiven Signalen `SIGINT` und `SIGQUIT` vom Terminal her belästigt wird. Dazu werden sie im Kindprozeß vor dem `execv()` ignoriert. Diese Signale sind vom Benutzer nämlich an interaktive Prozesse gerichtet und sollen nicht andere, parallele Prozesse umbringen. Obwohl Signalzustände zur Prozeßinformation gehören, erbt ein durch eine `exec()`-Version aufgerufenes Programm die Signalbehandlung des aufrufenden Prozesses nur bedingt. Signale, für die die Standardaktion Gültigkeit besitzt oder die ignoriert werden, verbleiben in diesem Zustand. Signale hingegen, die durch eine Benutzerfunktion abgefangen sind, setzt `exec()` auf die Standardaktion zurück. Das muß logischerweise so sein, denn diese Funktionen gehören zum Programmcode des Aufrufers, und dieser Code geht verloren.

Signale können nicht nur durch Terminaltasten, sondern im *shell* auch durch den `kill`-Befehl oder in einem C-Programm durch den Systemaufruf `kill()` generiert werden:

```
int pid, signr;

kill(pid,signr);
```

Dieser Aufruf schickt das Signal `signr` an den Prozeß mit der Nummer `pid`. Natürlich geht es nicht an, daß ein Prozeß jedem anderen im System ein Signal senden und ihn dadurch womöglich umbringen darf. Dem `kill()`-Aufruf ist deshalb die Grenze gesetzt, daß der empfangende Prozeß *dieselbe effektive Benutzeridentifikation* aufweisen muß wie der sendende (eine Ausnahme bildet hier wie üblich der Superbenutzer). Ist `pid` 0, geht das Signal an *alle* aktiven Prozesse mit derselben effektiven Benutzer-ID, inklusive an den Killer selbst. Wenn die Signalnummer außerhalb des gültigen Bereichs liegt oder der angegebene Prozeß nicht erreicht werden kann, gibt `kill()` den Wert -1 zurück.

Für unseren Plotterdämon gibt es nach obigen Überlegungen noch etwas nachzutragen. Nehmen wir an, er werde durch einen nicht privilegierten Benutzer von `plq` automatisch aufgestartet und erbe dadurch dessen Kontrollterminal. Damit er nicht von den interaktiven Signalen von dort her wieder umgebracht wird, markiert er diese sofort als ignoriert (Abb. 8.21).

```
/* ignoriere interaktive Signale von Kontroll-Terminal */
signal(SIGINT,SIG_IGN);
signal(SIGQUIT,SIG_IGN);
signal(SIGHUP,SIG_IGN);
```

Abb. 8.21 Signalbehandlung im Dämon

Andere Signale sind nicht zu beachten, weil der Dämon mit der effektiven Benutzeridentifikation des Superbenutzers läuft. Achtung also: Drücken der Interrupt-Taste am Terminal erreicht den Dämon und wird ignoriert (gleiches Kontrollterminal!); ein `kill -2` *pid* im *shell* erreicht den Dämon hingegen nicht (andere effektive Benutzer-ID!).

Der Rückgabewert der Funktion `signal()` ist der alte Zustand des betreffenden Signals, also `SIG_DFL`, `SIG_IGN` oder die Adresse der eingesetzten Benutzerfunktion, damit ein temporär überschriebener Signalzustand wiederhergestellt werden kann (Abb. 8.22).

```
int (*hstat)();

hstat = signal(SIGHUP,SIG_IGN);      /* behalte alten Zustand */
...
signal(SIGHUP,hstat);     /* setze alten Zustand wieder ein */
```

Abb. 8.22 Abfangen und Wiederherstellen eines Signals

Auch in der `plot()`-Funktion fehlt noch die Signalbehandlung. Dabei stellt sich ihr ein sehr häufiges Problem: Sie kreiert temporäre Arbeitsdateien, die auf alle Fälle wieder wegzuräumen sind, auch wenn das Programm durch ein Signal mitten in der Arbeit abgebrochen wird. Deshalb werden die üblichen Signale durch eine Benutzerfunktion abgefangen, die vor dem Tod noch schnell reinen Tisch macht. Es ist aber folgendes zu beachten: Erfolgt der Aufruf eines Befehls wie `plo` im Hintergrund, sorgt der *shell* in ähnlicher Manier wie unsere Funktion `background()` dafür, daß `SIGINT` und `SIGQUIT` im aufgerufenen Programm ignoriert werden. Will man die Ausführung eines Programms im Hintergrund zulassen, hat man deshalb mit dem Abfangen dieser Signale vorsichtig zu sein: Sie sollen nur dann angetastet werden, wenn sie nicht schon ignoriert sind! Die übliche Konstruktion dazu zeigt Abb. 8.23:

```
int onsig();

if (signal(SIGINT,SIG_IGN) != SIG_IGN) signal(SIGINT,onsig);
```

Abb. 8.23 Signal nur abfangen, wenn nicht im Hintergrund

Statt die Implementierungsdetails der Signalbehandlung in `plo` zu betrachten, konzentrieren wir uns auf unseren skizzierten Editor, dem sich ein ganz ähnlich gelagertes Problem stellt: Wie soll er sich verhalten, wenn ihm plötzlich mitten in der Arbeit mitgeteilt wird, daß die Verbindung zu seinem Benutzer unterbrochen wurde (`SIGHUP`)? Weil er nicht entscheiden kann, ob der Benutzer freiwillig den Bildschirm abgestellt hat oder ob ein Unglück geschehen ist, schreibt er beim Eintreffen dieses

Ereignisses den aktuellen Dateiinhalt mit allen Änderungen, die erst im Hauptspeicher nachgetragen sind, auf eine Datei `edi.hup`, bevor er endet. In einer nächsten Sitzung kann der Benutzer dann selber entscheiden, welchen Dateizustand er behalten will.

Noch etwas weiteres kommt hinzu. Oft ist es wünschenswert, nach einem abgefangenen Signal nicht an die Stelle der Unterbrechung zurückzukehren, sondern irgendwo sonst hin. Der *shell* z.B. springt nach einem Interrupt in die Hauptschleife zurück, in der er den Prompt auf den Bildschirm schreibt und das nächste Kommando einzulesen beginnt. Genauso hat ein Editor eine Unterbrechung während der Ausführung eines Kommandos nicht als Abbruch des Editiervorgangs zu interpretieren, sondern als Wunsch, in den Grundzustand des Editors zurückzugehen. Das bedeutet, daß die Funktion, die das entsprechende Signal abfängt, nicht an die Stelle ihres Aufrufs zurückkehren darf, sondern die Kontrolle an einen anderen Punkt im Code zu versetzen hat. Hier liegt das Anwendungsgebiet von `setjmp()` und `longjmp()`.

Der Aufruf `setjmp(sjbuf)` setzt die für einen nicht-lokalen Sprung nötigen Informationen (Code- und Stackposition) in das Argument `sjbuf`, d.h. er legt das Sprungziel fest. Ein Sprung dorthin ist von überall her möglich, wo `sjbuf` zugreifbar ist, üblicherweise wird er aber aus einer Signale behandelnden Funktion heraus getätigt. Durch den Aufruf `longjmp(sjbuf)` gelangt man an die Stelle im Code, die durch `sjbuf` repräsentiert wird: Die Stackumgebung wird nachgeführt und die Aktion erscheint wie eine Rückkehr aus der Funktion `setjmp()`. Ein Ausschnitt aus unserem Editor soll diese Vorgänge illustrieren (Abb. 8.24).

```
#include <signal.h>
#include <setjmp.h>
...

static jmp_buf sjbuf;

onhup() {    /* rette Dateiinhalt in edi.hup */
    ...
    exit(1);
}

onsig(sig)
int sig;
{
    signal(sig,SIG_IGN);    /* sofort wieder behandeln */
    longjmp(sjbuf);
}

main()   /*----- Bildschirmeditor: Signalbehandlung -----*/
{
    ...
    signal(SIGHUP,onhup);
```

```
        /* aktuelle Code und Stackposition speichern (fuer longjmp) */
        setjmp(sjbuf);
        signal(SIGINT,onsig);
        signal(SIGQUIT,onsig);

        /* eigentliche Verarbeitung: Hauptschleife */
        for (;;) {
            ...
        }
        ...
}
```

Abb. 8.24 Signalbehandlung und longjmp() im Editor

Ein Interrupt oder ein Quit-Signal irgendwo in der Hauptschleife bewirkt den unmittelbaren Aufruf der eingesetzten Funktion `onsig()`. Diese erhält (wie jede Signalroutine) als Argument die Signalnummer, die die Unterbrechung auslöste, was hier nützlich sein kann, weil mehrere Signale durch dieselbe Funktion behandelt werden. Für abgefangene Signale setzt das System nach ihrem Eintreffen automatisch wieder die Standardaktion ein. Deshalb ist als erstes meist eine neuerliche Behandlung nötig. Damit ein folgendes gleiches Signal den Prozeß nicht umbringt, wird es hier in `onsig()` bis auf weiteres ignoriert. Nach dem großen Sprung, d.h. der Pseudorückkehr aus `setjmp()`, wird es von neuem durch `onsig()` abgefangen. Ein mögliches zweites Argument von `longjmp()` wäre eine ganze Zahl, die nach dem Sprung zum Rückgabewert von `setjmp()` wird. Damit ließe sich unterscheiden, woher ein Sprung stattgefunden hat, falls von mehreren Orten aus an dieselbe Stelle gehüpft wird. Der erste Aufruf von `setjmp()` ergibt den Rückgabewert 0.

Noch fehlt uns die Möglichkeit, aus dem Editor heraus ein *shell*-Kommando auszuführen. Das naheliegende Vorgehen besteht darin, den Editor einen Kindprozeß generieren und sich dort durch den *shell* überlagern zu lassen. Hinzu kommen ein paar Arbeiten an den Signalzuständen und an der Prozeß-Dateitabelle. In Abb. 8.25 fassen wir diese Aufgaben in einer Funktion `command()` zusammen:

```
#include <signal.h>
#include <sys/param.h>

command(cmd)
char *cmd;
{
    int   i, pid, status, (*istat)(), (*qstat)();

    istat = signal(SIGINT,SIG_IGN);     /* ignoriere Interrupt */
    qstat = signal(SIGQUIT,SIG_IGN);    /* ignoriere Quit */
```

```
        if ((pid = fork()) == 0) {      /* Kind */
            /* setze Standard Umgebung */
            for (i = 1; i <= 3; i++) signal(i,SIG_DFL);
            for (i = 0; i < NOFILE; i++) close(i);
            open("/dev/tty",2);     /* Standard Eingabe */
            dup(0);                 /* Standard Ausgabe */
            dup(0);                 /* Standard Fehler  */
            /* ueberlasse dem shell den Rest der Arbeit */
            execlp("sh","sh","-c",cmd,(char *) 0);
            exit(1);     /* oh je */
        }
        /* Vater */
        while (wait(&status) != pid) ;
        signal(SIGINT,istat);   /* Interrupt-Zustand wieder herstellen */
        signal(SIGQUIT,qstat); /* Quit-Zustand wieder herstellen */
        if (pid == -1) return -1;    /* fork meldete Fehler */
        else return status;
}
```

Abb. 8.25 *shell*-Kommando im Editor

Bevor sich das Kind durch den *shell* überlagert, stellt es zuerst dessen übliche Umgebung her. Die veränderten Signale werden auf ihre Standardaktionen gesetzt, sämtliche offenen Dateideskriptoren geschlossen und die ersten drei (Standard-E/A und -fehler) auf das Kontrollterminal eröffnet (alle drei der Einfachheit halber les- und schreibbar, wie das übrigens auch vom System gehandhabt wird). Das Kontrollterminal ist in jedem Prozeß jederzeit über die Spezialdatei `/dev/tty` ansprechbar, falls es definiert ist, d.h. irgendein Vorgänger einmal eine Terminaldatei eröffnet hat. Die Anzahl möglicher Dateideskriptoren ist als Konstante `NOFILE` in `<sys/param.h>` definiert, weil sie von System zu System variieren kann (typischer Wert: 20). Die Funktion `dup()` kopiert den als Argument angegebenen Dateitabellen-Eintrag auf denjenigen freien Eintrag mit dem kleinstmöglichen Index, in unserem Fall also den Eintrag 0 in das Element 1 und beim zweitenmal in das Element 2. Während der Kommandoausführung ignoriert der Editor Interrupt- und Quit-Signale und wartet auf die Beendigung des abgesetzten Prozesses.

Wie schon gesehen, bewirkt das Eintreffen eines durch eine Benutzerfunktion abgefangenen Signals eine temporäre Unterbrechung des normalen Programmflusses. Die Kontrolle wird dieser Funktion übergeben und führt über deren Ende an die Stelle der Unterbrechung zurück (außer natürlich bei Ausführung von `exit()` oder `longjmp()` aus der Funktion heraus). Diese schöne Regel kennt aber eine wichtige und auch etwas verwirrende Ausnahme: Einige Systemaufrufe setzen ihre unterbrochene Arbeit nach einer Signalroutine nicht fort, sondern enden unmittelbar mit Rückgabewert -1 und der Fehlerindikation `EINTR` in der externen Variablen `errno`. Auf diese Weise unterbrechbar sind die Funktionen `wait()`, sowie `read()` von einem Terminal (und von einer leeren Pipe, s. 8.5) und `write()` auf ein langsames Gerät (und auf eine volle Pipe, s. 8.5), d.h. Operationen, die den laufenden Prozeß suspendiert haben. Derart beendete Systemaufrufe müssen von neuem gestartet werden (wobei aber nirgends ausdrücklich garantiert wird, daß keine Zeichen doppelt ausgeschrieben werden oder verloren gehen). Weil sich die Standard-E/A-Funktionen letzlich auch auf `read()`- und `write()`-Aufrufe stützen, gelten für sie dieselben Überlegungen. Durch das kleine Programm in Abb. 8.26 sei dies illustriert:

```
#include <stdio.h>
#include <signal.h>
#include <errno.h>          /* Definitionen fuer errno-Werte */

int errno;                  /* vom System im Fehlerfalle gesetzt */

onintr()
{
    signal(SIGINT,onintr);
}

main()
{
    int c;

    signal(SIGINT,onintr);
    while ((c = getchar()) != EOF || errno == EINTR)
        if (errno == EINTR) errno = 0;    /* zuruecksetzen */
        else putchar(c);    /* weder EOF noch abgebrochenes read() */
}
```

Abb. 8.26 Lesen vom Terminal mit abgefangenen Signalen

Alle eingegebenen Zeichen werden hier (zeilenweise) auf den Bildschirm gespiegelt, ohne daß Interrupts ein vermeintliches Erkennen der EOF-Indikation provozieren. Die Variable `errno` wird von den Systemfunktionen im Fehlerfalle gesetzt, bei normalem Ende aber nicht berührt. Sie ist deshalb vom Benutzer selber auf 0 zurückzusetzen.

Daß `wait()` zu den abbrechbaren Funktionen gehört, liefert die versprochene zweite Hälfte der Erklärung, wieso es notwendig ist, in einer `while`-Schleife auf den Tod eines Kindes zu warten:

```
while (wait(&status) != pid) ;    /* warte bis Kind stirbt */
```

Wenn das Warten durch ein abgefangenes Signal unterbrochen wird, so endet die Funktion `wait()` vorzeitig und gibt den Wert -1 zurück (und eben nicht die erwartete Prozeßnummer). Ihr Aufruf wiederholt sich deshalb so lange, bis der erhoffte Tod gemeldet wird.

Auch die Systemfunktion `pause()` gibt nach abgefangenen Signalen die Kontrolle zurück, denn darin besteht gerade ihre Aufgabe: Warte auf eine Unterbrechung. Ihr Rückgabewert 0 widerspiegelt in diesem Fall normales Ende.

8.5 Pipes und Umlenkung der Standarddateien

Die Kommunikation zwischen zwei Prozessen in UNIX kann nicht über einen gemeinsamen Hauptspeicherbereich laufen, weil alle Prozesse im Speicher vollständig getrennt werden: Vater und Sohn haben nicht-überlappende Speicherbilder. Dennoch stehen verschiedene Möglichkeiten des Informationsaustausches zwischen Prozessen zur Verfügung.

Recht einseitige Kommunikation erfolgt über die *Argumente beim Start* eines Kindprozesses. Das Kind erhält die (eventuell recht komplexen) Argumentstrings des Vaters als Hauptprogramm-Parameter, kann aber nichts gleichwertiges entgegensetzen. Die gesamte Information, die ein Sohn über den Prozeßmechanismus an seinem Erzeuger zurückmelden kann, besteht aus einem Byte des Argumentes von `exit()` im Moment seines Ablebens. Diese Art von Kommunikation ist auf *Vater-Kind Beziehungen* beschränkt.

Noch weniger Information wird durch die *Signale* übermittelt. Ihr Vorteil ist dagegen die jederzeitige Verfügbarkeit während des Prozeßablaufs und allenfalls die Asynchronität: Sie werden sofort übermittelt. Wenn der Vater so nett ist und dem Sohn über einen Parameter seine väterliche Prozeßnummer mitteilt, kann der Austausch von Signalen sogar völlig symmetrisch erfolgen. Die Kenntnis der Nummer eines aktiven Prozesses genügt aber nicht, um mit Signalen hin und her zu funken: Die beteiligten Prozesse müssen *unter derselben effektiven Benutzeridentifikation* laufen (Ausnahme: Superbenutzer).

Voller und unbeschränkter Datenaustausch ist über *gemeinsame Dateien* möglich. Ein Prozeß oder auch mehrere schreiben in eine Datei, ein anderer oder mehrere lesen davon. Die beteiligten Prozesse haben allerdings selber zu lösen, was an Synchronisationsproblemen auftritt (z.B. führt ein Leseversuch, bevor Daten geschrieben sind, zu einer EOF-Indikation). Hier können sich alle Prozesse, die Lese- und/oder Schreibberechtigung auf die Datei besitzen, am Datenaustausch beteiligen. Dieser Weg über das Dateisystem bildet die einzige Möglichkeit der *Kommunikation nicht-verwandter Prozesse.*

Einen ebenfalls sehr allgemeinen, aber im Gegensatz zu geteilten Dateien komfortablen Kommunikationsmechanismus stellen die *Pipes* dar, die im folgenden noch einmal näher betrachtet werden. Eine Pipe ist eine zwei Prozesse verbindende Datenröhre. Am einen Ende der Röhre (Schreibseite) wird vom einen Prozeß Information hineingeschoben, am anderen Ende (Leseende) vom zweiten Prozeß wieder herausgeholt, und zwar mit denselben Befehlen wie für Dateien: `write()` und `read()`. Die Synchronisation wird in diesem Falle vom System übernommen. Gespräche über Pipes sind nur möglich, wenn ein *gemeinsamer Vorgänger* die Röhre eingerichtet hat. Der *shell* erlaubt das Erstellen einer einfachen Kette von Kommandos, die über Pipes verbunden sind; in Programmen lassen sich aber viel komplexere Röhrensysteme bauen.

In einem C-Programm kann eine Pipe durch den Systemaufruf `pipe()` eröffnet werden, was einem `creat()` für gewöhnliche Dateien recht nahe kommt (Abb. 8.27).

```
int pd[2];    /* Leseseite: pd[0], Schreibseite: pd[1] */

if (pipe(pd) < 0)  { /* Fehler */    ...    }
```

Abb. 8.27 Eröffnen einer Pipe

Eine Pipe belegt zwei Einträge in der Prozeß-Dateitabelle. Das als Argument übergebene `int`-Feld enthält nach dem Aufruf die entsprechenden Indizes in diese Tabelle, d.h. die Dateideskriptoren. Von `pd[0]` läßt sich wie von einer Datei lesen (`read()`), auf `pd[1]` wie auf eine Datei schreiben (`write()`). Beide Seiten lassen sich ebenfalls wie Dateien mit dem Systemaufruf `close()` schließen, aber ein Direktzugriff via `lseek()` ist ausgeschlossen: Pipes sind an beiden Enden sequentiell zu verarbeiten. Der Funktionswert von `pipe()` ist 0, falls die Pipe korrekt erstellt wurde, andernfalls -1 (z.B. zu viele offene Dateien).

Versucht ein Prozeß von einer leeren Pipe zu lesen, wird er vom System blockiert, bis am anderen Ende der Röhre wieder etwas hineingeschrieben wird. Andererseits hat eine Pipe eine beschränkte Länge (4096 Bytes), und ein Prozeß muß eventuell auf Eis gelegt werden, wenn er versucht, in eine volle Pipe zu schreiben, und zwar so lange, bis am anderen Ende durch Lesen ein bißchen Luft geschaffen wird. In der UNIX-Version 7 beträgt dieses 'bißchen' Luft 4096 Bytes, d.h. der Empfänger muß unglücklicherweise die ganze Pipe leeren, bevor der Sender in seiner Arbeit weiterfahren kann. Unter 4.2BSD kann für jedes gelesene Zeichen ein neues frisch in die Röhre geschoben werden (Pipes sind dort über die viel allgemeineren Sockets realisiert, s. 10.2).

Ein Kommunikationskanal von einem Vater- zu einem Kindprozeß ist schnell erstellt (Abb. 8.28).

```
main()
{
    int   pid, pd[2];

    pipe(pd);
    if ((pid = fork()) == 0) {
        /* Kind */
        close(pd[1]);    /* unbenoetigte Schreibseite der Pipe */
        ...   /* liest von Leseseite pd[0] der Pipe */
```

```
    }
    /* Vater */
    close(pd[0]);    /* unbenoetigte Leseseite der Pipe */
    ...   /* schreibt auf Schreibseite pd[1] der Pipe */
    close(pd[1]);    /* sende EOF an Kind */
    ...
}
```

Abb. 8.28 Eine Pipe vom Vater zum Kind

Wenn der Vater eine Pipe eröffnet hat, erbt der Sohnprozeß durch `fork()` die beiden Pipe-Deskriptoren. An sich kann jetzt Information vom Sender in die Schreibseite hineingestopft und vom Empfänger auf der Leseseite abgeholt werden. Es ist aber zu beachten, daß das System neben dem Blockieren bei Zugriff auf volle oder leere Pipes noch weitere Situationen zu regeln hat. Ist die Schreibseite, d.h. sämtliche ihre eventuell vervielfachten Deskriptoren, geschlossen und die Pipe leer, führt der Versuch zu lesen zur EOF-Indikation (Funktionswert 0 von `read()`). Wurde umgekehrt die Leseseite geschlossen, bildet jedes weitere Schreiben auf die Pipe eine Fehlersituation. Das Signal `SIGPIP` wird generiert und der unglückliche Schreiberling umgebracht, falls er nicht durch einen `signal()`-Aufruf vorgesorgt hat. Damit es also in obigem Beispiel dem Vater durch Abschluß seiner Schreibseite möglich wird, die EOF-Indikation an das Kind zu übermitteln, schließt dieses als erstes sein Schreibende (kein potentieller Sender mehr neben dem Vater). Damit der Vater umgekehrt nicht munter weiter zu schreiben versucht und sich womöglich dadurch blockiert, wenn das Kind schon lange im Himmel ist, ruft er zuerst `close()` für seine Leseseite.

Kein großes Geheimnis mehr ist nach allen bisherigen Überlegungen der Mechanismus des *shell* zur Umlenkung der Standard-E/A. Ein Befehl wie

```
$ cat > dog
```

kopiert seine Standardeingabe (Dateideskriptor 0), hier das Terminal, auf seine Standardausgabe (Dateideskriptor 1), hier die Datei dog. Der *shell* sorgt für die Ausführung des Befehls in einem Kindprozeß, in welchem er vor dem `exec()`-Aufruf den Deskriptor 1 schließt und stattdessen die Datei `dog` eröffnet. In einem stark vereinfachten Codeausschnitt sähe dieser Vorgang folgendermaßen aus (Abb. 8.29):

```
if ((pid = fork()) == 0) {    /* Kind */
    close(1);
    dd = open("dog",1);    /* dd = 1 (falls Standard Eingabe offen) */
    execl("/bin/cat","cat",(char *) 0);
}
/* Vater */
while (wait(&status) != pid) ;
```

Abb. 8.29 Zur Illustration der E/A-Umlenkung

Die Funktion open() belegt den ersten freien Eintrag der Dateitabelle des Prozesses. Indem zuerst der Eintrag 1 durch close() freigemacht wird, stellen wir sicher, daß die Datei dog dort eröffnet wird (unter der Voraussetzung, daß der Index 0 belegt, d.h. die Standardeingabe offen ist). Ein forcierter Eintrag an eine bestimmte Stelle in der Tabelle könnte auch über den Systemaufruf dup2() erfolgen:

```
int dd, dd_neu;

dup2(dd,dd_neu);
```

Diese Funktion kopiert den Tabelleneintrag dd auf das Tabellenelement mit Index dd_neu. Ist dieses besetzt, wird zuerst die darin referenzierte Datei geschlossen. Beide Einträge verweisen nach dem Aufruf auf dasselbe Element in der System-Dateitabelle, in die durch jedes open() oder creat() aller Prozesse gewisse Dateiinformationen eingetragen werden (Position in der Datei, Verweis auf I-Knoten etc., s. 8.2). Einträge können auch über dup(dd) dupliziert werden, allerdings an die erste *freie* Stelle.

Schreiben wir zum Abschluß eine Funktion pipcmd(), die ein Kommando in einem Kindprozeß aufstartet und dessen Standard-E/A je auf eine Pipe zum Vater umlenkt. Eine solche Funktion ist hilfreich, um in einem Programm einen Filter zu generieren, dessen Eingabe aus dem Programm heraus gespeist und dessen Ausgabe im selben Programm wieder gebraucht wird. Ein typisches Beispiel bildet demnach ein sort-Filter, der Daten eines Programms zur weiteren Verarbeitung in die gewünschte Reihenfolge bringt, ohne daß eine temporäre Datei zur Zwischenspeicherung angelegt werden müßte (Abb. 8.30).

```
main()    /* teste pipcmd() mit sort */
{
    int  pd[2];
    char c, *prog;
    static char *argv[] = { "sort", "-u", (char *) 0 };

    if (pipcmd("sort",pd,argv) < 0) exit(1);

    while (read(0,&c,1) == 1)          /* lese von Bildschirm      */
        write(pd[1],&c,1);             /* ... und schreibe an sort */
    close(pd[1]);                      /* melde EOF an sort        */
    while (read(pd[0],&c,1) == 1)      /* lese von sort und ...    */
        write(1,&c,1);                 /* schreibe auf Bildschirm  */
}
```

Abb. 8.30 Testprogramm für pipcmd()

Die Funktion pipcmd() akzeptiert als Parameter einen String cmd mit dem Dateinamen des auszuführenden Kommandos, die Adresse eines Feldes pd für die Deskriptoren der zwei erstellten Pipes und ein Stringfeld argv, das die Argumente des zu startenden Programms enthält. Der Funktionswert ist die Prozeßnummer des Kindes oder -1, falls ein Fehler aufgetreten ist. Abb. 8.31 zeigt den Code dieser Funktion.

```
pipcmd(cmd,pd,argv)   /* Starte cmd mit Pipes fuer Standard E/A */
char *cmd;            /* zu startendes Kommando */
int  pd[2];           /* pd[0]: lese von cmd; pd[1]: schreibe an cmd */
char *argv[];         /* Argumente fuer cmd */
{
    int  pid, pd1[2], pd2[2];

    if (pipe(pd1)) return -1;
    if (pipe(pd2)) {
        close(pd1[0]); close(pd1[1]);
        return -1;
    }
    if ((pid = fork()) == -1) {
        close(pd1[0]); close(pd1[1]);
        close(pd2[0]); close(pd2[1]);
        return -1;
    }
    if (pid == 0) {
        /* Kind :  liest von Leseseite der 1. Pipe */
        /*         schreibt auf Schreibseite der 2. Pipe */
        dup2(pd1[0],0);  /* Leseseite 1.Pipe: Standard Eingabe */
        dup2(pd2[1],1);  /* Schreibseite 2.Pipe: Standard Ausgabe */
        close(pd1[0]); close(pd1[1]);
        close(pd2[0]); close(pd2[1]);
        execvp(cmd,argv);
        exit(1);
    }
    /* Vater :  liest von Leseseite der 2. Pipe */
    /*          schreibt auf Schreibseite der 1. Pipe */
    close(pd1[0]);   /* Leseseite 1. Pipe */
    close(pd2[1]);   /* Schreibseite 2. Pipe */
    pd[0] = pd2[0];   /* Leseseite 2. Pipe */
    pd[1] = pd1[1];   /* Schreibseite 1. Pipe */
    return pid;
}
```

Abb. 8.31 pipcmd(): Kindprozeß mit Pipes als Standard E/A

9 Überwachung der Systemkomponenten

Eine der wichtigsten Aufgaben eines Systemadministrators ist die periodische Überwachung der Systemkomponenten. Diese Tätigkeit hat zum Zweck, einen möglichst reibungslosen Betrieb des Computers zu gewährleisten, entstehende Flaschenhälse frühzeitig zu erkennen und zu beheben sowie auf das Fehlverhalten einzelner Benutzer hin Korrekturmaßnahmen zu ergreifen. Gerade im lebendigen Umfeld eines Softwareentwicklungs-Systems ist ein gewisser Überwachungsaufwand unabdingbar. Für Planung und Einsatz eines solchen Systems ist deshalb die gebotene Überwachungsunterstützung von nicht geringem Interesse. Dieses Kapitel präsentiert die entsprechenden UNIX-Instrumente übersichtartig. Insbesondere kommen folgende Aspekte der Systemüberwachung zur Sprache:

1. Möglichkeiten der periodischen, vorbeugenden Überwachung der Systembelegung und Systemressourcen.
2. Wege zur Analyse von akuten Flaschenhälsen in der Ressourcenbelegung.
3. Basis zur Erarbeitung von eigenen Überwachungs-, Steuerungs- und Accounting-Programmen.

Es ist durchaus möglich, ja sogar wahrscheinlich, daß die Ausgabe einzelner in diesem Kapitel behandelter Überwachungsinstrumente auf der dem Leser verfügbaren UNIX-Version nicht exakt den Abbildungen entspricht. Grundsätzliche Unterschiede werden allerdings kaum bestehen. Für nähere Erklärungen ist das UNIX-Handbuch zu konsultieren.

9.1 Überwachung der Sitzungen

Das Dienstprogramm who (für *wer*) liefert für jeden angeschlossenen Benutzer dessen Identifikation, die Anschlußleitung (d.h. den zugehörigen Namen der Spezialdatei) und die Zeit der Verbindungsaufnahme mit UNIX (Abb. 9.1).

```
$ who
nobody   console  Jan 16 09:15
peter    tty1     Jan 19 11:32
hugo     tty2     Jan 19 07:56
barbara  tty4     Jan 19 11:08
bibl     tty5     Jan 19 10:23
```

Abb. 9.1 Ausgabe von who

Hat man seine eigene Identität vergessen, was in der Hitze der Softwareentwicklung vorkommen soll, so behilft man sich mit dem „who am i"-Befehl (Abb. 9.2).

```
$ who am I
hugo     tty2     Jan 19 07:56
```

Abb. 9.2 Angaben über eigene Sitzung

Die Angaben über die angeschlossenen Benutzer erhält who aus der Datei /etc/utmp, in der UNIX stets die angeschlossenen Benutzer nachführt. Die Datei /etc/utmp besteht aus Sätzen mit dem in Abb. 9.3 wieder gegebenen Aufbau (als C-Struktur dargestellt):

```
struct utmp {
        char    ut_line[8];      /* tty name */
        char    ut_name[8];      /* user id */
        long    ut_time;         /* time on */
};
```

Abb. 9.3 Satzstruktur von /etc/utmp

Diese Datei kann als Basis für gewisse Überwachungsprogramme dienen. Denkbar ist z.B. ein kleines Programm, das periodisch überprüft, ob ein Benutzer mehr als nur eine Verbindung zum System unterhält.

Die Datei /etc/utmp enthält also immer die gerade angeschlossenen Benutzer. Meldet sich ein Benutzer ab (*Logout*), so wird sein Eintrag aus /etc/utmp entfernt. Neben dieser Datei unterhält UNIX die Datei /usr/adm/wtmp, die den gleichen Satzaufbau aufweist, jedoch alle Logins, Logouts, Veränderungen der Systemzeit und Aufstartvorgänge enthält. Durch Angabe dieses Dateinamens im who Befehl erhält man einen Ausdruck der Datei. Ein Beispiel zeigt Abb. 9.4.

```
$ who /usr/adm/wtmp
barbara    tty3      Jan 18 13:39
bibl       tty6      Jan 18 13:46
           tty3      Jan 18 13:49
           ~         Jan 18 13:53
hugo       tty3      Jan 18 14:10
           tty3      Jan 18 14:45
peter      tty3      Jan 18 14:56
hugo       tty5      Jan 18 14:58
           |         Jan 18 15:25
           }         Jan 18 15:28
           tty3      Jan 18 15:30
           tty5      Jan 18 15:42
susi       tty3      Jan 18 15:59
bibl       tty6      Jan 18 16:00
```

Abb. 9.4 Inhalt von /usr/adm/wtmp

Für die Einträge gilt:

1. *Logins* enthalten den Benutzernamen, die Terminalidentifikation und die Zeit der Verbindungsaufnahme.
2. *Logouts* enthalten keinen Benutzernamen, lediglich die Terminalidentifikation und die Zeit des Verbindungsabbruches.
3. Aufeinanderfolgende Zeilen mit den Terminalidentifikationen | und } geben die Systemzeiten unmittelbar vor und nach einem Wechsel der Systemzeit an.
4. Eine Terminal-Identifikation ~ zeigt an, daß das System zu jener Zeit neu aufgestartet wurde.

Die Datei /usr/adm/wtmp wird durch die Programme login und init nachgeführt. Keines dieser beiden Programme erstellt jedoch die Datei, wenn sie noch nicht existiert. Durch Löschen oder Erstellen von /usr/adm/wtmp kann der Aufzeichnungsmechanismus aus- oder eingeschaltet werden:

```
rm  /usr/adm/wtmp                    Aufzeichnungen aus
cat </dev/null >/usr/adm/wtmp        Aufzeichnungen ein
```

Der cat-Befehl kopiert die Spezialdatei /dev/null, die als Eingabedatei sofort *Dateiende* liefert, auf die Datei /usr/adm/wtmp. Dadurch wird diese als Datei der Länge 0 erzeugt.

Nehmen wir an, aus einem bestimmten Grund müsse ermittelt werden, ob der Benutzer hugo am 27. Januar zwischen 11 Uhr und 12 Uhr eine Sitzung mit dem UNIX-System hatte. Der folgende Dialog zeigt, wie der Systemadministrator zu den benötigten Informationen kommt (Abb. 9.5):

```
$ who /usr/adm/wtmp | grep "Jan 27" | grep "hugo"
hugo     tty4     Jan 27 11:34
hugo     tty3     Jan 27 13:27
hugo     tty3     Jan 27 16:51
```

Abb. 9.5 Sitzungen eines Benutzers an einem bestimmten Tag

9.2 Überwachung der Dateisysteme

Der Speicherplatz auf residenten Platten wird wohl auf jedem System früher oder später knapp werden. Die Benutzer tendieren allgemein dazu, beinahe alles und jedes auf Platte liegenzulassen, bis ein gewisser Druck zu einer „Säuberungsaktion“ einsetzt. Aus diesem Grund ist eine periodische Überwachung der Dateisysteme angebracht.

9.2.1 Verfügbarer Freiplatz

Das Dienstprogramm df (*disk free space*) berichtet den Freiplatz für jedes Dateisystem (Abb. 9.6).

```
$ df
/................. 1450 free blocks,  6386 free Inodes
/u................ 1852 free blocks, 11174 free Inodes
```

Abb. 9.6 Ausgabe von df

Achtung: Gewisse UNIX-Versionen tragen die Freiplatzinformation nicht in Echtzeit nach. df muß in diesem Fall die ganzen Dateisysteme durchgehen, um die Information zu ermitteln. Dies dauert unter Umständen *sehr* lange.

9.2.2 Platzbelegung durch einzelne Dateien

Der Befehl du (*disk usage*) meldet die Platzbelegung durch einzelne Dateien. Die Angabe erfolgt in Anzahl Blöcken (normalerweise 512 oder 1024 Bytes, je nach UNIX-Version). du kann wie folgt aufgerufen werden:

du *Verzeichnis*	Platzbelegung aller Unterverzeichnisse im *Verzeichnis*
du -a *Verzeichnis*	Platzbelegung aller Dateien im *Verzeichnis*
du -s *Verzeichnis*	Gesamttotal der Platzbelegung im *Verzeichnis*

Ein Beispiel zeigt Abb. 9.7.

```
$ du /usr/include
3       /usr/include/bell
19      /usr/include/IN
153     /usr/include/sys
5       /usr/include/obs
4       /usr/include/ifi
256     /usr/include

$ du -a /usr/include/bell
2       /usr/include/bell/stdio.h
3       /usr/include/bell

$ du -s /usr
12336   /usr
```

Abb. 9.7 Der du-Befehl

9.2.3 Platzbelegung je Benutzer

Mit dem Befehl

`quot` *Dateisystem*

kann man eine Liste der Anzahl von jedem Benutzer auf dem angegebenen Dateisystem belegten Diskblöcke verlangen. Ein Beispiel zeigt Abb. 9.8.

```
$ quot /dev/d1
/dev/d1:
15706   bin
 3710   root
 1483   barbara
  101   daemon
   17   rje
   16   hugo
    4   peter
    3   susi
```

Abb. 9.8 Platzbelegung je Benutzer

Es gilt zu beachten, daß `quot` die „Löcher" in Dateien (s. 1.6) bei der Berechnung der Platzbelegung mitzählt, als ob solche Dateiteile tatsächlich Platz besetzten.

9.2.4 Archivierung von Dateileichen

Wir bezeichnen Dateien als „Leichen“, wenn sie genügend lange unbenutzt auf Platte herumliegen. Die *shell*-Prozedur aus Abb. 9.9 kann zur automatischen Archivierung von Dateileichen verwendet werden.

```
cat >/tmp/meldung <<++
Lieber UNIX-Benutzer

Die folgenden Dateien wurden seit ueber 180 Tagen nicht mehr
verwendet. Wir haben sie deshalb auf Band ausgelagert, wo
sie waehrend mindestens zwei Jahren archiviert bleiben.
Sollten Sie eine dieser Dateien wieder benoetigen, melden
Sie sich beim System-Administrator.

++
rm -rf /tmp/leichen
mkdir /tmp/leichen
while test $# -ne 0
do
    find . -user $1 -atime +180 -type f -print >/tmp/leichenliste
    tar cf - `cat /tmp/leichenliste` | (cd /tmp/leichen; tar xf -)
    rm `cat /tmp/leichenliste`
    cat /tmp/meldung /tmp/leichenliste | mail $1
    shift
done
tar c0b 16 /tmp/leichen
rm -rf /tmp/meldung /tmp/leichenliste /tmp/leichen
```

Abb. 9.9 Archivierungsprozedur

Die *shell*-Prozedur enthält folgende Arbeitsschritte:

1. In der Datei `/tmp/meldung` wird der Kopf der Meldung erzeugt, die an die von der Leichenarchivierung betroffenen Benutzer gesendet wird.
2. Ein leeres Verzeichnis `/tmp/leichen` wird erzeugt.
3. Für jeden als Parameter angegebenen Benutzer werden die Namen seiner seit mehr als 180 Tagen nicht mehr verwendeten Dateien gefunden und in die Datei `/tmp/leichenliste` geschrieben. Durch den `tar`-Befehl werden die entsprechenden Dateien sodann in das Verzeichnis `/tmp/leichen` übertragen, bevor sie im Benutzerverzeichnis gelöscht und dem Benutzer mit `mail` gemeldet werden. Die Übertragung der Dateien nach `/tmp/leichen` geschieht mit dem Dienstprogramm `tar`, damit die Dateiattribute erhalten bleiben (Eigentümervermerk, Schutzinformationen, Zugriffszeiten etc., s. 6.3).

4. Nach Behandlung aller spezifizierten Benutzer wird das ganze Verzeichnis /tmp/leichen auf Band archiviert und gelöscht.

9.3 Überwachung der Prozesse

Das Instrument zur Überwachung der auf einem UNIX-System laufenden Prozesse ist das Dienstprogramm ps (*process status*). Die konkrete Ausgestaltung des produzierten Berichtes variiert von UNIX-Version zu UNIX-Version. Mit den folgenden Angaben sollte es nach einer kurzen Konsultation der entsprechenden versionspezifischen Handbuchseiten jedoch möglich sein, die ps-Statistiken zu interpretieren.

Der einfachste Aufruf von ps liefert Angaben über die eigenen Prozesse in Kurzform (Abb. 9.10).

```
$ ps
   PID TTY TIME CMD
 16477 1   0:04 -m_menu
 16504 1   0:02 ttx
 16548 1   0:04 sh sh
```

Abb. 9.10 Statistik der eigenen Prozesse

Die einzelnen Spalten bedeuten:

PID	Prozeß-Identifikation
TTY	Kontrollierendes Terminal für diesen Prozeß
TIME	Kumulative Ausführungszeit für diesen Prozeß
CMD	Kommando bzw. Programmname und Argumente

Ausführlichere Angaben über die eigenen Prozesse erhält man mit der -l Option (Abb. 9.11).

```
$ ps -l
 F S UID   PID  PPID CPU PRI NI ADDR SZ WAIT TTY TIME CMD
 1 S 100 16477     1   0  30 20  1ee 24 7e30 1   0:04 -m_menu
 1 S 100 16504 16477   0  30 20   e9 32 7ef4 1   0:02 ttx
 1 S 100 16548 16504   0  30 20   3e 20 7f2c 1   0:04 sh sh
```

Abb. 9.11 Ausführliche Statistik der eigenen Prozesse

Zusätzliche Angaben sind:

`F`	Prozeß-Flags, ausgedrückt als Summe von oktal: 1 im Speicher 2 Systemprozeß 4 eingefroren im Speicher (*locked*) 10 ausgelagert (*swapped*) 20 durch andern Prozeß *traced*
`S`	Prozeß-Status: `S` schläft `W` wartet `R` läuft `I` *intermediate* `Z` terminiert `T` gestoppt
`UID`	Benutzeridentifikation
`PPID`	Identifikation des Vater-Prozesses (*parent process*)
`CPU`	Prozeßbenutzung (für Scheduling)
`PRI`	Prozeßpriorität (hohe Zahlen = niedrige Priorität)
`NI`	in Prioritätenberechnung verwendet (*nice mode*)
`ADDR`	für `pstat` (s. 9.4.2)
`SZ`	Prozeßgröße in KB
`WAIT`	Ereignis, auf das der Prozeß wartet

Will man die Angaben nicht nur für die eigenen, sondern für alle Prozesse, so gibt man die Option `-a` bzw. `-al` für die ausführliche Form an. Die Option `x` schließt auch die Prozesse ein, die ohne Verbindung zu einem Terminal ablaufen (Systemprozesse, Dämonprozesse etc.). Eine ausführliche Statistik sämtlicher Prozesse auf dem System erhält man also durch den Befehl

```
ps -alx
```

9.4 Überwachung des Systemverhaltens

Die nachfolgend beschriebenen UNIX-Instrumente kommen vor allem dann zur Anwendung, wenn das System plötzlich schlechte Anwortzeiten aufweist oder andere Leistungsengpässe erkennen läßt.

9.4.1 E/A-Statistiken

Das Dienstprogramm `iostat` liest aus internen Systemtabellen ein Reihe von Statistikdaten über die E/A-Aktivitäten und rapportiert sie in tabellarischer Form (Abb. 9.12).

```
$ iostat -t
TTY       DISK              TAPE                 CPU
tin tout  tpm msps mspt  tpm msps  mspt   idle  wait  syst  nice  user
0.7 16.1    3 21.3  2.9    0 46.5 188.5  85.72  4.39  5.55  3.12  1.22
```

Abb. 9.12 E/A-Statistik

Die Angaben basieren auf allen E/A-Aktivitäten seit dem letzten Aufstarten des Systems und bedeuten:

`tin`	Terminal-Input (Zeichen/sec)
`tout`	Terminal-Output (Zeichen/sec)
`tpm`	Transfers pro Minute
`msps`	Millisekunden pro Seek
`mspt`	Millisekunden pro Transfer
`idle wait system nice user`	Prozentuale Verteilung der Zeit auf die einzelnen CPU-Zustände

Als Option kann ein Intervall angegeben werden (Abb. 9.13).

```
$ iostat -t 5
TTY        DISK              TAPE                 CPU
tin  tout  tpm msps mspt  tpm msps  mspt   idle  wait  syst  nice  user
0.7  16.1    3 21.3  2.9    0 46.5 188.5  85.72  4.39  5.55  3.12  1.22
5.1  12.5    3 21.3  2.9    0  0.0   0.0  62.38  3.20  9.65  0.00 24.76
3.8  25.7    2 21.0  2.8    0  0.0   0.0  92.00  4.00  3.20  0.00  0.80
0.0   3.2    4 27.7  2.8    0  0.0   0.0  82.00 12.00  5.60  0.00  0.40
```

Abb. 9.13 Periodische E/A-Statistik

`iostat` mit Intervalloption produziert alle *n* Sekunden eine Ausgabe, im obigen Fall alle 5 Sekunden. Die erste Zeile umfaßt die Zeit seit dem letzten Aufstarten des Systems, die folgenden Zeilen jeweils das gerade verflossene Intervall.

Das Programm `iostat` bietet, gesteuert durch Optionen, noch weitere Auswertungsarten. Insbesondere besteht auch die Möglichkeit, „rohe" Auswertungen zu erhalten, auf denen dann eigene Auswertungsprogramme aufgebaut werden können. Ein Beispiel dafür wäre ein Online-Programm, das die wichtigsten Daten stets in grafischer Form auf dem Bildschirm anzeigt, und das über Pipes mit dem Programm `iostat` kommuniziert.

9.4.2 Statistik über die offenen Dateien

Für jede offene Datei existiert ein Eintrag in der systeminternen *I-Knoten-Tabelle*. Diese Einträge können mit dem Befehl `pstat -i` tabellarisch ausgedruckt werden (Abb. 9.14).

```
$ pstat -i
Active inodes 42 out of 100
   LOC  FLAGS  CNT DEVICE   INO   MODE NLK UID  SIZE/DEV
 055050 ------  12 0,  1     2  40775  16   3       784
 055164 ------   3 0,  1  1403  20666   1   0     0, 57
 055300 ------   1 0,  1   422  20622   1   0     0, 54
 055414 -----T   1 0,  1   376 100544   1   3       636
 055530 ------   2 0,  1     3  40775   2   3      1728
 055644 ------   1 0,  1    37  40775  17   3       368
 055760 ------   2 0,  1    38  40775   2   3      2640
```

Abb. 9.14 Statistik der offenen Dateien

Die einzelnen Einträge sind:

LOC	Speicheradresse des Tabelleneintrages	
FLAGS	L:	gesperrt (*locked*)
	U:	Veränderungszeit muß nachgetragen werden
	A:	Zugriffszeit muß nachgetragen werden
	M:	mit mount angeschlossenes Dateisystem
	W:	Zugriff durch andern Prozeß gewünscht
	T:	Textdatei
	C:	Änderungszeit muß nachgetragen werden
CNT	Wieviel mal ist diese Datei offen?	
DEVICE	Dateisystem	
INO	I-Knoten-Nummer	
MODE	Modus-Bits	
NLK	Anzahl Links (Verbindungen) zu dieser Datei	
UID	Benutzeridentifikation des Datei-Eigentümers	
SIZE/DEV	Anzahl Bytes in gewöhnlicher Datei, resp. *Major-* und *Minor-* Gerätenummer für Spezialdateien	

Neben der I-Knoten-Tabelle, die einen Eintrag pro offene Datei enthält, muß natürlich noch eine Tabelle existieren, welche diejenigen Daten für den Dateizugriff enthält, die spezifisch für jede einzelne Eröffnung der Datei sind (es können ja mehrere Prozesse eine einzige physische Datei, d.h. einen einzigen I-Knoten eröffnet haben). Die Tabelle mit diesen Angaben heißt *Dateitabelle* (*file open table*) und kann mit `pstat -f` protokolliert werden (Abb. 9.15).

```
$ pstat -f
Active files 29 out of 100
  LOC    FLG CNT   INO    OFFS
 053410 R--   3  055050    0
 053420 RW-   1  055164    0
 053430 R--   1  055530    0
 053440 R--   1  055644    0
 053450 R--   1  055760    0
 053460 R--   1  056074    0
 053470 R--   1  055050    0
 053500 R--   1  055050    0
```

Abb. 9.15 Protokoll der Dateitabelle

LOC	Speicheradresse des Tabelleneintrages
FLG	R: read, W: write, P: pipe
CNT	Anzahl Prozesse, die diese Datei kennen
INO	Adresse in der I-Knoten-Tabelle
OFFS	Aktueller Offset in der Datei

9.4.3 Terminalleitungen

Mit dem Befehl `pstat -t` erhält man eine Tabelle, in der für jede Terminal- bzw. Modemleitung gewisse Zustandsangaben erscheinen (Abb. 9.16).

```
$ pstat -t
PORT     DRIVER  RAW CAN OUT   MODE        DEL COL   STATE       PGRP
console   tty     0   0   0 -B--C-OV----    0   0 --O-C------   7421
term1     tty     0   0   0 ---EC-OV-P-S    0   0 --O-C---P--  16477
term2     tty     0   0   0 ---EC-OV--X-    0 -60 -W---------      0
term3     tty     0   0   0 -B----OV-P-S    0   3 --O-C---P--  16513
term4     tty     0   0   0 ----CROV----    0   0 --O-C------  16967
term5     tty     0   0   0 ---EC-OV--X-    0   2 -W---------      0
term6     tty     0   0   0 ---EC-OV--X-    0   2 -W---------      0
term7     tty     0   0   0 ----C-OV--X-    0   0 --O-C--E---   7420
ser.prt   tty    10   0   0 ----C-OV--X-    4   0 --O-C--E---   7423
```

Abb. 9.16 Statistik der Terminalverbindungen

RAW	Anzahl Zeichen in der *raw queue*	
CAN	Anzahl Zeichen in der *canonicalized input queue*	
OUT	Anzahl Zeichen in der *output queue*	
MODE	Modusangaben entspr. tty (4)	
DEL	Anzahl vollständiger Zeilen in der *canonicalized input queue*	
COL	Spaltennummer des Cursors	
STATE	W:	Wartet auf erfolgreiches open
	O:	offen
	S:	besitzt spezielle Eröffnungsroutine
	C:	Träger ist eingeschaltet (*carrier on*)
	B:	mit Output beschäftigt
	A:	Prozeß wartet auf Output
	X:	offen zum Exklusivgebrauch
	H:	Aufhängen nach Close (Modem)
PGRP	Prozeßgruppe, welche dieses Terminal kontrolliert	

10 Intersystemkommunikation

Sobald in einer Organisation mehrere Rechner eingesetzt werden, kommt der Wunsch nach einem Datenaustausch zwischen diesen Systemen auf. Diese Kommunikationsbedürfnisse sind sehr unterschiedlich und reichen von einer einfachen Dateitransfer-Möglichkeit zwischen Rechnern der gleichen Familie bis zur Kopplung von verschiedensten Computersystemen über schnelle lokale Netze. UNIX unterstützt diese Anforderungen durch Dienstprogramme und durch verschiedene Zusatzsoftware von Softwareherstellern und Universitäten.

Wir stellen in diesem Kapitel die verschiedenen Möglichkeiten der Verbindung von UNIX-Systemen über serielle Schnittstellen vor. Im zweiten Teil werden die fortschrittlichen Kommunikationskonzepte der UNIX-Version 4.2BSD der Universität Berkeley behandelt, um einen Eindruck von der aktuellen Entwicklung zu vermitteln.

10.1 Die Verbindung über serielle Schnittstellen

Heute verfügt praktisch jeder Rechner über die serielle V24-Schnittstelle für den Anschluß von verschiedensten Peripheriegeräten wie Terminals, Drucker etc. sowie für die Datenübermittlung. Für einen zuverlässigen Datenaustausch braucht es neben Schnittstellen und Kabeln aber noch einiges an Software, die uns von UNIX zur Verfügung gestellt wird. Wir werden uns im folgenden mit den Programmen für die Datenübertragung, die darauf aufbauende elektronische Post und die Terminalemulation befassen.

10.1.1 Das `uucp`-Programmpaket

`uucp` *(UNIX to UNIX copy)* wurde in den *Bell Laboratories* zur rationellen und billigen Verteilung von Software über das Telefonnetz entwickelt. Die Übertragung der Daten erfolgt im Stapelbetrieb über einen Spooling-Mechanismus, der u.a. das Ausnutzen von billigen Nachttarifen erlaubt. Die Rechner lassen sich direkt über die serielle Schnittstelle oder mit Modems über das Telefonnetz verbinden. `uucp` unterstützt auch automatische Wähleinrichtungen (*Autodialler*), mit denen der Computer selbständig Verbindungen aufbauen kann. Ist eine solche Wähleinheit angeschlossen, sprechen wir von einem *aktiven*, andernfalls von einem *passiven* System. Letzteres übermittelt nur Daten, wenn es von einem aktiven System angerufen wird.

Die Benutzerschnittstelle von `uucp` ist denkbar einfach. Um die Datei `pacman.c` vom aktuellen Verzeichnis ins Verzeichnis `/usr/games/src` eines anderen Rechners mit dem Namen `ganimed` zu kopieren, wird der Befehl

```
$ uucp pacman.c ganimed!/usr/games/src
```

eingegeben. Für den Benutzer besteht der Unterschied zum lokalen Kopierbefehl `cp` darin, daß die Kopieroperation nicht sofort sondern über den Spooling-Mechanismus erfolgt, und daß die übliche Namenskonvention der Pfadnamen erweitert wurde. Die Namen der entfernten Rechner werden dem Pfadnamen vorangestellt und durch ein Ausrufezeichen gekennzeichnet (im Beispiel: `ganimed!`). Wir wollen nun die wichtigsten Phasen des Dateitransfers verfolgen, der durch den `uucp`-Befehl ausgelöst wird.

Zuerst prüft `uucp` aufgrund der Einträge in der Datei `/usr/lib/uucp/USERFILE`, ob der Benutzer berechtigt ist, vom angegebenen Pfadnamen aus zu kopieren, und ob er das Zielsystem anrufen darf (die jeweils angegebenen Pfad- und Dateinamen entsprechen den häufig anzutreffenden Standardwerten, je nach Installation und Version sind jedoch Abweichungen möglich). Sind diese Bedingungen erfüllt, wird die Datei in das Spoolverzeichnis `/usr/spool/uucp` kopiert. Dort wird zusätzlich zu den Nutzdaten eine Beschreibungsdatei mit dem Ziel-Pfadnamen, der Benutzeridentifikation und weiteren Informationen für das Programm `uucico` *(UNIX to UNIX copy in, copy out)* erstellt. Dieses Programm ist für den eigentlichen Datentransfer zwischen den Systemen verantwortlich. Es wird entweder direkt von `uucp` oder periodisch von `/etc/cron` gestartet. `uucico` konsultiert die Datei `/usr/lib/uucp/L.sys`, in der die Charakteristiken der Kommunikation, wie Baudrate, Telefonnummer, Anfrufzeiten etc. gespeichert sind. Aufgrund dieser Parameter ruft das aktive System seinen Partner an. Kann die Verbindung korrekt aufgebaut werden, führt `uucico` auf dem Partnersystem das *Login*-Prozedere durch. Die dabei zu verwendende Benutzeridentifikation (im Beispiel `Uucp`) und das Paßwort sind ebenfalls in `L.sys` gespeichert. Auf dem angerufenen System wird aufgrund des Eintrages

```
Uucp:4XpsJDSbhJAlM:20:1::/usr/lib/uucp:/usr/lib/uucp/uucico
```

in der Paßwortdatei für den Benutzer `Uucp` das Programm `uucico` gestartet. Die Übertragung der Daten erfolgt nun zwischen den `uucico`-Prozessen auf den beiden Partnersystemen. Es werden Pakete mit Sequenznummern und Checksummen gebildet, um sicherzustellen, daß auch auf unzuverlässigen Telefonleitungen keine Übertragungsfehler auftreten.

Die Verbindung wird aufrechterhalten, bis die Systeme in *beiden* Spoolverzeichnissen keine Daten mehr für das Partnersystem finden. Nach erfolgreicher Übermittlung werden auf beiden Systemen Einträge mit Status- und Statistikinformationen in den Logdateien /usr/spool/uucp/LOGFILE und /usr/spool/uucp/SYSLOG erstellt, die Dateien in den Spoolverzeichnissen gelöscht und die Verbindung wird abgebrochen.

Zusätzlich zum Dateitransfer besteht mit dem Programm uux *(UNIX to UNIX execution)* die Möglichkeit, Programme auf einem entfernten Rechner auszuführen. Eine Anwendung wäre etwa der gemeinsame Zugriff auf einen leistungsfähigen Schnelldrucker. Mit

```
$ pr *.c | uux - gaston!lpr
```

werden alle C-Programme des aktuellen Verzeichnisses auf dem Zeilendrucker des Systems gaston ausgegeben (das Minuszeichen nach uux gibt an, daß die Eingabedaten von der Standardeingabe stammen). Für die Datenübertragung wird ebenfalls uucico verwendet, die Ausführung der Befehle besorgt das Programm uuxqt. Wie bei uucp werden sämtliche Operationen über einen Spooling-Mechanismus abgewickelt.

Beim Einsatz der uucp Programme für die Softwareverteilung muss gewährleistet werden, daß die zu übertragenden Dateien auch in die Zielverzeichnisse wie z.B. /usr/bin geschrieben werden können. Aus diesem Grund läuft uucico vielfach mit Superbenutzer-Berechtigungen (über den Set-User-ID-Mechanismus). Das eröffnet natürlich sofort ein nicht zu unterschätzendes Sicherheitsrisiko. Werden z.B. im USERFILE keine Restriktionen gemacht, kann *jeder* Benutzer *alle* Dateien auf dem Fremdsystem lesen und überschreiben und damit sämtliche Schutzmechanismen umgehen. Ebenso wichtig für die Sicherheit des Systems sind die Einschränkungen bei uux. Wirkt sich doch der Befehl

```
$ uux "ganimed!rm -r /*"
```

kaum sehr vorteilhaft auf die Verfügbarkeit des Systems ganimed aus, wenn er mit Superbenutzer-Berechtigung ausgeführt wird (ausgehend von der Wurzel werden sämtliche Dateien und Verzeichnisse gelöscht ...).

Beim Einrichten einer uucp-Verbindung ist daher den folgenden Punkten die notwendige Beachtung zu schenken:

- Einschränkung der Zugriffspfade von nicht privilegierten Benutzern auf dem Fremdsystem. Beispiel: Einschränkung in der Datei USERFILE, damit nur zwischen den Verzeichnissen /tmp und entferntes_System!/tmp kopiert werden kann.
- Zugriffsrechte der Konfigurationsdateien einschränken. Beispiel: Zugriffsrechte von L.sys auf -rw-------, damit Telefonnummern und uucp-Paßwörter geheim bleiben.
- Nur „harmlose" Befehle wie z.B. mail, lpr etc. für uux zulassen.

Da die uucp-Programme in den verschiedensten Versionen existieren, müssen diese allgemeinen Konfigurationshinweise genügen. Der für Aufbau und Unterhalt von uucp-Verbindungen Verantwortliche kommt um das Studium der Original-Dokumentation ohnehin nicht herum.

10.1.2 Elektronische Post und Uucpnet

Eine wichtige Anwendung der uucp-Software und uux ist die elektronische Post. Das bereits verschiedentlich erwähnte `mail`-Programm erlaubt nicht nur die lokale Kommunikation zwischen den Benutzern, sondern läßt sich auch auf entfernte Systeme erweitern. Mit

```
$ mail ganimed!sprecher
Kennst Du schon den neusten Skandal ???
Der Chef hat heute morgen . . .
 . . . .
```

senden wir dem Benutzer `sprecher` auf dem System `ganimed` eine Nachricht zu. Die Übermittlung der Meldung erfolgt mit uucp und dem bereits beschriebenen Spooling-Mechanismus. Auf dem entfernten System wird dem Benutzer die Post mit einer Version des `mail`-Programms (`rmail`) zugestellt. Beim nächsten *Login* wird er mit der Meldung `You have mail` über das Eintreffen einer neuen Nachricht informiert. Voraussetzung für diese Anwendung von `mail` sind natürlich funktionierende uucp-Verbindungen zwischen den beteiligten Systemen.

Die elektronische Post wird vor allem durch den Anschluß an das internationale *Uucpnet* interessant, das eine relativ rasche Kommunikation mit einer großen Anzahl von UNIX-Benutzern ermöglicht. Das Netz basiert auf Telefonverbindungen und dem uucp-Programm. Es umfaßt zur Zeit über 1000 Rechner vor allem in den USA, aber auch in Europa und weiteren Kontinenten. In den USA wird der Anschluß an das *ARPA*-Netz, das *CSNET* und verschiedene weitere Netzwerke über Vermittlungsknoten *(Gateways)* geschaffen. Der europäische Teil des Netzes *(EUNET)* hat seine Kopfstation im Mathematischen Zentrum in Amsterdam. Der dort stationierte Rechner `mcvax` ruft jeden Tag die regionalen Hauptknoten an, übermittelt ankommende Nachrichten und schaut im Spoolverzeichnis nach, ob „Postausgang" vorhanden ist. Ebenso stellt Amsterdam die Verbindung zu den USA her.

Um einem Benutzer eine Nachricht über das Netz zu senden, muß dessen Pfadname über alle beteiligten Rechner in Erfahrung gebracht werden. Dieser ganze Weg wird beim Senden der Nachricht dem `mail` Programm als Argument übergeben. Um z.B. mit Dennis Ritchie von den Bell Labs über die Vorteile von Basic gegenüber *C* zu korrespondieren, verwenden wir den folgenden Pfad:

```
$ mail mcvax!philabs!fundusvax!floyd!yavax!ritchie
Hi Dennis
 ...
```

Die Übermittlung erfolgt genau auf der angegebenen Route. Weil von Station zu Station nur zu bestimmten Zeiten übermittelt wird, benötigt eine Nachricht in die USA ca. ein bis zwei Tage.

An der Universität Berkeley wurde eine Weiterentwicklung von `mail` geschaffen, die `sendmail`-Software. Sie verfügt über eine *alias* Möglichkeit, besorgt die lokale Verteilung der Post auf verschiedene Maschinen und an Benutzergruppen und verfügt unter anderem über eine vereinfachte Adressierungsmöglichkeit. Statt des ganzen Pfadnamens muß nur noch der Benutzer, der Name des Rechners und die Bezeichnung der Institution angegeben werden. Ein Benutzer `billy` an der Universität Berkeley auf dem Rechner `monet` kann beispielsweise durch

```
$ sendmail billy@monet.Berkeley.ARPA
```

über das ARPA-Netz erreicht werden. Die Wegsuche wird von der `sendmail`-Software übernommen.

Zusätzlich zur elektronischen Post existiert ein *News Service,* das sogenannte *USENET.* An USENET angeschlossene Rechner haben die Möglichkeit, Nachrichten statt an einzelne, an alle Benutzer des Netzes zu versenden bzw. zu empfangen. Diese Nachrichten werden thematisch gegliedert und in Gruppen unterteilt. Zur Zeit existieren über 100 Gruppen, die von *net.ai (artificial intelligence)* bis zu *net.wines*(...) reichen. Die Neuigkeiten werden mit `uucp` übertragen und können mit dem Befehl `readnews` nach Gruppen geordnet abgefragt werden.

Für den Anschluß an EUNET und USENET wird neben dem uucp-Programm (mit einigen kleinen Änderungen) ein Modem für passive oder eine automatische Wähleinrichtung für aktive Systeme benötigt. Der Zugang zum Netz erfolgt dann über den nächsten lokalen Verteilerknoten.

10.1.3 Anschluß an Fremdsysteme

Das Programm `cu` *(call up* oder *call UNIX)* ermöglicht es einem UNIX-System, mit Rechnern, die unter einem anderen Betriebssystem laufen, in Verbindung zu treten. Wie bei `uucp` läßt sich die Verbindung entweder direkt oder über ein Modem herstellen. Für das angerufene System verhält sich der UNIX-Rechner wie ein „dummes", asynchrones Terminal. Läuft das andere System ebenfalls unter UNIX, ist ein ungesicherter Transfer von Textdateien möglich. Die Übertragung erfolgt dann aber nicht über einen Spooling-Mechanismus, sondern sofort nach Eingabe des entsprechenden Befehls. Das Programm ist nicht sonderlich komfortabel, es werden aber von Drittlieferanten bessere Terminal-Emulationsprogramme angeboten.

Unter dem Softwareentwicklungs-System *PWB (Programmers Workbench),* das verschiedene UNIX-Erweiterungen für die Programmentwicklung für Großsysteme umfasst, wurde die Möglichkeit geschaffen, als *RJE-Station (Remote Job Entry)* mit IBM-Rechnern in Verbindung zu treten. Diese und ähnliche Softwarepakete werden von verschiedenen Herstellern vertrieben. Funktionen, die üblicherweise angeboten werden, sind: Starten von Jobs auf dem IBM-System, Statusabfragen, Dateitransfer, Emulation von Kartenlesern und -stanzern etc.

10.2 Das Kommunikationskonzept von 4.2BSD UNIX

Mit UNIX als Arbeitsinstrument findet eine intensive Forschungstätigkeit auf dem Gebiet der verteilten Computersysteme statt. Sie umfaßt die Kopplung von Rechnern über lokale Netze, die Entwicklung von neuen Kommunikationskonzepten und -protokollen sowie verschiedene Projekte der Büroautomation. Neben der Verbreitung an Hochschulen und der Verfügbarkeit des UNIX-Quellencodes sind folgende Gründe für die Beliebtheit von UNIX im Kommunikationsbereich zu erwähnen:

- Die Hardwareunabhängigkeit von UNIX ermöglicht es, Netze mit einer einheitlichen Benutzeroberfläche zu realisieren, auch wenn sehr unterschiedliche Rechner wie z.B. Personal Computer und Großsysteme verbunden werden.
- Das hierarchische Dateisystem vereinfacht verschiedene Probleme der Adressierung und Namensgebung in verteilten Systemen.
- Systemnahe Programme und Gerätetreiber für die Netzwerkhardware können in *C* geschrieben werden und sind daher verhältnismäßig portabel.
- Pipes, als Mittel zur zuverlässigen Kommunikation zwischen parallelen Prozessen, bieten eine gute Schnittstelle für die Implementierung von verbindungsorientierter Kommunikation auf verteilten Systemen. Die Verteilung von bisher rein lokalen Aufgaben wird dadurch stark vereinfacht, da an den ursprünglichen Programmen nichts oder nur wenig geändert werden muß.

Aus dem breiten Angebot von Netzwerkerweiterungen für UNIX wollen wir die Konzepte der Version 4.2BSD der Universität Berkeley betrachten. Sie zeichnet sich vor allem durch die sehr weitreichende Unterstützung für verteilte Systeme und neue Interprozeßkommunikations-Mechanismen aus.

Um unterschiedliche Netzwerke und Protokolle zu unterstützen, spielt sich die Kommunikation jeweils in einem bestimmten Kommunikationsbereich *(communication domain* oder *address family)* ab. In diesem Bereich sind die benützten Konventionen der Adressierung und die gültigen Protokolle festgelegt. Soll ein neues Kommunikationssystem unterstützt werden, geschieht dies durch die Schaffung eines neuen Bereichs. Die Kommunikationssoftware des Anwenders wird dadurch praktisch nicht betroffen. Standardmäßig existieren die Bereiche `AF_UNIX` für die lokale Kommunikation und `AF_INET` für die Kommunikation nach den Regeln des heterogenen ARPA-Internet.

Innerhalb eines Bereichs findet alle Kommunikation über *Sockets* (Sockel, Stecker) statt. Sockets stellen die Endpunkte für den Datenaustausch mit anderen Sockets innerhalb eines Bereichs dar. Diese abstrakten Objekte sind die Grundlage aller Interprozeßkommunikation, sei sie nun lokal oder verteilt. Prozesse benützen die Sockets zum Senden und Empfangen von Nachrichten. Ein Socket wird mit dem Systemaufruf

```
int Domain, Typus, Protokoll;

socket(Domain,Typus,Protokoll);
```

geschaffen.

Mit dem Parameter *Typus* wird der gewünschte Service wie Flußkontrolle, Zuverlässigkeit etc. festgelegt, den die Kommunikationssoftware dem Anwender bieten soll. Die drei wichtigsten Typen sind:

Datagram: Alle Datenpakete sind mit genügend Informationen ausgestattet, um selbständig und unabhängig von den anderen ans Ziel zu gelangen. Die Pakete können verlorengehen, Fehler enthalten oder in der falschen Reihenfolge ankommen, ohne daß etwas zur Fehlerkorrektur unternommen wird. Andererseits treiben die Protokolle keinen Zusatzaufwand für Verbindungsaufbau und -unterhalt und sind daher auch bei unregelmäßigem, schubweisem Datenaufkommen effizient. Höhere Protokolle des Benutzers müssen Funktionen wie Fehlerkorrektur und Flußkontrolle übernehmen. Die Protokolle können dadurch auf die spezifischen Bedürfnisse der Anwender zugeschnitten und optimiert werden.

Dieser Typ wäre z.B. für den Zugriff von Arbeitsplatzrechnern auf einen gemeinsamen Plattenspeicher geeignet. Infolge der meist sehr hohen Zuverlässigkeit lokaler Netze und der weitgehend verbindungslosen Natur der Datenübertragung läßt sich ein effizientes Protokoll implementieren.

Virtual Circuit: Dieser Typ garantiert einen flußkontrollierten und fehlerfreien Datenstrom zwischen den Endpunkten. Der Datenaustausch erfolgt aus Benutzersicht wie bei den bekannten UNIX-Pipes, ist aber nicht auf verwandte Prozesse auf demselben System beschränkt. Die Kommunikation über eine solche logische Verbindung *(virtual circuit)* lässt sich in drei Phasen einteilen: Verbindungsaufbau, Datenübertragung, Verbindungsabbau.

Eine Anwendung könnte etwa ein Dateitransfer-Programm sein, das große Datenmengen über ein Netz sendet.

RAW: Damit wird der Zugriff auf die internen Paketformate eines Netzwerks ermöglicht. Dieser Typus ist nur dem Superbenutzer zugänglich und dient hauptsächlich der Fehlersuche oder administrativen Untersuchungen des Netzwerkverkehrs.

Der dritte Parameter des `socket()`-Aufrufs legt das Protokoll fest, das die Kommunikation innerhalb einer Domain regelt. Für jede Domain existiert pro Typ ein Standardprotokoll, das gewählt wird, wenn der dritte Parameter Null ist. So wird beispielsweise eine logische Verbindung im Internetbereich mit dem *Transfer Control Protocol (TCP)* realisiert, einem bytestrom-orientierten Protokoll des *Department of Defense.*

Der `socket()`-Aufruf gibt eine ganze Zahl zurück, die wie ein Dateideskriptor behandelt werden kann. Dadurch kann die Datenübertragung mit den bekannten `read()` und `write()` Systemaufrufen durchgeführt werden und unterscheidet sich nicht von der Ein/Ausgabe auf Dateien.

Wir wollen den Einsatz von Sockets anhand eines einfachen Beispiels mit zwei kommunizierenden Prozessen illustrieren. Wir unterscheiden einen Dienstleistungs- oder *Serverprozeß*, der eine bestimmte Aufgabe erledigt (z.B. die Steuerung eines Druckers), und mehrere Klientenprozesse, welche die angebotenen Dienste des Servers beanspruchen. In den älteren UNIX-Versionen wurde für den Datentransfer zwischen solchen Prozessen meist das Dateisystem eingesetzt (Spooling-Mechanismus s. Kap. 8). Von der Natur der Aufgabe her ist aber eine direkte Interprozeßkommunikation angebrachter, und wir wollen daher diese Möglichkeiten von 4.2BSD ausnutzen.

Zuerst zum Serverprozess. Er erstellt einen Socket und wartet in einer endlosen Schleife auf die Serviceanfragen der anderen Prozesse. Die Klienten müssen nur diesen Socket kennen, um mit ihm in Verbindung zu treten. Die Struktur dieses Programms ist recht einfach (Abb. 10.1).

```
#include <sys/types.h>
#include <sys/socket.h>

main()          /* Server - Prozess */
{
    int s_des,neuer_s_des;
    int name_laeng;
    struct sockaddr ext_name ;

    /* Name und Laenge in 'ext_name' kopieren  */

    /* Erstellen des Socket */
    s_des = socket(AF_UNIX,SOCK_STREAM,0) ;

    /* Bekanntmachen des Socket gegen aussen */
    bind(s_des,&ext_name,sizeof(ext_name));

    /* Anzahl Verbindungen festlegen */
    listen(s_des,ANZ_VERB) ;

    /* Warte auf Service-Anfragen */
    while((neuer_s_des=accept(s_des,&ext_name,&name_laeng))!=-1){
         /* Verarbeiten der Daten des akzeptierten Klienten */
         ...
    }
}
```

Abb. 10.1 Gerüst eines Serverprozesses

Zuerst wird ein Socket im lokalen Bereich AF_UNIX mit dem Servicetyp SOCK_STREAM erstellt. Mit dem Systemaufruf bind() wird dem Socket ein Name zugewiesen, der den anderen Prozessen bekannt ist und so die Verbindung zur Außenwelt herstellt. listen() legt die maximale Anzahl Verbindungen fest, die akzeptiert und in eine Warteschlange eingereiht werden. Mit dem accept()-Aufruf wird der Prozeß suspendiert, bis ein aktiver Partner eine Verbindung wünscht. Diese Verbindung wird durch den Rückgabewert des accept()-Aufrufs, den Dateideskriptor des Sockets, angesprochen. Sind mehrere Prozesse bereit, werden sie in die Warteschlange eingereiht, die mit jedem accept() um ein Element reduziert wird.

Klientenprozesse (s. Abb. 10.2) erstellen ebenfalls zuerst einen Socket im Bereich AF_UNIX. Sobald sie zur Verarbeitung der Daten bereit sind, wird die Verbindung mit dem Serverprozeß durch den connect()-Aufruf hergestellt.

```
#include <sys/types.h>
#include <sys/socket.h>

main()          /* Klienten - Prozess */
{
    int s_des,name_laeng;
    struct sockaddr ext_name ;

    s_des = socket(AF_UNIX,SOCK_STREAM,0) ;

    /* Name und Laenge in ext_name kopieren
       und dann die Verbindung aufbauen      */
    connect(s_des,&ext_name,name_laeng);
    /* Verbindung hat geklappt, Beginn Verarbeitung */
    ...
}
```

Abb. 10.2 Gerüst eines Klientenprozesses

Die eigentliche Datenübertragung kann nun mit den Aufrufen read() und write() oder mit send() und recv() erfolgen. Die Kommunikation ist in diesem Fall weitgehend identisch mit dem bekannten Pipe-Mechanismus. Diese Übereinstimmung äußert sich auch in der Tatsache, daß mit dem Aufruf pipe() ein Socketpaar im Bereich AF_UNIX mit einer Lese- und einer Schreibseite erstellt wird. Bei verbindungslosen Sockets (Typ Datagram) erfolgt die Kommunikation mit den Aufrufen sendto() und recvfrom(), die jeweils ein eigenständiges Datenpaket übermitteln.

Im obigen Beispiel erfolgte die Kommunikation rein lokal. Um nun die Prozesse auf verschiedene, durch ein Netz gekoppelte Rechner zu verteilen, werden zusätzliche Informationen über Adressen, zu verwendende Protokolle, Ports etc. notwendig. Diese Angaben finden sich in verschiedenen Beschreibungsdateien und können mit Bibliotheksfunktionen aus Programmen abgefragt werden. In unserem Beispiel würden dadurch die Aufrufe `socket()`, `bind()` und `connect()` betroffen. Der eigentliche Datenübertragungsteil bleibt von der Verteilung unberührt.

Mit dem geschilderten Kommunikationskonzept lassen sich die verschiedensten Probleme in verteilten Systemen einfach und elegant lösen. So wurde z.B. mit etwa 1000 Zeilen C-Code ein Dienstprogramm geschrieben (`dsh`: *distributed shell*), das die Ausführung von rechenintensiven Aufgaben auf die Maschine mit der geringsten CPU-Last leitet. Interessant ist dabei, daß die Interprozeßkommunikation auf denselben, einfachen Prinzipien basiert, unabhängig davon, ob sie sich lokal oder über ein komplexes Netzwerk abspielt.

11 Literatur

In den letzten fünf Jahren erschienen verschiedene Bücher über UNIX. Zu allen kann man sagen: sie wollen und können niemals die englischsprachige UNIX-Originaldokumentation ersetzen, sie versuchen aber den Umgang mit UNIX unterschiedlichen Benutzergruppen näher zu bringen. Manchmal sind die Erklärungen in den Textbüchern noch knapper gehalten als im Original-UNIX-Handbuch, dafür aber in in deutscher Sprache abgefaßt. In anderen Büchern jedoch werden Teilgebiete von UNIX (z.B. der *shell* oder die Textverarbeitungsprogramme) herausgegriffen und sehr ausführlich und anschaulich anhand von Beispielen erklärt. Wir haben versucht, bekannte und allgemein erhältliche Werke der UNIX-Literatur in vier Kategorien einzuteilen. Verweise auf einzelne Artikel wurden bewußt weggelassen, da häufig der Zugriff auf bestimmte englischsprachige, wissenschaftliche Fachzeitschriften sehr schwierig ist. Dazu kommt, daß eine große Anzahl von Original-UNIX-Artikeln Bestandteil der mitgelieferten Systemdokumentation ist.

Kategorie I: Grundlegende Literatur

Zur ersten Kategorie zählen wir Bücher, die UNIX vor allem aus der Warte der Benutzerschnittstelle beschreiben. So stehen hier funktionale Darstellungen der Benutzeroberfläche im Vordergrund. In erster Linie werden einzelne Befehle erläutert. Nahezu alle Bücher dieser Gruppe setzen weder UNIX-Kenntnisse noch große EDV-Kenntnisse voraus.

- Banahan M., Rutter A.: *UNIX - the Book;* Sigma Technical Press Wilmslow, Cheshire 1982; vi + 265 S. - ISBN 0-905104-21-8.

  Dieses Buch ist in deutscher Übersetzung erhältlich:

  Banahan M., Rutter A.: *UNIX - Lernen und Anwenden;* Carl Hanser Verlag München 1984; 322 S. - ISBN 3-446-13975-3.

- Birns P.M., Brown P.B., Muster J.C.: *UNIX for People;* Prentice-Hall Englewood Cliffs, New Jersey 1984; 528 S. - ISBN 0-13-937442-6.
- Brown P.J.: *Starting with UNIX;* Addison-Wesley Publishing Company Reading, Massachusetts 1984; xiv + 221 S. - ISBN 0-201-10924-7.
- Gauthier R.: *Using the UNIX System;* Reston Publishing Co. (A Prentice-Hall Company) Reston, Virginia 1981; xiv + 297 S. - ISBN 0-8359-8164-9.

- Gulbins J.: *UNIX - Eine Einführung in UNIX, seine Begriffe und seine Kommandos;* Springer-Verlag Berlin 1984; ix + 414 S. - ISBN 3-540-13242-2.
- Lomuto A., Lomuto N.: *A UNIX Primer;* Prentice-Hall Englewood Cliffs, New Jersey 1983; xvi + 240 S. - ISBN 0-13-938886-9.
- Ludwigs H., Poppensieker-Pyka J., Surowiecki Z.: *UNIX für Einsteiger und Umsteiger;* Verlagsgesellschaft Rudolf Müller Köln-Braunsfeld 1983; 184 S. - ISBN 3-481-35211-5.
- Silvester P.P.: *The UNIX System Guidebook, An Introductory Guide for Serious Users;* Springer-Verlag New York 1984; xi + 207 S. - ISBN 0-387-90906-0.
- Sobell M.G.: *A Practical Guide to the UNIX System;* Benjamin/Cummings Publishing Company Menlo Park, California 1984; xx + 428 S. - ISBN 0-8053-8910-5.
- Stanka Z., Lösch S.: *UNIX - Führer durch das System;* te-wi Verlag München 1984; 259 S. - ISBN 3-921 803-27-6.
- Thomas R., Yates J.: *A User Guide to the UNIX system;* Osborne/McGraw-Hill, Berkeley 1982; xi + 508 S. - ISBN 0-931988-71-3.

  Von diesen Autoren gibt es weitere Bücher, *A Bussines Guide* ... oder *A Programmers Guide* .... Außerdem sind die gleichen Bücher auch basierend auf dem System XENIX erhältlich und z.T. in deutscher Sprache.

Kategorie II: Vertiefungsliteratur

Eine anderere Orientierung von UNIX-Literatur ist die Zielsetzung, die inneren Mechanismen des Systems zu durchleuchten. Es gibt fast kein Buch, dem ausschließlich diese Zielsetzung zugrunde liegt, einige Bücher legen jedoch großes Gewicht auf vertiefende Behandlung UNIX-interner Vorgänge. Die vorgestellten Bücher setzen einiges Wissen über Computer, UNIX und die Programmiersprache C voraus (je nach Buch natürlich mehr oder weniger...). Hier wird nicht mehr das Hauptgewicht auf die einzelnen Befehle gelegt, sondern das Zusammenwirken der einzelnen UNIX-Bausteine spielt vor allem eine Rolle.

- Bourne S.R.: *The UNIX System;* Addison-Wesley Publishing Company London 1982; xiii + 351 S. - ISBN 0-201-13791-7.

  Das gleiche Buch auf Deutsch:

  Bourne S.R.: *Das UNIX System;* Addison-Wesley Publishing Company - Deutschland GmbH 1985; xix + 467 S. - ISBN 3-925118-17-9.
- Christian K.: *The UNIX Operating System;* John Wiley & Sons New York 1983; xviii + 318 S. - ISBN 0-471-87542-2.
- Groff J.R., Weinberg P.N.: *Understanding UNIX - A Conceptual Guide;* Que Corp. Indianapolis 1983; xvi + 238 S. - ISBN 0-88022-064-3.

Die deutsche Ausgabe zu diesem Buch ist:

Groff J.R., Weinberg P.N.: *Einführung in UNIX - Eine Begriffsbestimmung. Einschließlich Berkeley, System V, XENIX;* Markt & Technik Verlag Haar 1984; 298 S. - ISBN 3-89090-018-6.

- Kochan S.G., Wood P.H.: *Exploring the UNIX System;* Hayden Book Company Hasbrouck Heights, New Jersey 1984; 371 S. - ISBN 0-8104-6268-0

  Dieses Buch basiert auf dem System V.

- Kernighan B.W., Pike R.: *The UNIX Programming Environment;* Prentice-Hall Englewood Cliffs, New Jersey 1984; x + 357 S. - ISBN 0-13-937699-2.

- Kreifelts Th., Schnupp P. (Hrsg.): *UNIX - Konzepte und Anwendungen;* Teubner Stuttgart 1983; 183 S. - ISBN 3-519-02431-4.

- McGilton H., Morgan R.: *Introducing the UNIX System;* McGraw-Hill Book Company New York 1983; xiii + 556 S. - ISBN 0-07-045001-3.

  Das gleiche Buch in Deutsch:

  McGilton H., Morgan R.: *Einführung in das UNIX System;* McGraw-Hill Book Company New York 1984; 469 S. - ISBN 3-89028-003-X.

Kategorie III: Ergänzende Literatur

Dieser Kategorie sind Bücher zugeteilt, die vom Titel her nicht sofort zu UNIX-Büchern gerechnet werden, die aber als sogenannte Klassiker in die UNIX-Welt gehören. Dazu zählt an erster Stelle „das C-Buch“:

- Kernighan B.W., Ritchie D.M.: *The C Programming Language;* Prentice-Hall Englewood Cliffs, New Jersey 1978; x + 228 S. - ISBN 0-13-110163-3.

  Dieses Buch ist auch in deutscher Sprache erhältlich:

  Kernighan B.W., Ritchie D.M.: *Programmieren in C, mit dem C-Reference Manual in deutscher Sprache;* Carl Hanser Verlag München 1983; xiii + 262 S. - ISBN 3-446-13878-1.

  Selbst in der deutschen Fassung kann dieses Buch keinem Anfänger empfohlen werden. Es ist zwar präzis abgefasst und die weltweit anerkannte „C-Bibel“, ist aber recht schwer zu lesen. Heute existiert eine umfangreiche, zum Teil recht locker geschriebene Einführungsliteratur in C.

- Kernighan B.W., Plauger P.J.: *Software Tools in Pascal;* Addison-Wesley Publishing Company Reading, Massachusetts 1981; ix + 366 S. - ISBN 0-201-10342-7.

Der Vorgänger und zugleich das Original dieses Buches ist:

Kernighan B.W., Plauger P.J.: *Software Tools;* Addison-Wesley Publishing Company Reading, Massachusetts 1976; iii + 338 S. - ISBN 0-201-03669-X.

Zu dieser Version existiert eine deutsche Übersetzung:

Kernighan B.W., Plauger P.J.: *Programmierwerkzeuge;* Springer-Verlag Berlin 1980; ix + 492 S. - ISBN 3-540-10419-4.

Kategorie IV: Weiterführende Literatur

Zur Abrundung unserer Literaturaufzählung werden in der vierten Gruppe drei Bücher aufgeführt, die UNIX in die Umgebung von Betriebssystemen im allgemeinen stellen.

- Comer D.: *Operating System Design, the XINU Approach;* Prentice-Hall Englewood Cliffs, New Jersey 1984; xxi + 474 S. - ISBN 0-13-637539-1.
- Deitel H.M.: *An Introduction to Operating Systems, Including Case Studies in UNIX, VAX, CP/M, MVS VM;* Addison-Wesley Publishing Company Reading, Massachusetts 1984; xxviii + 673 S. - ISBN 0-201-14502-2.
- Holt R.C.: *Concurrent Euclid, The UNIX System, and TUNIS;* Addison-Wesley Publishing Company Reading, Massachusetts 1983; x + 323 S. - ISBN 0-201-10694-9.

12 Sachverzeichnis

accept(), Systemfunktion in 4.2BSD 188
adb, Debugger 85
admin, SCCS Befehl 79
aktuelles Verzeichnis 4
Analyse formaler Sprachen 87
Archivierung von Dateien 173
Argument an Prozedur im *shell* 37
- im *shell* 28
Array, C-Objekt 50
Aufbau eines Dateisystems 13
Ausschließen eines Benutzers 127
Auswertungsreihenfolge 54, 56, 62
awk, Reportgenerator 75

Background-Befehle im *shell* 34
Basisobjekte, von C 49
Befehlsgruppen im *shell* 43
Befehlsinterpreter *shell* 27
Befehlssubstitution im *shell* 36, 44
Benutzer, Ausschließen 127
-, Kommunikation mit 128
-, Löschen 126
-, Neuaufnahme 125
- -Wurzelprozeß 19
Benutzeradministration 123
Benutzeridentifikation 8, 148, 153, 157, 158
Bibliotheksfunktion, getpwuid() 145
-, isatty() 147
-, mktemp() 140
-, perror() 141
Bildschirmeditor, Beispielprogramm 132, 158, 160
Bildschirmsteuerung, /etc/termcap 74
bind(), Systemfunktion in 4.2BSD 188
Block, doppelt indirekt 14
-, dreifach indirekt 14
-, indirekt 14

C, arithmetische Operatoren 53
-, Array 50
-, Ausdrucksanweisungen 59
-, Basisobjekte 49
-, Cast-Operator 51
-, char-Datentyp 49, 50
-, double-Datentyp 49
-, enum-Datentyp 50
-, Feld 50
-, float-Datentyp 49
-, Funktionen 62
-, Funktionsparameter 62
-, Gültigkeitsbereich von Namen 63
-, int-Datentyp 49
-, Lebenszeit von Variablen 63
-, logische Operatoren 53
-, long-Datentyp 49
-, maschinennahe Operatoren 54
-, Modularisierung 64
-, Operatoren 53
-, Pointer 51
-,- -Arithmetik 55
-, Portabilität 64
-, Preprozessor 57
-, Schleifenanweisungen 58
-, Selektionsanweisungen 58
-, separate Compilation 63
-, short-Datentyp 49
-, sizeof-Operator 52
-, static-Attribut 63
-, String 50
-, struct-Datentyp 50
-, typedef Typendefinition 52
-, Typenkonversion 51
-, Typenumwandlung 51
-, union-Datentyp 50
-, unsigned-Datentyp 49
-, Verbundanweisung 59
-, Zeichenkette 50
-, Zeiger 51
-, Zuweisungsoperator 54
case-Anweisung im *shell* 40
Cast, C-Operator 51
cat, Dienstprogramm 49
cbreak mode 18, 146
cbreak-Modus 146
char, C-Datentyp 49, 50
close() 10

-, Systemfunktion 139
clri 119
cmp, Vergleich von Dateien 76
command(), Beispielfunktion 160
connect(), Systemfunktion in 4.2BSD 189
cooked mode 17
cooked-Modus 17, 145
creat() 10, 14
-, Systemfunktion 137
ctype.h, Include-Datei 135
cu, Terminalemulation 184

Dämon 131, 149
Datagram 186
Datei, Abschließen 10
-, Archivierung 173
-, Eröffnen 10
-, Erstellen 10, 15
-, gewöhnliche 3
-, Klassen 3
-, Löschen 10, 15
-, Pfadname 5
-, Rückspeichern 111
-, Schutzmechanismen 8
-, Speicherplatzbelegung 171
-, Spezialdatei 6
-, Statistik über offene 177
-, Struktur 3
-, Typen 3
Dateideskriptor 10, 30, 137
Dateinamengenerierung im *shell* 33, 44
Dateisicherung 106
-, individuelle 112
Dateisystem, Aufbau 13
-, Hinweise zur Reparatur 121
-, Inkonsistenzen 116
-, Integrität 115
-, interner Aufbau 115
-, nichtresidentes 7
-, Rückspeichern 109
-, Struktur 4
-, Überwachung 171
-, Wurzel 7
-, Zuschalten 8
Dateisystemkopien 105
Dateitabelle 148, 149, 164, 177
Dateiverarbeitung, direkt 12
-, sequentiell 11
Dateizugriff 14
Daten, Wiederherstellung 104
Datenblöcke 14
Datenpuffer 116
Datensicherung 104
-, Hinweise 114
dcheck 117
dd 105

delta, SCCS Befehl 79
/dev/null 156
/dev/tty 161
df 171
Dienstprogramme, Übersicht 25
diff, Vergleich von Textdateien 76
Directory, siehe Verzeichnis 4
Direktzugriff auf Datei 12
double, C-Datentyp 49
du 171
dump 105, 106
dumpdir 111
Dumps 104
dup(), Systemfunktion 166
dup2(), Systemfunktion 166

ed, Editor 73
egrep, Suchen von Ausdrücken 76
end-of-file 52
enum, C-Datentyp 50
environ, Systemvariable 136
EOF, end-of-file-Indikation 57, 156, 162, 165
eqn 96, 101
errno, Systemvariable 162
/etc/sorry 127
/etc/termcap 74
EUNET, europäischer Teil von Uucpnet 184
execl() 19
-, Systemfunktion 152
execv(), Systemfunktion 152
exit() 20
exit-Anweisung im *shell* 40
exit(), Systemfunktion 149

Fehlerbehandlung 23
Feld, C-Objekt 50
fgrep, Suchen von Ausdrücken 76
float, C-Datentyp 49
for-Anweisung im *shell* 41
fork() 20, 22
-, Systemfunktion 148
formale Sprachen, Analyse von 87
Formeldefinition 101
Freiliste 16
Freiplatz, Überwachung 171
fsck 117
-, Beispiel 119
-, Phasen 117

Ganzseiteneditor, vi 74
get, SCCS Befehl 79
getchar(), Standardfunktion 52, 57
getenv(), Bibliotheksfunktion 136
getpwuid(), Bibliotheksfunktion 145

gewöhnliche Datei 3
grep, Suchen von Ausdrücken 76
Gruppendatei 125
Gruppenidentifikation 148, 153

Hauptprogramm-Parameter 132, 163
Heimverzeichnis 4
hello world, C-Programm 79
Hintergrund-Befehle im *shell* 34
Hintergrundprozeß 149, 156

I-Knoten 14, 115, 149
- -Liste 14
- -Nummer 14
icheck 117
if - then - else-Anweisung im *shell* 39
IFS, Leerzeicheninterpretation im *shell* 44
int, C-Datentyp 49
Interprozeßkommunikation 21
ioctl(), Systemfunktion 146, 153
iostat 175
isatty(), Bibliotheksfunktion 147

join, Vereinigung von Dateien 76

kill() 24
-, Systemfunktion 155, 157
Kindprozeß 20, 148
Kommandointerpreter *shell* 27
Kommunikation mit Benutzern 128
Kontrollflußanweisungen im *shell* 38
Kontrollterminal 157, 161

Leerzeicheninterpretation im *shell* 44
lex, Scanner Generator 89
link(), Systemfunktion 142
lint, C-Programmchecker 62, 64
-, Dienstprogramm 52
-, Überprüfung von C-Programmen 81
list.c, Programmbeispiel 64
listen(), Systemfunktion in 4.2BSD 188
Lockdatei 150
Löschen eines Benutzers 126
login 19
Login 169
login-Mitteilungen 128
Logout 169
long, C-Datentyp 49
longjmp(), Systemfunktion 155, 159
lost+found-Verzeichnis 118
lseek() 12
L.sys, uucp-Konfigurationsdatei 181

mail 130
-, elektronische Post 183
make, Dienstprogramm 63, 82
makefile, Beschreibungsdatei für make 82
Makro-Bibliotheken 99
-, mm 99
-, ms 99
malloc(), Bibliotheksfunktion 67
Metazeichen in Dateinamen 32
mktemp(), Bibliotheksfunktion 140
Monatssicherung 107
mount() 7

ncheck 119
Neuaufnahme eines Benutzers 125
newgrp 125
nichtresidentes Dateisystem 7
nroff 96

open() 10, 14
-, Systemfunktion 137
Operatoren von C 53
Option 132

Paßwort, Ändern 126
Paßwortdatei 123
passwd 124, 126
pause(), Systemfunktion 163
Peripheriegerät 6, 16
perror(), Bibliotheksfunktion 141
Pfadname 5
pic 96, 102
pipcmd(), Beispielfunktion 166
pipe() 22
-, Systemfunktion 164
Pipes 21, 161, 163
- im *shell* 32
pld, Beispielprogramm 131, 149, 152, 157
plo, Beispielprogramm 131, 133, 152, 158
plq, Beispielprogramm 131, 152
Pointer-Arithmetik in C 55
-, C-Objekt 51
Preprozessor von C 57
Preprozessoren 100
-, Verwendung 96
printf(), Standardfunktion 53
.profile 38
Programmüberlagerung 152
Programmumgebung 135
Prozedurausführung im *shell* 37
Prozeduren im *shell* 36
- - -, Test 46
Prozeß 19, 147
Prozeßabbruch 20

Prozeßerzeugung 20
Prozeßkommunikation 21, 163
Prozeßstruktur 18
Prozeßsynchronisation 20
Prozeßumgebung 19
Prozeßverkettung 19
Prozesse, Überwachung 174
`ps` 174
`pstat` 177
Pufferung 17
`putchar()`, Standardfunktion 52

`quot` 172

raw mode 18
raw-Modus 18, 145
`rcat`, Beispielprogramm 49, 52, 56, 60, 61
`read()` 11, 21
-, Systemfunktion 138, 161, 163
`recvfrom()`, Systemfunktion in 4.2BSD 188
`restor` 106
RJE-Station, UNIX-System als 184
`rmail`, elektronische Post und uucp 183
Rohmodus 18
Rückspeichern, ganzes Dateisystem 109
-,- Verzeichnis 110
- von Datei 111

SCCS, Source Code Control System 78
Schleifen im *shell* 38
Schutzbits 8
Schutzmechanismen 8
`sed`, Editor 74
Selektionsanweisungen im *shell* 38
`sendmail`, Berkeley mail-Version 184
`sendto()`, Systemfunktion in 4.2BSD 188
`set`-Anweisung im *shell* 39
Set-Group-ID-Bit 153
- -User-ID-Bit 9, 150, 153
`setjmp()`, Systemfunktion 155, 159
`setjmp.h`, Include-Datei 155
`sh` 31
shell 27, 160, 165
-, Argument 28
-, Aufruf aus einem Programm 154
-, Background-Befehle 34
-, Befehlsgruppen 43
-, Befehlssubstitution 36, 44
-, `case`-Anweisung 40
-, Dateinamengenerierung 33, 44
-, einfache Befehle 27
-, `exit`-Anweisung 40
-, `for`-Anweisung 41
-, Hintergrund-Befehle 34
-, `if - then - else`-Anweisung 39
-, `IFS` 44
-, Kontrollflußanweisungen 38
-, Leerzeicheninterpretation 44
-, Metazeichen in Dateinamen 32
-, Pipes 32
-, `.profile` 38
-, Prozedurausführung 37
-, Prozeduren 36
-, Schleifen 38
-, Selektionsanweisungen 38
-, `set`-Anweisung 39
-, `shift`-Anweisung 44
-, subshell 43
-, `test`-Kommando 39
-, Test von Prozeduren 46
-, `trap`-Anweisung 45
-, Umleitung der Ein/Ausgabe 30
-, `until`-Anweisung 42
-, Variablen 34
-, vordefinierte Variablen 35
-, `while`-Anweisung 42
-, Zuweisungen 34
`shift`-Anweisung im *shell* 44
`short`, C-Datentyp 49
Sicherung von Dateien 106
`SIG_DFL` 156
`SIG_IGN` 155
`SIGHUP`, Hangup-Signal 155
`SIGINT`, Interrupt-Signal 155
`SIGKILL`, Kill-Signal 156
Signal 23
`signal()`, Systemfunktion 155, 158
Signale 155, 163
- im *shell* 45
`signal.h`, Include-Datei 155
`SIGPIP`, Pipe-Signal 165
`SIGQUIT`, Quit-Signal 155
Sitzungen, Überwachung 168
`sizeof`, C-Operator 52
`sleep` 42
`socket()`, Systemfunktion in 4.2BSD 186
software tools 72
`sort`, Sortierhilfe 76
Speicherbild 147
Speicherplatz 171
- je Benutzer 172
- - Datei 171
Spezialdatei 6, 16
Spooling-System 131
Standard-E/A 149, 153
--- -Bibliothek 137
---, Umlenkung 165
- -Fehlerausgabe 30
Standardausgabe 30
Standardeingabe 30
`static`, C-Attribut 63

Statistik der Terminalverbindungen 178
- über E/A 175
- - offene Dateien 177
stdio.h, Include-Datei 57
strcpy(), Bibliotheksfunktion 50
String, C-Objekt 50
Stromausfall, Simulation 119
struct, C-Datentyp 50
subshell 37, 43
Superblock 115
sync 116
Systemfunktion, close() 139
-, creat() 137
-, dup() 166
-, dup2() 166
-, execl() 152
-, execv() 152
-, exit() 149
-, fork() 148
-, ioctl() 146, 153
-, kill() 155, 157
-, link() 142
-, longjmp() 155, 159
-, open() 137
-, pause() 163
-, pipe() 164
-, read() 138, 161, 163
-, setjmp() 155, 159
-, signal() 155, 158
-, umask() 138
-, unlink() 142
-, wait() 151, 154, 161, 162
-, write() 138, 161, 163
Systemfunktionen 27
-, Fehlerbehandlung 13, 23
- zur Dateiverarbeitung 10
Systemkomponenten, Überwachung 168
Systemsoftware 24

Tabellendefinition 101
Tagessicherung 108
tar 112
tbl 96, 101
Terminal-E/A 17
Terminalmodus 17
Terminalverbindungen, Statistik 178
test-Kommando im *shell* 39
tr, Umsetzen von Zeichen 76
trap-Anweisung im *shell* 45
troff 95
-, Befehle 98
typedef, C-Typendefinition 52
Typenkonversion in C 51
typensicher 51
Typensicherheit 51
Typenumwandlung in C 51

Überlagerung von Prozessen 19
Überwachung, Dateisystem 171
-, Freiplatz 171
-, Prozesse 174
-, Sitzungen 168
-, Systemkomponenten 168
-, Systemverhalten 175
umask(), Systemfunktion 138
Umleitung der Ein/Ausgabe 30
Umlenkung der Standard-E/A 165
union, C-Datentyp 50
unlink() 11
-, Systemfunktion 142
unsigned, C-Datentyp 49
until-Anweisung im *shell* 42
USENET, News Service auf dem Uucpnet 184
USERFILE, uucp-Konfigurationsdatei 181
uucico, UNIX to UNIX copy in, copy out 181
uucp, UNIX to UNIX copy 180
Uucpnet, internationales UNIX-Netzwerk 183
uux, UNIX to UNIX execution 182

Variablen im *shell* 34
- - -, vordefiniert 35
Vaterprozeß 20, 148
Verbindung (link) 5
Verzeichnis 4
-, aktuelles 4
-, Rückspeichern 110
vi, Editor 74
Virtual Circuit 186

wait() 20
-, Systemfunktion 151, 154, 161, 162
wall 128
while-Anweisung im *shell* 42
who 168
Wiederherstellung von Daten 104
Wochensicherung 108
write() 11, 21
write 129
write(), Systemfunktion 138, 161, 163
Wurzelverzeichnis 4

yacc, Compiler Generator 92

Zeichenkette, C-Objekt 50
Zeiger, C-Objekt 51
Zeileneditor, ed 73
Zuweisungen im *shell* 34

J. Gulbins

UNIX

Eine Einführung in Begriffe und Kommandos
Version 7, System III und System V

2., vollständig überarbeitete und erweiterte Auflage.
1985. Etwa 570 Seiten. (Springer Compass)
Gebunden DM 78,–. ISBN 3-540-15890-1

Inhaltsübersicht: Einleitung. – Die Entwicklung von UNIX. – Erste Schritte in UNIX. – Konzepte und Begriffe des UNIX-Systems. – Die Kommandos des UNIX-Systems. – Editoren. – Die Shell als Benutzeroberfläche. – Programmentwicklung unter UNIX. – Textverarbeitung unter UNIX. – Systemanschlüsse und C-Bibliotheksfunktionen. – Systemverwaltung und Systempflege. – Übersichten und Tabellen. – Literaturverzeichnis. – Sachregister.

Die vorliegende zweite Auflage des UNIX Buches von Jürgen Gulbins hat gegenüber der ersten Auflage eine wesentliche Erweiterung, Überarbeitung und Aktualisierung erfahren. Die zweite Auflage orientiert sich an der UNIX-Version 7, System III und System V. Das Buch gibt eine Einführung in UNIX und macht den Leser mit der Terminologie des Systems vertraut. Viele in der Standard-UNIX-Dokumentation verstreuten Einzelheiten werden hier zusammenhängend in Übersichtskapiteln dargestellt. Neben einer vollständigen Kommandoübersicht werden die am häufigsten benutzten Kommandos detailliert und mit Beispielen versehen beschrieben. Ziel des Buches ist es, dem Benutzer den Einstieg in UNIX zu erleichtern und ihm ein Nachschlagewerk für die tägliche Arbeit mit dem Rechner zu bieten. Das Buch setzt Grundkenntnisse im DV-Bereich voraus. Es kann sowohl demjenigen dienen, der sich einen ersten Eindruck vom UNIX verschaffen möchte als auch dem, der täglich mit UNIX umgeht.

Springer-Verlag
Berlin
Heidelberg
New York
Tokyo